Monika Unzeitig / Christine Magin / Falk Eisermann
Schriften und Bilder des Nordens

Zeitschrift für
deutsches Altertum
und deutsche Literatur
Beihefte

Herausgegeben von
Jürgen Wolf

Beiheft 28

Schriften und Bilder des Nordens

Niederdeutsche Medienkultur
im späten Mittelalter

Herausgegeben von
Monika Unzeitig, Christine Magin
und Falk Eisermann

 S. Hirzel Verlag

Umschlagabbildung unter Verwendung von Staatsbibliothek
zu Berlin – Preußischer Kulturbesitz, 4° Inc 1484: 'Passionael'
('Der Heiligen Leben'), niederdeutsch, Lübeck: Steffen Arndes,
19. November 1492, Bl. 3a

Bibliografische Information der Deutschen
Nationalbibliothek:
Die Deutsche Nationalbibliothek verzeichnet diese
Publikation in der Deutschen Nationalbibliografie;
detaillierte bibliografische Daten sind im Internet über
<http://dnb.d-nb.de> abrufbar.

ISBN 978-3-7776-2764-9 (Print)
ISBN 978-3-7776-2802-8 (E-Book)

INHALTSVERZEICHNIS

EINLEITUNG

Der vorliegende Band entstand im Anschluss an die interdisziplinäre Tagung 'Schriften und Bilder des Nordens. Niederdeutsche Medienkultur im späten Mittelalter', die vom 15. bis 17. Oktober 2015 im Alfried Krupp Wissenschaftskolleg Greifswald stattfand. Die inhaltliche Ausrichtung auf den niederdeutschen Sprach- und Kulturraum im Spätmittelalter und in der Frühen Neuzeit unter dem Aspekt der Medienkultur basierte auf der Erkenntnis, dass dieser Gegenstand in der Forschung lange Zeit vernachlässigt worden ist. Angesichts der kaum noch strukturell oder institutionell verankerten wissenschaftlichen Bemühungen um das Mittelniederdeutsche hat sich das gewählte Thema als besonders fruchtbar erwiesen. Dem fächerübergreifenden Ansatz folgend versammelte die Tagung Fachwissenschaftler*innen aus verschiedenen Disziplinen – Geschichte, Sprach- und Literaturwissenschaft, Kunstgeschichte, Musikwissenschaft, Restaurierung. So dokumentierten die einzelnen Vorträge sowohl den Reichtum an medialen Zeugnissen als auch die Besonderheit und Eigenständigkeit des niederdeutschen Sprach- und Kulturraumes. Des Weiteren konnten in verschiedener Hinsicht die Wechselwirkungen mit anderen Räumen in den Blick genommen werden. Der Zugang über den Schlüsselbegriff 'Mittelniederdeutsch' ermöglichte somit die sprachliche, räumliche und chronologische Eingrenzung in einem nationenübergreifenden Kontext.

Die Vielfalt der denkbaren fachlichen und methodischen Zugriffe spiegelt sich auch in der Zusammensetzung des Herausgeberteams: MONIKA UNZEITIG (Universität Greifswald, Institut für Deutsche Philologie), CHRISTINE MAGIN (Akademie der Wissenschaften zu Göttingen, Arbeitsstelle Inschriften am Historischen Institut der Universität Greifswald) und FALK EISERMANN (Staatsbibliothek zu Berlin – Preußischer Kulturbesitz, Referat Inkunabeln / Gesamtkatalog der Wiegendrucke).

Die im vorliegenden Band versammelten Beiträge[1] generieren sich aus verschiedenen Untersuchungszusammenhängen und vermitteln ein facettenreiches

---

1   Die Aufsätze von MAI-BRITT WIECHMANN und KARIN CIESLIK wurden nicht auf der Tagung selbst vorgetragen, sondern nachträglich angefertigt. Die hier abgedruckten Beiträge von ANNIKA BOSTELMANN und FRANZ-JOSEF HOLZNAGEL sowie von ELIZABETH A. ANDERSEN befassen sich gegenüber ihren Tagungspräsentationen mit geänderten Themen und Schwerpunktsetzungen. – Bedauerlicherweise konnten nicht alle Vortragenden der Greifswalder Tagung ihre Beiträge für den vorliegenden Band zur Publikation bereitstellen. Da der Tagungsbericht (MONIKA UNZEITIG, CHRISTINE MAGIN, FALK EISERMANN und KARIN CIESLIK, Tagungsbericht: Schriften und Bilder des Nordens. Niederdeutsche Medienkultur im späten Mittelalter. Interdisziplinäre Fachtagung vom 15. bis 17. Oktober 2015 im Alfried Krupp Wissenschaftskolleg Greifswald, in: Korrespondenzblatt des Vereins für niederdeutsche Sprachforschung 123 [2016], H. 1, S. 16–22) bereits ausführlichere Abstracts dieser Vorträge

Bild laufender Forschungen zum mittelniederdeutschen Kulturraum vom 15. bis zum 17. Jahrhundert. Die Beiträge rücken diesen Kulturraum in seiner literarischen sowie künstlerischen Produktivität, mit der ihm eigenen Frömmigkeitspraxis und mit seinen kommunikativen Wegen der Wissensvermittlung in den Blick. Im Zentrum stehen in jeweils eigener Gewichtung die folgenden Fragen zu den Kontexten mittelniederdeutscher Schriftlichkeit: zum einen nach den Bedingungen und Faktoren für den Gebrauch und Erfolg des Mittelniederdeutschen als Schriftsprache, zum anderen nach Gemeinsamkeiten und Unterschieden hinsichtlich der medialen Ausprägungen (Handschrift, Druck, Holzschnitt, Tafelbild) und ihrer spezifischen Funktionen.

Der mittelniederdeutsche Sprachraum ist durch ein Nebeneinander und durch Transferprozesse mit anderen Sprachen wie dem Lateinischen, dem Hochdeutschen und dem Mittelniederländischen sowie anderen Volkssprachen geprägt. Funktion und Prestigewert des Mittelniederdeutschen gründen sich auf seine Bedeutung als Verkehrs- und Handelssprache, als *lingua franca* des Ostseeraums und auf seine Rolle als überregionale Schriftsprache.

Die mittelniederdeutsche Medienkultur des späten Mittelalters und der Frühen Neuzeit sowie ihre literarische, soziale und kulturelle Bedeutung sind in mehrfacher Hinsicht noch nicht hinreichend dokumentiert und erschlossen. In diesem Zusammenhang sind zwei Forschungsdesiderate aus literarhistorischer und aus sprachwissenschaftlicher Perspektive zu nennen, die im Band vorgestellt werden: Die umfangreiche Produktion mittelniederdeutscher Handschriften und Drucke von geistlichen und weltlichen Texten im 15. und 16. Jahrhundert ist bislang nicht in ihrer Dichte und Vollständigkeit beschrieben, und vor allen Dingen fehlt für

bietet, seien an dieser Stelle nur noch kurze Angaben hierzu gemacht. NINA BARTSCH und SIMONE SCHULTZ-BALLUFF diskutierten am Beispiel der Versüberlieferungen des Passionsdialoges 'St. Anselmi Fragen an Maria' Spielräume sprachlicher Gestaltung, um vor diesem Hintergrund u.a. dessen Überlieferungskontexte zu erschließen. Über das Vorhaben von JÖRN BOCKMANN zur Erschließung der mittelniederdeutschen Literatur wurde bereits 2015 im Niederdeutschen Korrespondenzblatt ausführlich berichtet (JÖRN BOCKMANN, Das Repertorium mittelniederdeutscher Literatur [RMNL]. Eine Projektskizze, in: Korrespondenzblatt des Vereins für niederdeutsche Sprachforschung 122 [2015], H. 2, S. 116–122). LUISE CZAJKOWSKI befasste sich mit grundsätzlichen methodischen Fragen zur systematischen und chronologischen Beschreibbarkeit von Sprachwandel anhand spätmittelalterlicher Urkunden und Briefe aus dem niederdeutsch-ostmitteldeutschen Übergangsgebiet. Mit der Vorstellung von Kommunionbanktüchern aus der Kirche St. Nicolai zu Lüneburg in ihrer Materialität und ihren Entstehungs- und Gebrauchskontexten präsentierte CHARLOTTE KLACK-EITZEN außergewöhnliche und bislang nahezu unbekannte Zeugnisse textiler Kunst. Die Möglichkeiten performativer Umsetzung der im 'Rostocker Liederbuch' überlieferten Weisen wurden im Abendvortrag von HARTMUT MÖLLER anhand der Melodienotationen und ihrer Visualisierungsstrategien für die Sangbarkeit des Textes anschaulich vermittelt. Niederdeutsche Rundschreiben und Reden vom Hof König Erichs VII. von Dänemark (1426–1435) hat CORNELIA NEUSTADT hinsichtlich der Schreibbesonderheiten/-varianten analysiert und in Beziehung gesetzt zu den jeweiligen Schreibern sowie vor allem zu den intendierten Adressaten der Texte. Der in zwei Drucken von Simon Koch und Moritz Brandis überlieferte 'Magdeburger Prosa-Äsop' (1492) wurde von ALMUT SCHNEIDER in seinen sprachlichen, kulturhistorischen und medialen Bezügen vorgestellt.

Teile der mittelniederdeutschen Textcorpora eine moderne editorische Erschließung, die auch für den akademischen Unterricht geeignet ist. Die neu gegründete Reihe 'Mittelniederdeutsche Bibliothek' macht diese zu ihrer zentralen Aufgabe, wie ANNIKA BOSTELMANN und FRANZ-JOSEF HOLZNAGEL in ihrem Beitrag darlegen. Die stadtsprachgeschichtliche Untersuchung eines Text-Raums durch MATTHIAS SCHULZ und PETER HINKELMANNS zielt, über eine historische Dialektologie hinaus, darauf ab, sprachliche Räume als Handlungs- und Diskursräume zu rekonstruieren. Methodische Grundlage einer solchen Rekonstruktion ist eine Quellenerschließung zur Stadtsprache Greifswalds und die Auswertung der erhobenen Daten unter Berücksichtigung der Akteure von Schriftlichkeit, der Materialität der Texte und ihrer Funktion. Auf diese Weise können die erschlossenen Textcorpora Materialbasis für historische Diskursanalysen, für die Frage nach der sozialen Kommunikation wie auch für die Verortung der Stadtsprache Greifswalds im niederdeutschen Sprachraum sein.

Die vielfältigen Kontexte mittelniederdeutscher Schriftzeugnisse, die im vorliegenden Band exemplarisch untersucht werden, können unter Stichworten wie literarische Überlieferung, Frömmigkeit und Wissenstransfer gefasst werden. Diese Stichworte verweisen auf unterschiedliche Lebensbereiche, keineswegs jedoch auf eine soziale Ausdifferenzierung. Für die Entstehung und Rezeption der meisten Texte lassen sich nach unserem Eindruck keine eindeutigen Zuordnungen zu gängigen sozialen bzw. bildungsgeschichtlichen Kategorien wie laikal und geistlich, bürgerlich und adelig vornehmen. Es zeigen sich vereinzelt nach Rang und Status identifizierbare Auftraggeber und Verfasser, daneben jedoch auch vielfältige Transfervorgänge zwischen verschiedenen an den Überlieferungs- und Rezeptionsprozessen beteiligten Gruppen und Interessen.

Wie schwierig die Frage nach den Rezipientenkreisen zu beantworten ist, zeigen zwei in Stockholm liegende Sammelhandschriften mittelniederdeutscher Texte. Die Handschrift aus der Königlichen Bibliothek Stockholm, Cod. Holm. Vu 73 aus dem ersten Drittel des 15. Jahrhunderts, mit der sich KARIN CIESLIK beschäftigt, überliefert erzählende Texte, die auf ein literarisches Interesse für höfische Stoffe verweisen. Die Rezeption und Umarbeitung des mittelniederdeutschen Versromans 'Flos unde Blankeflos' in dieser Handschrift lässt sich aber nicht eindeutig einem adeligen oder städtischen Milieu zuordnen. Die niederdeutsche bietet zwar gegenüber der mittelhochdeutschen höfischen Fassung der Liebesgeschichte zwischen zwei Königskindern mögliche Indizien für ein kaufmännisches Interesse am Stoff, bleibt gleichwohl auch durch die Versform an höfischen Publikumserwartungen orientiert. Ebensowenig sind für eine weitere Stockholmer Sammelhandschrift, Cod. Holm. Vu 82 (15./16. Jahrhundert), Entstehungs- und Rezipientenhintergrund zu klären, wie KATHARINA GLANZ darlegt. Text, Bildausstattung, Wappen und Randnotizen geben zwar Hinweise auf Dänemark, das Kloster Børglum als Entstehungsort und mögliche Auftraggeber; diese verbinden sich in der Handschrift jedoch mit möglichen Hinweisen auf kaufmännische oder städtische Interessen. Die Überlieferung von mittelniederdeutschen kleinepischen Vers- und dänischen Prosatexten bietet eine ungewöhnliche Mischung von Textsorten, die in dieser Form auch auf die breite geographische Streuung niederdeut-

scher Überlieferung verweist. DOREEN BRANDT untersucht am Beispiel der Lieder
und Reimpaardichtungen über die Schlacht bei Hemmingstedt (1500) ereignisbezogene Dichtungen und ihre Gestaltungsmittel hinsichtlich möglicher Markierun-
gen von politischen und unterhaltenden Funktionen im Text. Für das regionale
Dithmarscher Publikum wird ein bedeutsames historisches Ereignis vergegenwärtigt und am Beispiel der Herabsetzung des dänischen Königs spöttisch kommentiert.

Ertragreich für das Verständnis einer mittelniederdeutschen Laienkultur im
Alltag, wenn auch noch zu wenig erfasst und aufgearbeitet, sind die Kalenderdrucke, die INGRID SCHRÖDER an ausgewählten Beispielen vorstellt. Sie bezeugen in
ihrer textuellen und visuellen Ausgestaltung die Umsetzung von Wissensorganisation und -präsentation, die Anwendung von Zeitrechnung, Kenntnisse aus Astronomie, Humoralpathologie und Medizin und die damit verbundene Funktion des
Memorierens. Diese niederdeutschen Kalenderdrucke sind Bestandteile eines ge-
samteuropäischen Überlieferungsphänomens, in dem sich wissensliterarische
Transferprozesse aus dem Lateinischen in die verschiedenen Volkssprachen manifestieren. Eine pragmatische wie auch wissensvermittelnd ausgerichtete Textsorte
rückt RALF G. PÄSLER mit den Seebüchern des 15. und 16. Jahrhunderts ins Blick-
feld, die im Zusammenhang mit zeitgenössischen Entwicklungen in der Kartographie und Erfordernissen der Navigation betrachtet werden. Eine Tradition nautischer Texte im Mittelniederdeutschen ist nicht vorhanden. Das mittelniederdeutsche Seebuch, für dessen institutionelle Verbreitung durch die Hanse keine Belege
existieren, bleibt ein singuläres Zeugnis. Auffällig ist hingegen in diesem Zeitraum die große Anzahl niederländischer nautischer Lehrbücher.

MIRIAM J. HOFFMANN stellt die Frage nach den inhaltlichen und funktionalen
Kontexten von lateinischen und niederdeutschen Inschriften vor allem in der
Lübecker Tafelmalerei des 15. und frühen 16. Jahrhunderts mit Bezug zu den
Auftraggebern und den intendierten Adressaten sowie zur Bildkonzeption. Die
Verwendung des Niederdeutschen auf Epitaphien und Altarretabeln findet sich
adressatenbezogen etwa mit der Bitte des Stifters für sein Totengedenken und
auch für die Dokumentation seines sozialen Status, für Ablassgebete sowie für
Bildbeischriften. Die lateinische Sprache wird für Inschriften gewählt, die Bestandteile biblischer Szenen sind und der sakral-liturgischen Sphäre angehören.
Zum Bereich der privaten Frömmigkeit gehört der 'Vorsmak unde vrokost des
hemmelischen paradises', den MAI-BRITT WIECHMANN in diesem Band erstmals
als Beginn einer eigenständigen niederdeutschen Tradition der Ars moriendi präsentiert. Der Vorbereitung des Menschen auf das Jenseits dient diese bislang un-
beachtete Sterbelehre, die in Lübeck zum ersten Mal 1481 von Johann Snell gedruckt wurde. Als Verfasser lässt sich ein Lübecker Geistlicher im Umfeld der
Bettelordensklöster vermuten, der sich an einen laikalen städtischen Leserkreis
richtet. Wie sehr der Druck im Kontext der zeitgenössischen Glaubens- und
Frömmigkeitspraxis steht, zeigt die schnelle weitere Drucklegung in Lübeck und
seine Verbreitung durch Abschriften, die auch in geistlichen und adeligen Kreisen
nachzuweisen sind. Weitaus bekannter sind die niederdeutschen Fassungen der
'Revelationes' der hl. Birgitta von Schweden. In ihrem Beitrag untersucht ELIZA-

BETH A. ANDERSEN die besondere ikonographische Perspektive der Holzschnitte in den frühen Lübecker Drucken dieser wirkmächtigen Schrift, auch im Vergleich mit oberdeutschen Überlieferungen und vor dem Hintergrund der Bilderzyklen in älteren neapolitanischen Handschriften. Festzustellen ist eine überraschende Eigenständigkeit und Konsistenz der Birgitten-Darstellungen in den norddeutschen Fassungen, die sich weniger auf den Inhalt der 'Revelationes' als vielmehr auf die Darstellung Birgittas als weibliche literarische Autorität und auktoriales Rollenmodell richten.

Schon dieses kurze Resümee der hier versammelten Studien zeigt, in welchem Maße die wissenschaftliche Beschäftigung mit der mittelniederdeutschen Sprache und Literatur wieder an Boden gewinnt. Wir hoffen, dass die vielfältigen geplanten, begonnenen oder bereits fortgeschrittenen Forschungsvorhaben zu einer schärferen interdisziplinären Konturierung des – wie eingangs bereits dargelegt – lange Zeit vernachlässigten mittelniederdeutschen Sprach- und Kulturraums beitragen.

Die Herausgeber*innen des Bandes, gemeinsam mit Karin Cieslik Organisator*innen der Tagung in Greifswald 2015, sind den Mitarbeiter*innen des Alfried Krupp Wissenschaftskollegs für wesentlichen organisatorischen Support bei der Vorbereitung und Durchführung der Konferenz zu großem Dank verpflichtet, namentlich Christin Klaus und Christian Suhm. Für die zuverlässige Unterstützung bei der Text- und Bildredaktion danken wir Annika Bostelmann und Manuela Dittmann. Jürgen Wolf danken wir für seine spontane Bereitschaft, den Band in die Beihefte der 'Zeitschrift für deutsches Altertum' aufzunehmen, und Dank gilt schließlich auch dem Hirzel Verlag, namentlich Susanne Henkel und Andrea Hoffmann, für die zuverlässige und konstruktive Betreuung der Drucklegung.

Greifswald und Berlin, im Frühjahr 2019
Monika Unzeitig, Christine Magin, Falk Eisermann

VORÜBERLEGUNGEN ZU EINER PUBLIKATIONSREIHE 'MITTELNIEDERDEUTSCHE BIBLIOTHEK'

von ANNIKA BOSTELMANN und FRANZ-JOSEF HOLZNAGEL

Zu den traditionellen Aufgaben der niederdeutschen Philologie und der Germanistischen Mediävistik gehörte von Anfang an die Bereitstellung von zuverlässigen und kritischen Textausgaben; gleichwohl kann die Editionslage für die mittelniederdeutsche Literatur nur als äußerst unbefriedigend bezeichnet werden: Relevante Werke sind immer noch unediert oder liegen lediglich in älteren Editionen vor, die modernen wissenschaftlichen Standards nicht mehr genügen; im Übrigen ist vieles vergriffen, außerdem fehlt es an Studienausgaben, die in der Schule oder im akademischen Unterricht eingesetzt werden können. Deshalb hat sich seit August 2015 eine größere Gruppe von Wissenschaftlerinnen und Wissenschaftlern des norddeutschen Raums zusammengefunden, um eine Publikationsreihe 'Mittelniederdeutsche Bibliothek' zu begründen, welche die literarisch wie kulturell bedeutsame Tradition der mittelniederdeutschen Literatur durch eine breite und attraktive Auswahl an kritischen, kommentierten und zweisprachigen Ausgaben besser als bisher sichtbar machen und stärker in Lehre und Forschung verankern soll. Dieser Beitrag möchte zunächst mit einem kurzen Überblick über die bisherige Editionspraxis die Notwendigkeit einer solchen Reihe erläutern und in einem zweiten Abschnitt das Konzept der 'Mittelniederdeutschen Bibliothek' skizzieren.

DAS TEXTCORPUS

Die Festlegung des Textcorpus erfolgt sinnvollerweise mit Blick auf die räumliche und zeitliche Dimension des Mittelniederdeutschen und auf seine literarische Binnengliederung. Dabei ergibt sich bei allen Unschärfen das folgende Bild: *Zeitlich* erstreckt sich das Mittelniederdeutsche vom 13. bis in das 17. Jahrhundert, mit einem Schwerpunkt der literarischen Produktivität zwischen 1350 und 1550.[1] Entgegen älteren Darstellungen, die den Endpunkt der sprachlichen Epoche bereits in der Mitte des 16. Jahrhunderts ansetzen[2], berücksichtigt die neuere Forschung Texte

---

1   Vgl. DIETER STELLMACHER, Niederdeutsche Sprache, 2., überarb. Aufl. (Germanistische Lehrbuchsammlung 26), Berlin 2000, S. 39 oder ROBERT PETERS, Soziokulturelle Voraussetzungen und Sprachraum des Mittelniederdeutschen, in: Sprachgeschichte. Ein Handbuch zur Geschichte der deutschen Sprache und ihrer Erforschung. 2. Teilband, hg. von WERNER BESCH [u.a.], 2., vollst. neu bearb. und erw. Aufl., Berlin/New York 2000, S. 1409–1422, hier S. 1420.

2   Vgl. HARTMUT BECKERS, Mittelniederdeutsche Literatur. Versuch einer Bestandsaufnahme (I), in: Niederdeutsches Wort 17 (1977), S. 1–58, hier S. 4.

bis in die Mitte des 17. Jahrhunderts.[3] Dieser Einschätzung folgen auch die Editoren der 'Mittelniederdeutschen Bibliothek'. Was die *räumliche* Ausdehnung des Mittelniederdeutschen betrifft, lässt sich das Folgende festhalten:[4] Im Osten wird sein Geltungsbereich von den slawischen und baltischen Sprachen begrenzt,[5] im Norden von den skandinavischen Sprachen sowie dem Friesischen.[6] Im Süden bildet die Benrather Linie die Grenze zum hochdeutschen Schreibsprachenbereich,[7] während sich im Westen zusehends das Niederländische ausgliedert. Die einschlägige Forschung hat stets betont, dass in allen Grenzregionen mit unterschiedlich großen Übergangsbereichen gerechnet werden muss; die 'Mittelniederdeutsche Bibliothek' wird bei der regionalen Festlegung des Corpus einen pragmatischen Weg einschlagen und gegebenenfalls auch Texte aus den Übergangszonen aufnehmen.[8]

Wichtig für das Profil der neuen Reihe ist schließlich die Berücksichtigung der literarischen Binnengliederung des Mittelniederdeutschen. Hierzu orientieren sich die Herausgeber einerseits an dem bisher umfangreichsten Überblick zur mittelniederdeutschen Literatur, den HARTMUT BECKERS vorgelegt hat, und andererseits an dem grundlegenden Artikel von JÜRGEN MEIER und DIETER MÖHN zu den Textsorten des Mittelniederdeutschen.[9] Auf dieser Basis lässt sich als allgemeine Tendenz erkennen, dass in der mittelniederdeutschen Literatur Geistliches vor Weltlichem rangiert und Prosa vor Versdichtung; dies ist für den gesamten Produktionszeitraum

---

3   Zur zeitlichen Einordnung generell STELLMACHER [Anm. 1], S. 39 und PETERS [Anm. 1], S. 1420.

4   Vgl. hierzu die ausführlichen Angaben z.B. bei PETERS [Anm. 1], S. 1415–1418 oder STELLMACHER [Anm. 1].

5   PETERS [Anm. 1], S. 1416.

6   Ebd., S. 1416f.

7   Ebd., S. 1417.

8   Zu diesen Schwierigkeiten bei der eindeutigen Abgrenzung des Binnensprachraumes kommt hinzu, dass sich das Mittelniederdeutsche zumindest für einen begrenzten Zeitraum vom 15. bis zur Mitte des 16. Jahrhunderts als überregionale Verkehrssprache etablieren konnte. Außerdem steht es im hier skizzierten Sprachraum permanent in einem Verhältnis von Koexistenz und Konkurrenz mit anderen Sprachen, wie z.B. dem Lateinischen, dem Ripuarischen, dem Ostmitteldeutschen und schließlich dem Frühneuhochdeutschen. Vgl. PETERS [Anm. 1], S. 1418; STELLMACHER [Anm. 1], S. 39, vgl. auch den Vortrag von ROBERT PETERS: 'Das Mittelniederdeutsche und die Hansesprache', Bericht: HERMANN NIEBAUM, 'Sprachkontakt in der Hanse'. Internationales Symposion in Lübeck, abgedruckt in: Korrespondenzblatt des Vereins für Niederdeutsche Sprachforschung 93 (1986), S. 54–64, hier S. 56. – Für die 'Mittelniederdeutsche Bibliothek' sind diese Sprachkontaktphänomene insofern relevant, als dass in ihr auch die Texte von niederdeutschen Autoren aufgenommen werden können, die stark von benachbarten Idiomen beeinflusst sind. Das gilt insbesondere für den bekannten Fall der Hochdeutsch schreibenden Niederdeutschen. Vgl. dazu THOMAS KLEIN, Zur Verbreitung mittelhochdeutscher Lyrik in Norddeutschland (Walther, Neidhart, Frauenlob), in: ZfdPh 106 (1987), S. 72–112; ders., Niederdeutsch und Hochdeutsch in mittelhochdeutscher Zeit, in: Die deutsche Schriftsprache und die Regionen. Entstehungsgeschichtliche Fragen in neuer Sicht, hg. von RAPHAEL BERTHELE [u.a.], Berlin/New York 2003, S. 203–229.

9   BECKERS [Anm. 2], S. 11; JÜRGEN MEIER / DIETER MÖHN, Die Textsorten des Mittelniederdeutschen, in: Sprachgeschichte [Anm. 1], S. 1470–1477.

zu beobachten.[10] Auffällig ist zudem eine große Anzahl an Texten, die hochdeutsche, niederländische oder auch französische Vorlagen bearbeiten (die ihrerseits oft über das Niederländische vermittelt werden); der Grad der Bearbeitung ist dabei im Einzelnen sehr unterschiedlich. Die durch die Forschung herausgearbeiteten Schwerpunktbildungen sollen sich auch in der 'Mittelniederdeutschen Bibliothek' widerspiegeln.

Für das Profil der Reihe kommt es jedoch nicht allein darauf an, ein gewissermaßen statistisches Abbild der mittelniederdeutschen Literatur zu präsentieren; vielmehr wird es ebenso wichtig sein, bewusste Schwerpunkte zu setzen. Diese liegen einerseits auf Texten, die wie der 'Reynke de Vos', der 'Sachsenspiegel' oder das 'Rostocker Liederbuch' einen höheren Bekanntheitsgrad besitzen und deshalb auf keinen Fall in der Reihe fehlen dürfen. Andererseits soll das Augenmerk auf Werke gelegt werden, die (wie z.B. die Kalenderdichtungen) ein besonders aufschlussreiches Segment der literarischen Produktion abdecken. Schließlich wird die Reihe gegenüber der älteren Forschung, welche die mittelniederdeutsche Literatur sehr stark an die spätmittelalterliche Stadt und den dort vorangetriebenen Wandel von der skriptographischen zur typographischen Überlieferung gebunden hat,[11] auch andere Orte der literarischen Interessenbildung zur Geltung bringen (den Hof und den Adelssitz, das Kloster oder die Universität) und verstärkt die handschriftliche Überlieferung vor, neben und nach Gutenberg beachten.

DER STATUS DES MITTELNIEDERDEUTSCHEN
IN DER GERMANISTIK

Die niederdeutsche Sprache, die einst voll der gesundesten Lebenskraft war und allgemein als Umgangs- und Schriftsprache in ganz Norddeutschland diente, ist durch die Macht der Verhältnisse, die sie nicht aufzuhalten und abzuwenden vermochte, gezwungen worden ihren Platz der begünstigteren Schwester einzuräumen.[12]

Diese Einschätzung zum Status des Niederdeutschen stammt von AUGUST LÜBBEN, als er 1875 den ersten Band des 'Jahrbuchs des Vereins für niederdeutsche Sprachforschung' eröffnete, und sie beschreibt treffend die eklatante Differenz zwischen der großen historischen Bedeutung des Niederdeutschen als einer spätmittelalterlichen überregionalen Verkehrssprache und seiner stetigen und bis zum Ende des 19. Jahrhunderts immer weiter zunehmenden Marginalisierung. Betrachtet man nun im Speziellen den Platz, der dem Mittelniederdeutschen innerhalb der germanistischen Literaturwissenschaft seit der Etablierung des Fachs bis heute eingeräumt

---

10 BECKERS [Anm. 2], S. 13f.
11 Vgl. dazu HARTMUT FREYTAG, Zum Beispiel Lübeck. Eine Skizze über Literatur in der Hansestadt während der Jahre 1200 bis 1600, in: Mittelalterliche Literatur im niederdeutschen Raum (Jahrbuch der Oswald von Wolkenstein-Gesellschaft 10), Frankfurt a. M. 1998, S. 125–137. Vgl. MEIER/MÖHN, die Stadt und Hanse als Bezugsrahmen der mittelniederdeutschen Schriftlichkeit angeben (MEIER/MÖHN [Anm. 9], S. 1471).
12 AUGUST LÜBBEN, Einleitung, in: NdJb 1 (1875), S. 1–4, hier S. 1.

wird, dann ergibt sich das Bild eines Gegenstandes, der sich in Forschung und Lehre an der Peripherie befindet.

Diese Randstellung wird auf eindrückliche Weise durch einen Blick in die Literaturgeschichtsschreibung belegt: Neben dem 'Reynke de Vos', dem als herausragende literarische Erscheinung oft ein umfangreicher Platz eingeräumt wird, werden andere mittelniederdeutsche Texte in aller Regel nur gestreift.[13] Überdies begegnet man selbst den als grundsätzlich wertvoll eingeschätzten mittelniederdeutschen Texten nicht selten mit einem Tonfall freundlicher Herablassung; dies soll ein weiteres Zitat zum 'Reynke de Vos' belegen. Es stammt von WILHELM LINDEMANN, der das "bedeutendste Gedicht in niederdeutscher Sprache" in literarischer Hinsicht lediglich dafür lobt, dass es als volkstümliches Medium für die Vermittlung naiver und komischer Inhalte tauge:

> 'Reincke de Vos' ist für uns von mannigfachem Interesse. Zunächst von sprachlichem; er ist das bedeutendste Gedicht in niederdeutscher Sprache, die hier noch einmal den Reichtum ihrer Formen, die Schärfe ihres Ausdrucks, besonders aber das Volkstümliche in ihrer Entwicklung vor uns entfaltet, um dann bald vor dem hochdeutschen Sprachidiom zurückzutreten. Keinem Leser des 'Reincke' wird es entgangen sein, wie durchaus passend der plattdeutsche Dialekt für naive und komische Darstellung erscheint, und wie das sprachliche Gewand dem klugen Schleicher ebenso natürlich zukommt als sein brauner Pelz.[14]

Auch in neueren Geschichten der Literatur des Mittelalters und der Frühen Neuzeit erscheinen niederdeutsche Texte lediglich vereinzelt, zudem bleiben die wenigen

---

13 Dies gilt seit der Frühzeit der germanistischen Literaturgeschichtsschreibung, vgl. z.B. WILHELM LINDEMANN, Geschichte der deutschen Literatur, 1. Band, 9./10. Aufl. hg. und teilw. bearb. von Dr. MAX ETTLINGER, Freiburg i. Br. 1915: Dem 'Reynke de Vos' wird hier ein ganzes Teilkapitel gewidmet, in dem dann am Schluss noch weitere niederdeutsche Texte erwähnt sind (S. 335–339). Besonders betont wird dabei der Umstand, dass zahlreiche Werke auf Vorlagen beruhen: "Was uns sonst noch an niederdeutschen Gedichten erhalten ist, ist ebenfalls meist Bearbeitung nach dem Niederländischen oder Hochdeutschen" (S. 338) und: "Selbständigeren Wert haben die zahlreichen kleineren historischen Gedichte und Volkslieder von Fehden, Belagerungen, Helden, Raubrittern u. dgl. und eine Reihe von geistlichen Gedichten zum Lobe der Apostel" (S. 339). GOEDEKE hingegen weist in der zweiten Auflage seines Grundrisses (KARL GOEDEKE, Grundrisz zur Geschichte der deutschen Dichtung aus den Quellen, Band 1: Das Mittelalter, 2., ganz neu bearb. Aufl., Dresden 1884) zwar ebenfalls auf die Unselbstständigkeit eines Großteils der niederdeutschen Literatur hin (S. 457), verzeichnet dann aber umfangreiches Material (S. 457–484) und vermerkt: "Die niederdeutsche Dichtung tritt dürftiger auf, als sie in Wahrheit gewesen sein wird. Ihr fehlte die Unterstützung fleißiger Schreiber, um den Reichtum ihrer sicher in dichterischer Form gefestigten Sage aufzufaßen und zu überliefern. Das Volk sammelt nicht; die Fürsten hatten wenig Sinn für volksmäßige Dichtung. Ohne die hansischen Kaufleute und vielleicht einige Geistliche würden wir auch das wenige nicht besitzen, was uns erhalten ist" (S. 204).

14 LINDEMANN [Anm. 13], S. 337. Der Rekurs auf den 'Reynke de Vos' als Beweis für eine hochstehende mittelniederdeutsche Sprache und Literatur ist nahezu topisch, er findet sich bereits 1652 bei Johann Lauremberg im vierten seiner Scherzgedichte 'Van Almodiſcher Poëſie, und Rimen': *Jn weltliker Wyſheit is kein Boek geſchreven / Den men billik mehr Rohm und Loff kan geven / Als Reinke Vos: ein ſchlicht Boeck / darinnen Tho ſehnde is ein Spegel hoger Sinnen:* (S. 83 [VD17 23:236487Z, *http://diglib.hab.de/drucke/lo-4314/start.htm* (12.12.2018)]).

Erwähnungen durchweg ohne Kontextualisierung.[15] Eine auch nur in Ansätzen vollständige und aktuelle e i g e n e Geschichte der mittelniederdeutschen Literatur (oder der niederdeutschen Literatur im Ganzen) liegt bisher nicht vor.[16] Dies ist umso weniger verständlich, als zahlreiche mittelniederdeutsche Texte Eingang in das Verfasserlexikon gefunden haben.[17]

Für einen großen Teil der mittelniederdeutschen Literatur ist festzuhalten, dass nicht einmal die Textbasis gesichert ist – sei es nun als überlieferungsnaher Abdruck, als kritische Edition oder (in jüngerer Zeit) als Digitalisat von Handschriften, Inkunabeln und Frühdrucken des 16. Jahrhunderts im Internet.[18] Dieses prinzipielle

15 Vgl. z.B. die Darstellungen von CRAMER (THOMAS CRAMER, Geschichte der deutschen Literatur im späten Mittelalter, 3., akt. Aufl., München 2000) und BRUNNER (HORST BRUNNER, Geschichte der deutschen Literatur des Mittelalters und der Frühen Neuzeit [Reclams Universal-Bibliothek 17680], erw. und bibl. erg. Ausg., Stuttgart 2010). Bei CRAMER werden dem 'Reynke de Vos' immerhin fast drei Seiten gewidmet (S. 118–121); Hermann Bote erscheint v.a. als möglicher Verfasser des 'Eulenspiegel' und des 'Reynke de Vos' (S. 274–277), das 'Redentiner Osterspiel' steht in einer Reihe mit anderen Spielen mit Bezug auf Ostern (S. 227). BRUNNER erwähnt selbst den 'Reynke de Vos' nur kurz am Rande der Ausführungen zum 'Reinhard Fuchs' (S. 205), das literarische Schaffen Hermann Botes wird ebenfalls knapp charakterisiert (S. 350). Das 'Redentiner Osterspiel' wird zwar als mutmaßlich "literarisch bedeutendste[s] Osterspiel" gewürdigt, jedoch in der Folge nicht weiter berücksichtigt (S. 365).

16 Der zweite Band 'Literatur' von JAN GOOSSENS 'Niederdeutsch: Sprache und Literatur. Eine Einführung' ist nicht erschienen. Den umfangreichsten neueren Überblick bieten BECKERS mit seinem „Versuch einer Bestandsaufnahme" (HARTMUT BECKERS, Mittelniederdeutsche Literatur. Versuch einer Bestandsaufnahme, in: Niederdeutsches Wort 17 [1977], S. 1–58; 18 [1978], S. 1–47; 19 [1979], S. 1–28) sowie CORDES (GERHARD CORDES, Mittelniederdeutsche Dichtung und Gebrauchsliteratur, in: Handbuch zur niederdeutschen Sprach- und Literaturwissenschaft, hg. von GERHARD CORDES und DIETER MÖHN, Berlin 1983, S. 351–390) und MEIER/MÖHN [Anm. 9]. Ältere Überblicke finden sich bei OESTERLEY (HERMANN OESTERLEY, Niederdeutsche Dichtung im Mittelalter. Als zwölftes Buch der deutschen Dichtung im Mittelalter von KARL GOEDEKE [Grundriss der germanischen Philologie 7], Dresden 1871), STAMMLER (WOLFGANG STAMMLER, Geschichte der niederdeutschen Literatur von den ältesten Zeiten bis auf die Gegenwart [Aus Natur und Geisteswelt 815], Leipzig/Berlin 1929) oder JELLINGHAUS (HERMANN JELLINGHAUS, Geschichte der mittelniederdeutschen Literatur, 3., verb. Aufl., Berlin/Leipzig 1925). Einen Überblick über die ältere gedruckte niederdeutsche Literatur bieten BORCHLING und CLAUSSEN (CONRAD BORCHLING / BRUNO CLAUSSEN, Niederdeutsche Bibliographie. Gesamtverzeichnis der niederdeutschen Drucke bis zum Jahre 1800, Neumünster 1936–1957). Als aktuelle Sammlung und (kurze) Kommentierung mittelniederdeutscher Texte in Auszügen vgl. JÜRGEN MEIER / DIETER MÖHN, Spuren der Vergangenheit für die Gegenwart. Hundert niederdeutsche Texte zwischen dem 9. und 17. Jahrhundert (Schriften des Instituts für Niederdeutsche Sprache 33), Leer 2008.

17 Allein das Verfasserlexikon nennt hunderte mittelniederdeutsche Texte, die in ihrer Gesamtheit noch nie zusammengetragen worden sind. Für die Geschichte der mittelniederdeutschen Literatur wäre schon viel gewonnen, wenn auf der Basis der 'Verfasser-Datenbank', die auf dem ²VL, den Enzyklopädien 'Deutscher Humanismus 1480–1520' sowie 'Frühe Neuzeit in Deutschland 1520–1620' und dem 'Killy-Literaturlexikon' basiert, eine Liste der einschlägigen Texte erstellt würde (idealerweise mit einigen Hinweisen zu Datierung, Lokalisierung sowie zur Verfasserschaft).

18 Im Rahmen größerer Digitalisierungsunternehmungen (z.B. VD16/VD17) finden auch Überlieferungsträger mit niederdeutschen Texten Berücksichtigung, dies geschieht jedoch nicht systematisch; vielfach fehlen dann auch weitergehende Erschließungen.

Manko lässt sich bereits für die Etablierungsphase der Germanistik im frühen 19. Jahrhundert konstatieren: Zwar erschien vor dem Hintergrund nationaler Interessen die Edition mittelalterlicher Texte als geboten, aber man konzentrierte sich dabei doch überwiegend auf Alt- und Mittelhochdeutsches, während die als oft epigonal eingeschätzte niederdeutsche Literatur nur wenig Raum erhielt.[19] Besonders fatal war, dass die mittelniederdeutschen Texte in den frühen altgermanistischen Editionsreihen ein regelrechtes Schattendasein fristeten und damit aus Publikationsmedien ausgegrenzt waren, die als ein besonderer Ausweis für die Stabilisierung und Professionalisierung der noch jungen Wissenschaft galten.

Dieser weitgehende Ausschluss änderte sich auch kaum, als ab dem Ende des 19. und zu Beginn des 20. Jahrhunderts ein enormer Anstieg der altgermanistischen Publikationstätigkeit zu verzeichnen war: Erneut ist die geringe Repräsentanz niederdeutscher Texte in den großen und für das Fachverständnis zentralen mediävistischen Reihen zu verzeichnen. Dies lässt sich unschwer an den Programmen der 'Altdeutschen Textbibliothek'[20] und der Reihe 'Deutsche Texte des Mittelalters'[21] ablesen, die für die Zeit vom Ende des 19. Jahrhunderts bis in die 1970er Jahre verbindliche Qualitätsstandards formulierten, einen institutionellen Rahmen für Editionen etablierten und damit einen wichtigen Beitrag zur Kanonbildung innerhalb der Germanistischen Mediävistik leisteten. Ein ganz vergleichbares Bild ergibt sich, wenn man die jüngeren Reihen, wie die einflussreichen und hochrangigen 'Münchener Texte und Untersuchungen zur deutschen Literatur des Mittelalters' (MTU)[22] und ihr Gegenstück, die als preiswerte Alternative gehandelten 'Göppinger Arbeiten zur Germanistik' (GAG), durchmustert;[23] beide bieten neben einschlägigen Monographien zahlreiche Textausgaben, und wiederum sind niederdeutsche Texte kaum vertreten. Gleiches gilt schließlich für das letzte Projekt einer repräsentativen mediävistischen Reihe, die 'Bibliothek des Mittelalters' im Deutschen Klassiker Verlag, in der seit 1981 24 Bände kommentierter Texte mit Übersetzungen erschienen sind, unter ihnen ist kein einziger, der sich ausschließlich der altsächsischen oder mittelniederdeutschen Literatur gewidmet hätte.[24] Als Fazit lässt sich

---

19 Keine Rolle z.B. spielt das Niederdeutsche in der editorischen Tätigkeit bei LACHMANN, HAUPT oder JACOB und WILHELM GRIMM; in VON DER HAGENS 'Gesammtabenteuer' findet lediglich ein dezidiert niederdeutscher Text Aufnahme (Gesammtabenteuer. Hundert altdeutsche Erzählungen. Ritter- und Pfaffen-Mären, Stadt- und Dorfgeschichten, Schwänke, Wundersagen und Legenden, hg. von FRIEDRICH HEINRICH VON DER HAGEN, Tübingen 1850, Bd. 2, Nr. XLII, S. 315–331). Vgl. auch Sagen, Märchen und Lieder der Herzogthümer Schleswig, Holstein und Lauenburg, hg. von KARL MÜLLENHOFF, Kiel 1845; KARL SIMROCK übersetzte den niederdeutschen 'Reynke de Vos' 1845 in das Hochdeutsche (KARL SIMROCK, Reineke Fuchs. Aus dem Niederdeutschen, Frankfurt a. M. 1845).
20 Begründet 1881 von HERMANN PAUL.
21 Begründet 1904 an der Berlin-Brandenburgischen Akademie der Wissenschaften von GUSTAV ROETHE, ERICH SCHMIDT und KONRAD BURDACH.
22 Begründet 1961.
23 Begründet 1968.
24 Die Reihe bietet zwar Texte mittelniederdeutscher bzw. mittelniederländischer Autoren (Mechthild von Magdeburg; Heinrich von Veldeke), jedoch stets in der Sprachform der hochdeutschen Handschriften.

festhalten, dass die mittelniederdeutsche Literatur in allen einschlägigen Reihen der Germanistischen Mediävistik von den Anfängen bis in die Gegenwart kaum eine Rolle gespielt hat.[25] Ein gewisses Gegengewicht wird allenfalls mit den 58 Bänden der seit 1954 existierenden 'Niederdeutschen Studien' geschaffen, die zwar hauptsächlich Untersuchungen zur niederdeutschen Sprache und Literatur publizieren, aber immerhin auch 14 Editionen mittelniederdeutscher Texte; die Bände enthalten allerdings keine Übersetzungen und folgen sehr unterschiedlichen Editionsprinzipien.[26]

25 Die 'Altdeutsche Textbibliothek' beinhaltet z.b. einen leicht normalisierten Abdruck des Lübecker 'Reynke de Vos'-Drucks von 1498 (vgl. Reinke de Vos, hg. von FRIEDRICH PRIEN [Altdeutsche Textbibliothek 8], Halle/Saale 1887, 1925 neu hg. von ALBERT LEITZMANN) sowie den 'Köker' von Hermann Bote (vgl. Hermann Bote: Der Köker. Mittelniederdeutsches Lehrgedicht aus dem Anfang des 16. Jahrhunderts, hg. von GERHARD CORDES [Altdeutsche Textbibliothek 60], Tübingen 1963); außerdem ist auf die Edition der 'Reimchronik' des Eberhard von Gandersheim zu verweisen (vgl. Die Gandersheimer Reimchronik des Priesters Eberhard, hg. von LUDWIG WOLFF [Altdeutsche Textbibliothek 25], Halle/Saale 1927, 2., rev. Aufl. Tübingen 1969) sowie auf den Grenzfall von Bruder Hansens 'Marienliedern' (vgl. Bruder Hansens Marienlieder, hg. von MICHAEL S. BATTS, [Altdeutsche Textbibliothek 58], Tübingen 1963). Für die 'Deutschen Texte des Mittelalters' sind ebenfalls wenige Bände zu verzeichnen. Vgl. v.a. Zwei Urschriften der 'Imitatio Christi' in mittelniederdeutschen Übersetzungen. Aus Lübecker Handschriften hg. von PAUL HAGEN (Deutsche Texte des Mittelalters 34), Berlin 1930; Die niederdeutschen Bibelfrühdrucke: Kölner Bibeln (um 1478), Lübecker Bibel (1494), Halberstädter Bibel (1522), hg. von GERHARD ISING (Deutsche Texte des Mittelalters 54, 1–6), Berlin 1961–1976.
In Publikationsreihen, die ganz allgemein auf die deutsche Literatur ausgerichtet sind, werden niederdeutsche Texte ebenfalls nur vereinzelt berücksichtigt (vgl. z.B. die Edition des 'Redentiner Osterspiels' von BRIGITTA SCHOTTMANN (Das Redentiner Osterspiel. Mittelniederdeutsch und neuhochdeutsch hg. von BRIGITTA SCHOTTMANN [Reclams Universal-Bibliothek 9744], Stuttgart 1986) und die Übertragung des niederdeutschen 'Reynke de Vos' in das Hochdeutsche durch KARL LANGOSCH (Reineke Fuchs. Das niederdeutsche Epos 'Reynke de Vos' von 1498, hg. von KARL LANGOSCH [Reclams Universal-Bibliothek 8768-71], Stuttgart 1967) in Reclams 'Universal-Bibliothek' oder die Ausgabe des mittelniederdeutschen Theophilus-Spiels durch ANDRÉ SCHNYDER in den 'Quellen und Forschungen zur Literatur- und Kulturgeschichte' (Das mittelniederdeutsche Theophilus-Spiel. Text – Übersetzung – Stellenkommentar, hg. von ANDRÉ SCHNYDER [Quellen und Forschungen zur Literatur- und Kulturgeschichte 58], Berlin [u.a.] 2009).
26 Der große Seelentrost. Ein niederdeutsches Erbauungsbuch des 14. Jahrhunderts, hg. von MARGARETE SCHMITT (Niederdeutsche Studien 5), Köln [u.a.] 1959; Joseps Sündenspiegel. Eine niederdeutsche Lehrdichtung des 15. Jahrhunderts. Kommentierte Textausgabe, hg. von EVA SCHÜTZ (Niederdeutsche Studien 19), Köln [u.a.] 1973; 'De veer Utersten'. Das Cordiale de quatuor novissimis von Gerhard von Vliederhoven in mittelniederdeutscher Überlieferung, hg. von MARIELUISE DUSCH (Niederdeutsche Studien 20), Köln [u.a.] 1975; Jacob von Maerlant: Historie van den Grale und Boek van Merline. Nach der Steinfurter Handschrift, hg. von TIMOTHY SODMANN (Niederdeutsche Studien 26), Köln [u.a.] 1980; Die Stockholmer Handschrift. Cod. Holm. Vu 73 (Valentin vnde Namelos, De vorlorne sone, Flos vnde Blankeflos, Theophelus, 'Die Buhlschaft auf dem Baume', De deif van brugghe, De segheler), hg. von LOEK GEERAEDTS (Niederdeutsche Studien 32), Köln [u.a.] 1984; Das Stralsunder Vokabular. Edition und Untersuchung einer mittelniederdeutsch-lateinischen Vokabularhandschrift des 15. Jahrhunderts, hg. von ROBERT DAMME (Niederdeutsche Studien 34), Köln [u.a.] 1988; Der Magdeburger Prosa-Äsop. Eine mittelniederdeutsche Bearbeitung von Heinrich Steinhöwels

Die auf die Auswertung der großen Buchreihen gestützte Sicht auf die Editionstätigkeit der Germanistischen Mediävistik und der Niederdeutsch-Philologie muss ergänzt werden durch einen Seitenblick auf die Publikation von mittelalterlichen Texten in wissenschaftlichen Zeitschriften. In diesem Bereich stellt sich die Sachlage insofern etwas anders dar, als gerade in den ersten Jahrzehnten des 19. Jahrhunderts ein erkennbares Interesse an der Edition altsächsischer und mittelniederdeutscher Texte bestand. Dies lag ohne Zweifel daran, dass sich die junge Germanistik noch als eine thematisch weite Disziplin verstand, die unter dem Programmwort einer 'germanischen Altertumskunde' vollkommen selbstverständlich auch gotische, alt- und mittelenglische, mittellateinische, friesische und skandinavische Texte behandelte; in einem solchen Umfeld waren dann auch Editionen von niederdeutschen Texten sehr willkommen. Deshalb ist es nur wenig verwunderlich, dass sich in den frühen Jahrgängen der 'Zeitschrift für deutsches Altertum und deutsche Literatur'[27] und der 'Zeitschrift für deutsche Philologie'[28], die als zentrale Periodika für die deutsche Sprach- und Literaturwissenschaft gelten dürfen, verhältnismäßig viele Beiträge zur mittelniederdeutschen oder mittelniederländischen Literatur finden. Deren Zahl nimmt dann allerdings bis zum Ende des 19. Jahrhunderts stetig ab und wird sich auch im weiteren Verlauf nicht mehr erhöhen. Hintergrund ist vermutlich der Wandel der Germanistik von einer komparatistischen und auf einen größeren Verbund von Sprachen und Literaturen bezogenen Disziplin zu einer Wissenschaft der deutschen Sprache und Literatur im engeren Sinne. Warum innerhalb dieses Konzentrationsprozesses das Niederdeutsche ausgegrenzt wurde, bedürfte jedoch einer genaueren Klärung; der Eindruck, dass sich die Germanistische Mediävistik im letzten Viertel des 19. Jahrhunderts zusehends von der Erforschung der mittelniederdeutschen Literatur abwandte, ist jedenfalls

---

'Esopus' und Niklas von Wyles 'Guiscard und Sigismunde'. Text und Untersuchungen, hg. von BRIGITTE DERENDORF (Niederdeutsche Studien 35), Köln [u.a.] 1996; Das Vermessungsprotokoll für das Kirchspiel Ibbenbüren von 1604/05. Text und namenkundliche Untersuchungen, hg. von GUNTER MÜLLER (Niederdeutsche Studien 38), Köln [u.a.] 1993; Der Totentanz der Marienkirche in Lübeck und der Nikolaikirche in Reval (Tallinn). Edition, Kommentar, Interpretation, Rezeption, hg. von HARTMUT FREYTAG (Niederdeutsche Studien 39), Köln [u.a.] 1993; Die Lübecker Historienbibel. Die niederdeutsche Version der Nordniederländischen Historienbibel, hg. von MARGARETE ANDERSSON-SCHMITT (Niederdeutsche Studien 40), Köln [u.a.] 1995; Die Wolfenbütteler Handschrift (Cod. Guelf. 1203 Helmst.). Untersuchung und Edition einer mittelniederdeutschen Sammelhandschrift, hg. von VOLKER KROBISCH (Niederdeutsche Studien 42), Köln [u.a.] 1997; Der 'Spieghel der leyen'. Eine spätmittelalterliche Einführung in die Theologie der Sünde und des Leidens. Diplomatische Edition und philologische Untersuchung, hg. von FRIEDEL HELGA ROOLFS (Niederdeutsche Studien 50), Köln [u.a.] 2004; Das Abdinghofer Arzneibuch. Edition und Untersuchung einer Handschrift mittelniederdeutscher Fachprosa, hg. von MAREIKE TEMMEN (Niederdeutsche Studien 51), Köln [u.a.] 2006; 'Vocabularius Theutonicus'. Überlieferungsgeschichtliche Edition des mittelniederdeutsch-lateinischen Schulwörterbuchs. Band 1: Einleitung und Register. Band 2: Text A–M. Band 3: Text N–Z, hg. von ROBERT DAMME (Niederdeutsche Studien 54), Köln [u.a.] 2011.

27 Begründet 1841 zunächst als 'Zeitschrift für deutsches Alterthum'.
28 Begründet 1869.

schwer zu widerlegen. Als Resultat dieser Entwicklungen und der damit verbundenen Missachtung der niederdeutschen Sprache und Literatur ist dann 1874 der 'Verein für niederdeutsche Sprachforschung' gegründet worden, der das explizite Ziel verfolgte, die vernachlässigte "Erforschung der niederdeutschen Sprache in Literatur und Dialekt"[29] voranzutreiben und der mit seinem 'Jahrbuch' und dem dazugehörenden 'Korrespondenzblatt' fortan eine zentrale Säule für Publikationen zum Niederdeutschen bildet.[30]

Für den Bereich der wissenschaftlichen Zeitschriften lassen sich also durchaus Bemühungen feststellen, mittelniederdeutsche Texte in den Fokus zu rücken, und von den Dichtungen, die BECKERS zum Corpus der mittelniederdeutschen Literatur zählt, ist dann auch eine beträchtliche Anzahl in solchen Publikationsorganen abgedruckt worden (einige Texte gleich mehrfach);[31] die Editionslage insgesamt ist jedoch aus mehreren Gründen unbefriedigend:

– Die Ausgaben entsprechen oft nicht den heutigen editorischen Standards.
– Sie sind häufig vergriffen oder nur schwer zugänglich – dies gilt vor allem für die Ausgaben in den älteren Zeitschriften.
– Die Texte werden vielfach nur im Teilabdruck dargeboten.
– In aller Regel fehlt eine Übersetzung; dies erschwert ganz erheblich den Einsatz im akademischen Unterricht und in Kontexten außerhalb der Universität.
– Schließlich muss festgehalten werden, dass eine ausführliche literar- und sprachhistorische Kommentierung der Texte durchweg fehlt.

In der Forschung wird also der mittelniederdeutschen Literatur (trotz ihrer unbestreitbaren literarhistorischen Bedeutung für den norddeutschen Raum) gegenüber ihrer "begünstigteren Schwester"[32], dem Mittelhochdeutschen und dem Frühneuhochdeutschen, nur eine sekundäre Bedeutung zugemessen. Die Gründe dafür sind gewiss vielfältig, bemerkenswert ist aber in jedem Fall, dass sich das negative Urteil über die mutmaßlich geringe literarische Qualität der Dichtungen von den Anfän-

---

29 LÜBBEN [Anm. 12], S. 2.
30 Darin unterscheidet sich das 'Jahrbuch' sehr von der 1960 gegründeten Zeitschrift 'Niederdeutsches Wort', die von der Kommission für Mundart- und Namensforschung des Landschaftsverbandes Westfalen-Lippe herausgegeben wird und sich doch deutlicher auf linguistische Fragestellungen konzentriert. Das Ziel des 'Niederdeutschen Worts' formulieren die Herausgeber folgendermaßen: "Die kleinen Beiträge zur niederdeutschen Mundart- und Namenkunde, die wir in diesen Blättern zu veröffentlichen gedenken, sollten aber nach unserer Vorstellung nicht nur dem Liebhaber des Niederdeutschen, sondern auch dem Sprachforscher Anregung bieten, so daß wir zugleich den Interessen des Heimatfreundes und denen des Wissenschaftlers gerecht zu werden hoffen." (WILLIAM FOERSTE, Zum Geleit, in: Niederdeutsches Wort 1 [1960], S. 1). Während das 'Jahrbuch' von Beginn an auch (Teil-)Textabdrucke in größerer Zahl veröffentlicht (und darüber hinaus auch literaturwissenschaftlich orientierte Artikel publiziert), findet sich im 'Niederdeutschen Wort' Literaturwissenschaftliches nur selten, dem entspricht auch die außerordentlich geringe Anzahl an Textabdrucken.
31 Vgl. BECKERS [Anm. 2].
32 LÜBBEN [Anm. 12], S. 1.

gen der Germanistik bis heute hält. Dies gilt oft selbst für Beiträge, welche die mittelniederdeutsche Literatur in das Zentrum stellen.[33] Einschätzungen dieser Art,
welche die Geschichte der deutschen Literatur auf eine ästhetische Würdigung weniger Ausnahmetexte reduzieren, sind jedoch im Lichte neuerer literarhistorischer
Paradigmen gründlich zu hinterfragen; spätestens seit den wirkungsmächtigen
funktionshistorischen Ansätzen der Literaturgeschichte, wie sie in den 1980er Jahren entwickelt worden sind, können sie nur noch als obsolet bezeichnet werden.
Dass eine Bestandsaufnahme der deutschen Literatur des Mittelalters durchaus anders angelegt werden kann, zeigt sehr eindrücklich KURT RUHS erweitertes Konzept
der Literaturgeschichte als Überlieferungsgeschichte, zu erinnern ist ferner an die
sozialhistorisch orientierte Literaturgeschichte von KARTSCHOKE, BUMKE und
CRAMER sowie an das große Unternehmen von JOACHIM HEINZLE, die Geschichte
der deutschen Literatur des Mittelalters von den historisch wirksamen Formen der
literarischen Interessenbildungen her zu interpretieren.[34] An solche Überlegungen
gilt es auch für eine noch zu schreibende Geschichte der mittelniederdeutschen Literatur anzuschließen; sie bilden deshalb einen wichtigen Verständnisrahmen für
die 'Mittelniederdeutsche Bibliothek'. Im Übrigen liegt dem Unternehmen die feste
Annahme zugrunde, dass die mittelniederdeutsche Literatur nur dann stärker berücksichtigt wird und eine größere Wertschätzung erfahren kann, wenn eine reprä-
sentative Anzahl von Texten in modernen und erschwinglichen Ausgaben mit
Übersetzung und Kommentar vorliegt.[35]

---

33 Vgl. z.B. BECKERS [Anm. 2]: "Es ist eine bekannte und oft beklagte Tatsache, daß das, was uns
    an mittelniederdeutscher Literatur überliefert ist, im Vergleich mit der früher und reicher ent-
    falteten Literatur Mittel- und Oberdeutschlands und ebenso mit derjenigen der Niederlande ei-
    nen eher bescheidenen Eindruck macht. [...] es gilt aber doch für die literarische Produktion
    insgesamt, und dies sowohl hinsichtlich der Menge der überlieferten Texte als auch hinsichtlich
    ihrer gattungsmäßigen und ihrer literarischen Qualität" (S. 7f.) und "Ihre [der mittelniederdeut-
    schen Literatur] weitgehende Zweitrangigkeit, von der nur wenig Texte ausgenommen sind, ist
    aber wiederum der Grund dafür, daß sich die Literarhistoriker der mnd. Texte in wesentlich
    geringerem Maße angenommen haben als der mhd.-fnhd. und der mnld. Literaturerzeugnisse"
    (S. 14).

34 Vgl. KURT RUH, Überlieferungsgeschichte mittelalterlicher Texte als methodischer Ansatz zu
    einer erweiterten Konzeption von Literaturgeschichte, in: Überlieferungsgeschichtliche Prosa-
    forschung. Beiträge der Würzburger Forschergruppe zur Methode und Auswertung, hg. von
    dems. (Texte und Textgeschichte 19), Tübingen 1985, S. 262–272; JOACHIM BUMKE, Ge-
    schichte der mittelalterlichen Literatur als Aufgabe (Rheinisch-Westfälische Akademie der
    Wissenschaften. Vorträge. G, Geisteswissenschaften 309), Opladen 1991; JOACHIM HEINZLE,
    Wann beginnt das Spätmittelalter? in: ZfdA 112 (1983), S. 207–223; ders., Wie schreibt man
    eine Geschichte der deutschen Literatur des Mittelalters? in: Der Deutschunterricht 41 (1989),
    Heft 1, S. 27–40; Überlieferungsgeschichte transdisziplinär. Neue Perspektiven auf ein germa-
    nistisches Forschungsparadigma, hg. von DOROTHEA KLEIN, HORST BRUNNER und FREIMUT
    LÖSER (Wissensliteratur im Mittelalter 53), Wiesbaden 2016.

35 Für die Annahme, dass die Editionslage sich außerordentlich günstig auf die Wahrnehmung
    von Texten auswirkt, gibt es im Bereich der mittelalterlichen Literatur in deutscher Sprache
    eine ganze Reihe von Beispielen. Hinzuweisen wäre z.B. auf den großen Einfluss, den die
    zweisprachigen Ausgaben von Hartmanns von Aue 'Erec', von den Liedern Walthers von der
    Vogelweide, vom 'Nibelungenlied' oder von Wolframs von Eschenbach 'Parzival' auf die aka-
    demische Lehre (und damit auch wenigstens indirekt auf die Forschung) ausgeübt haben; ein

GRUNDZÜGE EINER REIHE
'MITTELNIEDERDEUTSCHE BIBLIOTHEK'

Aus diesem Grund sollte es das Ziel der nächsten Jahre sein, in der neu geschaffenen Reihe eine Auswahl mittelniederdeutscher Texte nach aktuellen Standards zu edieren, sie in ein angemessenes Gegenwartsdeutsch zu übersetzen und in sprachlicher wie in literarischer Hinsicht zu kommentieren; auf diese Weise sollen einerseits unedierte Werke erschlossen werden, andererseits bietet die Reihe aber auch die Chance, vergriffene oder entlegen publizierte Texte neu aufzulegen sowie veraltete Ausgaben zu aktualisieren. Eine zusätzliche Aufgabe wird es überdies sein, die neuen Editionen digital zu sichern.[36] Die Bände der Reihe werden dabei auf eine Weise konzipiert, dass sie mit ihren ausführlichen Erschließungshilfen, einer ansprechenden buchtechnischen Gestaltung und einem erschwinglichen Preis einen größeren Rezipientenkreis außerhalb der engeren Fachdisziplinen anzusprechen vermögen. Es ist vorgesehen, die Bände nach Möglichkeit als digitale Editionen auf der Basis von TEI-XML (P5)[37] zu erstellen, so dass die 'Mittelniederdeutsche Bibliothek' dem gegenwärtigen Stand der Editionsphilologie entspricht.[38] Überdies dient diese Vorgehensweise dazu, die Ausgaben systematisch anzulegen und eine klar strukturierte Datenaufnahme zu garantieren; außerdem ist es so einfacher, die Daten langzeitsicher zu speichern und ihre Nachnutzung zu ermöglichen. Auf dieser Datengrundlage ist geplant, jede Edition als gedrucktes Buch zu publizieren, das z.B. für den schulischen und akademischen Unterricht genutzt werden kann. Nach Absprache ist die zusätzliche Veröffentlichung als E-Book möglich (unter Open-Access-Bedingungen); im Einzelfall lassen sich Buch und E-Book auch noch mit einem zusätzlichen Webauftritt kombinieren, der ergänzendes Material zur Verfügung stellt.

besonders beeindruckender Fall ist 'Der Ring' Heinrich Wittenwilers: Galt der Text noch in den 1980er Jahren wegen seiner starken dialektalen Einfärbung als unbrauchbar für den Seminarbetrieb, hat er sich dank der zweisprachigen Editionen von BERNHART SOWINSKI (1988), HORST BRUNNER (1991) und WERNER RÖCKE (2012) zu einem 'Klassiker' in der Lehre und Forschung entwickelt. Dies spiegelt sich nicht zuletzt in der ständig steigenden Zahl der Forschungsbeiträge wider. Vgl. Der Ring. Heinrich Wittenwiler, hg., übers. und kommentiert von BERNHARD SOWINSKI (Helfant-Texte, T 9), Stuttgart 1988; Heinrich Wittenwiler: Der Ring: Frühneuhochdeutsch/Neuhochdeutsch. Nach dem Text von Edmund Wießner hg. von HORST BRUNNER (Reclams Universal-Bibliothek 8749), Stuttgart 1991; Der Ring. Nach der Münchener Handschrift hg., übers. und erläutert von WERNER RÖCKE. Unter Mitarbeit von ANNIKA GOLDENBAUM. Mit einem Abdruck des Textes nach EDMUND WIESSNER, Berlin [u.a.] 2012.

36   Es ist geplant, die publikationsreifen XML-Dateien auf den Servern der Universitätsbibliothek Rostock zu sichern und bereitzustellen, und zwar im Repositorium DORO ('Digitale Objekte der Universität Rostock'; *http://doro.uni-rostock.de/* [12.12.2018]).

37   TEI P5. Guidelines for Electronic Text Encoding and Interchange. Version 3.1.0 (15.12.2016), hg. vom TEI Consortium, *http://www.tei-c.org/Guidelines/P5/* (12.12.2018).

38   Vgl. dazu auch die Förderkriterien der Deutschen Forschungsgemeinschaft für wissenschaftliche Editionen in der Literaturwissenschaft von 11/2015, abrufbar unter: *http://www.dfg.de/download/pdf/foerderung/grundlagen_dfg_foerderung/informationen_ fachwissenschaften/geisteswissenschaften/foerderkriterien_editionen_literaturwissenschaft. pdf* (12.12.2018).

VERANTWORTLICHKEITEN

Die Publikationsreihe 'Mittelniederdeutsche Bibliothek' wird von einem Herausgebergremium verantwortet, ihm gehören an:

- ANDREAS BIEBERSTEDT (Universität Rostock),
- JÖRN BOCKMANN (Europa-Universität Flensburg),
- FRANZ-JOSEF HOLZNAGEL (Universität Rostock) und
- INGRID SCHRÖDER (Universität Hamburg).

Dieses Gremium organisiert die Reihe und entscheidet über die Aufnahme eines Bandes in das Programm der 'Mittelniederdeutschen Bibliothek'. Für die inhaltliche Konzeption der Einzelprojekte sowie deren Umsetzung und Finanzierung sind dagegen die Editoren der Einzelbände verantwortlich, die Reihenherausgeberinnen und -herausgeber stehen jedoch in allen Phasen der Projektumsetzung als Ansprechpartner zur Verfügung. Die Publikation der Bände erfolgt grundsätzlich in einer engen Kooperation zwischen den Editoren, dem Herausgebergremium sowie dem Verlag Schwabe Berlin. Die Reihenherausgeber können – je nach inhaltlicher Ausrichtung der Edition – durch weitere Experten unterstützt werden.

HINWEISE ZUR GESTALTUNG DER EDITIONEN

Alle Titel der Reihe 'Mittelniederdeutsche Bibliothek' sollen ein einheitliches Erscheinungsbild erhalten und in einigen grundlegenden Gestaltungsprinzipien übereinstimmen:

- Jede Edition bietet einen normalisierten und kommentierten Lesetext sowie eine hochdeutsche Übersetzung; außerdem wird eine Einleitung beigefügt, die einführende Informationen zu den edierten Texten enthält und auf diese Weise den Kommentar entlastet.
- Der edierte Text bewahrt so weit wie möglich das Graphemsystem des Ausgangstextes, Vereinheitlichungen betreffen vor allem solche Phänomene, welche die Lesbarkeit der Texte unnötig erschweren. Hierzu zählen u.a. die Graphen-Varianz sowie die Ligaturen und Abbreviaturen. Die (oftmals mehrdeutigen) Diakritika werden hingegen nicht aufgelöst.
- Außerdem wird eine Interpunktion eingeführt, die sich nach den rezenten orthographischen Regeln richtet; bei der Groß- und Kleinschreibung kann jedoch weitgehend der Vorlage gefolgt werden (mit der Ausnahme von Satzanfängen und Eigennamen).
- Bei der Edition von Melodien werden diese nicht am Ende des Bandes angehängt, sondern im Fünfliniensystem mit oktaviertem Violinschlüssel in den Text integriert; dabei sollen sie versweise umgebrochen werden, um den direkten Vergleich zwischen Textmetrik und Melodiegliederung zu ermöglichen.

– Die Übersetzung sollte möglichst zielsprachenorientiert angelegt sein, aber gleichwohl den Ausgangstext strukturell und semantisch erschließen. Die sprachliche Gestaltung ist dabei an einem modernen Gegenwartsdeutsch orientiert und soll eine Rezeption der Übersetzung auch ohne Konsultation der Vorlage ermöglichen. Auf die Nachbildung von metrischen Strukturen (Reime, die Abfolge der Hebungen und Senkungen) wird generell verzichtet.

– Der Text wird durch einen Apparat ergänzt, der Lesarten und Herausgebereingriffe verzeichnet. Am Ende jedes Bandes stehen ein sprachlicher Kommentar und ein Sachkommentar. Der sprachliche Kommentar schließt schwierige grammatische Erscheinungen auf und diskutiert Probleme bei der Übersetzung; der Sachkommentar erläutert historische Hintergründe und Realien. Im Zentrum beider Kommentare stehen solche Erscheinungen, die nicht einfach durch die parallele Übersetzung zu erkennen oder durch einschlägige Handbücher zu erschließen sind. Zur Erläuterung von polysemen oder terminologisch gebundenen Ausdrücken, insbesondere dann, wenn sie hochfrequent in dem edierten Text vorkommen, bietet sich die Anlage eines gesonderten Glossars an.

– Die beiden Kommentare folgen in ihrer Reihung dem Text, sie werden jedoch graphisch markiert, um den Benutzern einen gezielten Zugriff auf die beiden unterschiedlichen Kommentierungstypen zu erlauben. Im Falle einer Edition mit Noten wird überdies ein kritischer Bericht zur Erstellung der Melodien beigegeben.

Als erste Bände sollen ab 2019 erscheinen:

– Die Bordesholmer Marienklage (hg. von JÖRN BOCKMANN und MICHAEL ELMENTALER),

– 'Künstlike Werltspröke' und 'Schönes Rimbökelin' (hg. von ANNIKA BOSTELMANN, DOREEN BRANDT und HELLMUT BRAUN) und

– Das Rostocker Liederbuch (hg. von FRANZ-JOSEF HOLZNAGEL, HARTMUT MÖLLER und UDO KÜHNE).

Annika Bostelmann, Institut für Germanistik, Universität Rostock, D–18051 Rostock
E-Mail: annika.bostelmann@uni-rostock.de
Prof. Dr. Franz-Josef Holznagel, Institut für Germanistik, Universität Rostock, D–18051 Rostock
E-Mail: franz-josef.holznagel@uni-rostock.de

VON GUTER LEHRE, VOGELSPRACHEN UND APFELBÄUMEN: DIE HANDSCHRIFT STOCKHOLM, KUNGLIGA BIBLIOTEKET, COD. HOLM. VU 82

von Katharina Glanz

Ich lag und schlief, da hatte ich einen wunderbaren Traum. Auf einer Jagd kam ich in einen herrlichen Wald. Im Wald stand eine prächtige Burg, in deren Garten eine schöne Dame saß. Sie klagte, sie könne keinen beständigen und treuen Mann finden. Da trat ich zu ihr und bot ihr an, sie darin zu unterweisen, wie sie einen guten Mann erkennen könne.[1]

Mit diesen Versen der Minnerede 'Des Kranichhalses neun Grade' wird auf der ersten Seite die umfangreiche Minneredensammlung der Stockholmer Handschrift Cod. Holm. Vu 82 eröffnet.[2] Der auch als Jütische Sammlung oder Børglumer Handschrift bekannte kleine Codex ist von seiner Ausführung her bescheiden. Er ist aber dennoch sehr gut geeignet, einen Einblick in spezifische Formen niederdeutscher Überlieferung zu geben. Die Stockholmer Handschrift Vu 82 soll hier zunächst kurz vorgestellt werden. Nach einem Blick auf ihren Inhalt und ihre bild-

---

1   Stockholm, Kungliga Biblioteket, Cod. Holm. Vu 82, fol. 1ff. (Übertragung K.G.). Ed. ANN THORSSON JOHANSSON, Die Børglumer Handschrift Vu 82. Eine kritische Ausgabe, Diss. (masch.) Tarragona 1997, S. 126–134. Vgl. CONRAD BORCHLING, Mittelniederdeutsche Handschriften in Skandinavien, Schleswig-Holstein, Mecklenburg und Vorpommern. Zweiter Reisebericht, Nachrichten von der Königl. Gesellschaft der Wissenschaften zu Göttingen, Philol.-hist. Klasse 1900 (Beiheft), Göttingen 1900, S. 109–114 (unter Nr. 126 in 4°), bes. S. 110; TILO BRANDIS, Mittelhochdeutsche, mittelniederdeutsche und mittelniederländische Minnereden. Verzeichnis der Handschriften und Drucke (MTU 25), München 1968, S. 147, Nr. 389 sowie JACOB KLINGNER / LUDGER LIEB, Handbuch Minnereden, 2 Bde., Berlin/Boston 2013, B389.
2   Stockholm, Kungliga Biblioteket, Cod. Holm. Vu 82, 162 Folia (mit Blattverlusten), Papier, 212 x 153 mm, paginiert auf allen ungeraden Seiten 1–323. 14 Lagen, bestehend aus Quinternionen und Sexternionen mit wenigen Unregelmäßigkeiten. Schriftraum und Zeilenzahl variierend von 60–125 x 145–180 mm bei 13–34 Zeilen. Schriftspiegel links und rechts mit dünnen Linien begrenzt, keine Linierung. Ein einzelnes Wasserzeichen – Ochsenkopf mit T – ähnlich BRIQUET 15158. Roter Ledereinband mit Streicheisenlinien und Einzelstempeln, 2 beschädigten Schließen, beschädigten Metalleckbeschlägen sowie je 5 Buckeln. 2 Pergamentblätter eines Vollmissales des 13. Jahrhunderts als Spiegel. Zur Handschrift vgl. THORSSON JOHANSSON [Anm. 1] mit ausführlicher Bibliographie. Vgl. auch LOTTE KURRAS, Deutsche und niederländische Handschriften der Königlichen Bibliothek Stockholm. Handschriftenkatalog (Acta Bibliothecae Regiae Stockholmiensis LXVII), Stockholm 2001, S. 93–96 und Abb. 52. Vgl. auch BORCHLING [Anm. 1], S. 109–111 sowie LAURITZ NIELSEN, Danmarks middelalderlige haandskrifter. En sammenfattende boghistorisk oversigt, Kopenhagen 1937, S. 160. Eintrag im Handschriftencensus: *http://www.handschriftencensus.de/5803* (12.12.2018).

liche Ausstattung soll der textlichen und bildlichen Überlieferung gefolgt und ein
Versuch unternommen werden, die Handschrift im Kontext der Text- und Bildvorstellungen des Nordens einzuordnen.

ZUR HANDSCHRIFT

Ein erheblicher Teil der mittelniederdeutschen Literatur ist in Sammelhandschrif-
ten überliefert. Eine von ihnen ist die zwischen 1480 und 1541 im norddänischen
Børglum, vielleicht im dortigen Kloster[3], entstandene Handschrift Stockholm
Cod. Holm. Vu 82. Sie versammelt in drei Faszikeln niederdeutsche und dänische
Texte in einem ungewöhnlichen Mix von Genres.

Faszikel 1: mnd.	Hand 1	S. 1–7:	'Des Kranichhalses neun Grade' (191 Verse)
		S. 8–48:	'Farbentracht' (1178 Verse)
		S. 48–64:	'Liebesgespräch III' (534 Verse)
Faszikel 2: mnd.	Hand 2: S. 65–85	S. 65–67:	fünf niederdeutsche Sprüche
		S. 68:	gekröntes Monogramm
		S. 69–76:	'Lehren für eine Jungfrau' (121 Verse)
	Hand 3: S. 85–138	S. 77–96:	'Rat der Vögel' (406 Verse)
		S. 97–105:	Fastnachtsspiel 'De vos unde de hane' (227 Verse)
		S. 106–116:	'Vom Trinker' (120 Verse)
		S. 117–130:	chronikalische Aufzeichnungen
		S. 130–138:	Exzerpt Gottfried von Franken: 'Pelzbuch' mit vier dänischen Zusatzkapiteln
Faszikel 3: dänisch	Hand 1	S. 139–317:	'Karlschronik'
		S. 318–321:	gotisches Schmuckalphabet

Am Anfang des Buches stehen, nur unterbrochen von fünf niederdeutschen Sprüchen[4], eine Reihe von ausschließlich auf systematisierte Lehre ausgerichtete Min-
nneredentexte. Gattungsgemäß sind alle Texte anonym überliefert. Markant ist je-

---

3   Der Codex ist an mehreren Stellen datiert: S. 67 und 76: 1541; S. 317: 1480. Eine Ortsangabe
    findet sich am Ende der dänischen 'Karlschronik', S. 317: *Ar Cristi gudz byrd MCDLXXX
    sancte Marie Magdalene afften i Børlum* (21.7.1480).
4   *Do dy eddelenn romer mytt anndachtt vppe der gemeinen were bedacht [...] vrouwen ane
    schande geistliche ane frede Dese xij sachenn können velle to nicht macken. Søn dag for med
    faste aar 1541.* Ed. THORSSON JOHANSSON [Anm. 1], S. 217–219.

doch, dass sich viele der in Stockholm Vu 82 tradierten Minnereden ausschließlich in niederdeutscher Sprache finden lassen. Einige davon, etwa die 'Farbentracht', das 'Liebesgespräch' und die 'Lehren für eine Jungfrau', sind nur hier enthalten.[5] Andere Minnereden, wie etwa die von 'Des Kranichhalses neun Grade', stehen in enger Verbindung zu weiteren, ausschließlich niederdeutschen Überlieferungen.[6] Den sich bis in den zweiten Faszikel hineinziehenden Minnereden folgen das Fastnachtsspiel 'De vos unde de hane'[7], die lehrhaften Reimpaare des 'Rates der Vögel'[8] und das satirische Streitgespräch 'Vom Trinker'[9]. Historische Notizen berichten anschließend über dänische, schleswig-holsteinische, hansische und preußische Ereignisse im Zeitraum zwischen 251 und 1520 n. Chr.[10] Der den zweiten Faszikel beschließende Auszug aus Gottfrieds von Franken 'Pelzbuch' gibt praktische Anleitungen zum Obstbau, wobei dem Text nur hier

---

5   Vgl. KLINGNER/LIEB [Anm. 1], B 436, Z 42 und B 322.

6   Insgesamt ergibt sich eine Gruppe von acht überwiegend mnd. Sammelhandschriften mit profanen epischen und kleinepischen Texten; einige davon sind illustriert. Neben Stockholm, Kungliga Biblioteket, Cod. Holm. Vu 82 gehören zu der Gruppe die Handschriften Stockholm, Kungliga Biblioteket, Cod. Holm. Vu 73, um 1420, nnd.; Berlin, Staatsbibliothek Preußischer Kulturbesitz, Mgo 186 (sogenannte Livländische Sammlung), Livland, 1431; Gdańsk, Biblioteka Gdańska Polskiej Akademii Nauk, Ms. 2418, 1462, nnd.; Hamburg, Staats- und Universitätsbibliothek, Ms. 102c in scrinio (sogenanntes 'Hartebok'), um 1476, nd.; Wien, Österreichische Nationalbibliothek, Cod. 2940, um 1481, ripuar. und nnd.; Wolfenbüttel, Herzog August Bibliothek, Cod. Guelf. Helmst. 1203, Mitte 15. Jh., ostfälisch; und die ostmd. Handschrift Gotha, Forschungsbibliothek, Chart. A 985, um 1430–1440. Hinzu gezählt werden können auch die 'Flos vnde Blankeflos'-Fragmente Berlin, Staatsbibliothek Preußischer Kulturbesitz, Fragm. 2 und 3, Gebiet der Weichselmündung, frühes 15. Jh. Vgl. dazu auch RALF PÄSLER, Zwischen Deutschem Orden und Hanse. Zu den Anfängen literarischen Lebens im spätmittelalterlichen Preußenland, in: Ostpreußen – Westpreußen – Danzig. Eine historische Literaturlandschaft, hg. von JENS STÜBEN (Schriften des Bundesinstituts für Kultur und Geschichte der Deutschen im östlichen Europa 30), München 2007, S. 155–173, bes. S. 167–169 und Anhang 2. Vgl. dazu auch den Beitrag von KARIN CIESLIK im vorliegenden Band.

7   *Hiir begynnet sik eyne epistule de men pleech to lesen des sondages in deme vastelauende* [...] *Wer dar nicht genoch ane en hefft De ga in den kostall Vnde neme eyne gantze slippen vul.* Ed. THORSSON JOHANSSON [Anm. 1], S. 250–260.

8   *Hir begyndene de vogelesprache* [...] *Vnde drincke my enen vullen tho So mach ick drade werden vro.* Ed. THORSSON JOHANSSON [Anm. 1], S. 228–249. Vgl. auch PETRA BUSCH, Die Vogelparlamente und Vogelsprachen in der deutschen Literatur des späten Mittelalters und der frühen Neuzeit. Zusammenstellung und Beschreibung des Textmaterials, Rekonstruktion der Überlieferungsgeschichte, Untersuchungen zur Genese, Ästhetik und Gebrauchsfunktion der Gattung (Beihefte zu Poetica 24), München 2001.

9   *Hiir na volget van deme drenker* [...] *De dit nicht en heft bedreuen de mach sik laten dryncken geuen.* Ed. THORSSON JOHANSSON [Anm. 1], S. 261–272. Vgl. auch HARTMUT BECKERS, Der Trinker, in: [2] VL 9 (1995), Sp. 1059f.

10   *In deme jare na godes bort ccli do begunde de helge vader Sancte antonius sin orden ersten* [...] *In deme jaer godes bort m.l.xx do wort da grotmechtiighe konnik Cristiern ingefoert tho stockholm mitt mijt groter tryomphe vnde ere.* Ed. THORSSON JOHANSSON [Anm. 1], S. 273–286.

vier dänische Kapitel hinzugefügt wurden.[11] Der dritte Faszikel tradiert eine der
dänischen Varianten der 'Karlschronik'.[12] Ein gotisches Zieralphabet schließt das
Büchlein ab.

Die Texte stammen von der Hand dreier Schreiber.[13] Viele Schreibfehler, die
oft ungelenk wirkenden und nur schwer lesbaren Schriftzüge sowie eine unein-
heitliche Schreibweise lassen darauf schließen, dass es sich ausnahmslos um un-
geübte Schreiber gehandelt hat. Auffällig sind eine nachlässige Strophenmarkie-
rung, Vers- und sogar Passagenausfälle sowie fehlende Reimentsprechungen.
Deshalb sowie wegen der mangelhaften Kenntnisse der mittelniederdeutschen
Sprache und einer deutlich nordisch geprägten Orthographie wurde bereits früh
vermutet, der Schreiber der niederdeutschen Texte sei kein Deutscher gewesen.[14]
Mit hoher Wahrscheinlichkeit waren alle Schreiber Dänen. So macht die erste
Hand neben dem mittelniederdeutschen Text verschiedentlich dänische Randnotizen wie etwa *Kaerlichkeit in myt hierte* oder *Koes meg* auf S. 28. Darüber hinaus
findet sich auf S. 67 die dänische Datierung *Søn dag for med faste aar 1541*. Die
vier Gottfrieds 'Pelzbuch' ergänzenden dänischen Kapitel sind sorgfältiger geschrieben als die niederdeutschen Abschnitte. "Die Sprache der Børglumer Handschrift [entspricht] hauptsächlich der mittelniederdeutschen Schriftsprache"[15], es
finden sich jedoch Besonderheiten,

> die uns in die nordmittelniederdeutsche, und zwar ostelbische Region führen. Auf Grund des-
> sen kann festgestellt werden, daß die Vorlagen unserer Handschrift im norddeutschen Raum
> geschrieben wurden.[16]

Die im hinteren Teil des Buches bisweilen noch sichtbaren Lagennummerierun-
gen sowie Teile der Initialen und der ursprünglichen Blattnummerierung wurden

---

11 *Eyn gude regele van bome to patende* [...] *so krigst swarte rosen.* Ed. ROSWITHA ANKEN-
    BRAND, Das Pelzbuch des Gottfried von Franken. Untersuchungen zu den Quellen, zur Über-
    lieferung und zur Nachfolge der mittelalterlichen Gartenliteratur, Diss. Heidelberg 1970,
    S. 69–77. Ed. THORSSON JOHANSSON [Anm. 1], S. 287–296.
12 *I Franke ryghe war en konnigh som heth Pippingus hans husfru heth Bertha de hadde e soøn
    heth Karll* [...] *Ar Cristi gudz byrd M cd lxxx sancte Marie Magdalene afften i Børlum*
    (21.7.1480). Ed. POUL LINDEGÅRD HJORTH, Karl Magnus' Krønike, Udg. for Universitets-
    Jubilæets Danske Samfund, Kopenhagen 1960, S. 2–342.
13 Der erste Schreiber zeichnete in kleiner, gedrungener und breit gezogener Bastarda mit mar-
    kanten Oberlängen im Schaft-s sowohl die mittelniederdeutschen Texte des ersten Faszikels
    als auch die dänischen Texte des dritten Faszikels auf. Die zweite Hand setzt in einer Kursive
    des 16. Jahrhunderts auf S. 65 ein und bricht mitten im Text nach der Überschrift zum Kapitel
    De tame swann aus dem 'Rat der Vögel' auf S. 85 ab. Diese Hand zeichnet sich durch lange,
    schmale, eher zierliche Buchstaben mit starker Oberlängenausprägung aus, deren Lesbarkeit
    dennoch schlecht ist. Von einer dritten Hand stammen die Aufzeichnungen in Fraktur des
    16. Jahrhunderts von S. 85 bis 138. Zur Händescheidung siehe WILHELM SEELMANN, Die
    Vogelsprachen (Vogelparlamente) der mittelalterlichen Literatur, in: NdJb 14 (1888), S. 101–
    147, hier S. 126; BORCHLING [Anm. 1], S. 109f.; ANKENBRAND [Anm. 11], S. 49f.; THORS-
    SON JOHANSSON [Anm. 1], S. 8–10.
14 Vgl. ANKENBRAND [Anm. 11], S. 61 sowie THORSSON JOHANSSON [Anm. 1], S. 47–49.
15 Ebd., S. 113.
16 Ebd.

.

beim Einbinden in den heutigen schwachroten, jedoch nicht ursprünglichen Einband vielfach weggeschnitten. Verschmutzungen und Verschleißspuren an den Lagengrenzen, insbesondere auf S. 1 und S. 138/139, sowie die Beschneidungen legen nahe, dass der Codex aus mehreren, ursprünglich selbstständigen Teilen zusammengebunden wurde. Allerdings gibt es keine eindeutige Zäsur zwischen den einzelnen Teilen; auch das Papier ist überall das gleiche. Möglicherweise bildeten Faszikel I und III ursprünglich eine Einheit.[17] Dafür sprechen neben der gemeinsamen Schreiberhand auch die Ähnlichkeiten der heraldisierten Initialen auf S. 1 und 139, auf die im Folgenden noch näher eingegangen wird.

PROVENIENZ

Der Codex ist an mehreren Stellen datiert.[18] Es gibt jedoch keine sicheren Hinweise auf seinen Eigentümer. Am Ende der dänischen 'Karlschronik' wird auf S. 117 der Ort Børglum erwähnt: *Ar Cristi gudz byrd MCDLXXX sancte Marie Magdalene afften i Børlum.* Dies muss nicht zwingend bedeuten, dass die Handschrift im dortigen Prämonstratenserkloster entstanden ist, wenngleich JØRGENSEN die Handschrift unter *Klosterbiblioteket* registriert.[19] Es existiert eine Inventarliste der Klosterbibliothek von 1536 oder 1542. Diese notiert aber nur, dass es insgesamt 150 Bücher gab und wo sich diese räumlich befanden.[20] Das Kloster wurde 1540 säkularisiert. Nach ANKENBRAND ist

[ü]ber das Schicksal seiner Bibliothek nichts bekannt. Es ist deshalb nicht zu entscheiden, ob die Aufzeichnungen der beiden letzten Schreiber noch in dem in Auflösung befindlichen Kloster entstanden sind oder erst, nachdem der Klosterbesitz in weltliche Hand übergegangen war. Nimmt man an, dass die Handschrift 1480 angelegt wurde und die nächste Eintragung erst 1541, ein Jahr nach der Säkularisation, erfolgte, [...] dann ist es wahrscheinlich, dass die Aufzeichnungen bereits außerhalb des Klosters, wohl aber in dessen näherer Umgebung entstanden sind.[21]

Wie die Handschrift nach Stockholm kam, ist nicht bekannt. 1693 erwähnt fol. 6* des Inventariums des Antikvitetsarkivs: *4. En Rymbok på gammal tyska om åtskilliget, et Caroli Magni Historia. MS på Papper in 4°.*[22] Nach dem handschriftlichen Katalog von 1734 kam der Codex 1693 aus dem Antikvitetsarkiv in die Königliche Bibliothek.[23] Die zahlreichen Signaturen, mit denen der Einband versehen ist, zeugen davon, dass die Handschrift zu verschiedenen größeren Buchsammlungen gehörte. Der vordere Spiegel trägt unten die alte Archivsignatur.

---

17 Vgl. ebd., S. 3, 18.
18 Datierungen finden sich auf S. 67 und 76: 1541 sowie auf S. 317: 1480. Siehe dazu Anm. 3.
19 Vgl. ELLEN JØRGENSEN, Studier over danske middelalderlige Bogsamlinger, in: Historisk Tidskrift, Ser. 8, Vol. IV (1912–13), S. 1–67, hier S. 42f.
20 Vgl. dazu *Inuentaria udj Børglom, Rigsarkivet*, Kopenhagen, Reg. 108 A, Nr. 50.
21 ANKENBRAND [Anm. 11], S. 52.
22 4. Ein Reimbuch im alten Deutsch und die Geschichte Karls des Großen. MS auf Papier in 4° (Übersetzung K. G.).
23 Vgl. THORSSON JOHANSSON [Anm. 1], S. 19.

Darüber hinaus gibt es zahlreiche weitere Inventarvermerke und Inhaltsangaben. Die noch heute gültige Signatur Cod. Holm. Vu 82 findet man an verschiedenen Stellen des Buches: auf dem Buchrücken, auf dem oberen Einbanddeckel sowie rechts oben auf dem Vorsatzblatt. Dieses notiert darüber hinaus *Tillhör Kongliga Bibliotheket i Stockholm innehåller 324 sidor, Böglum Kloster 1480*[24] sowie den Bibliotheksstempel. Die Handschrift wurde 1844 von dem englischen Juristen und Philologen Sir George Webbe Dasent wiederentdeckt.[25]

Hinweise auf einen möglichen Auftraggeber der älteren Aufzeichnungen bieten die heraldisierten Initialen auf S. 1 zum Text des 'Kranichhalses' (s. Tafelteil Abb. 1) und auf S. 139 zur 'Karlschronik' und hier insbesondere deren identische Wappenkomposition. Auf der ersten Seite des Buches ist im Korpus einer I-Initiale oben zunächst ein schwarz-gelb-rotes Vollwappen zu sehen. Der Schild wird durch einen schwarz-gelb geschachten Schrägbalken geteilt, das obere Wappenfeld ist weiß, das untere rot. Er wird von einem Knappen in gelbem Gewand emporgehoben, der seinerseits auf einem feuerspeienden Drachenkopf steht. Auf S. 139 findet sich, wiederum im Korpus einer I-Initiale und inmitten stilisierter Pflanzenornamente, ein identischer Wappenschild. Hier jedoch wird auf Helmzier und Knappen verzichtet. Stattdessen erscheint noch ein zweiter, kleinerer und gespaltener Schild. Dasselbe Wappen ist jeweils noch einmal im Text der 'Karlschronik' auf S. 146 im Korpus einer Fleuronnée-Initiale zu sehen, und eine kleine U-Initiale auf S. 162 zeigt schließlich noch einmal das Wappen mit dem geschachten Schrägbalken.

Am unteren Seitenrand des Vorsatzes findet sich eine Bleistiftnotiz des 19. Jahrhunderts, die sich auf das Wappen der Initiale auf der ersten Seite bezieht: *Vapnet liknar bisk i Boeglum Jep Friies* (Das Wappen gehört dem Bischof in Børglum Jep Frijs). Jacob Friis Loddehat aus dem Geschlecht der Skaktavl-Friis'erne war von 1456 bis zu seinem Tod 1486 Bischof von Børglum.[26] Der Wappenschild auf dem Vorsatz ähnelt dem auf seinem Siegel und seinem Grabstein. Die vollständigere Form, die das Wappen auf S. 1 bietet, stimmt mit dem Familienwappen der Skaktavl-Friis'erne überein. Allerdings könnte das Wappen auch Niels Stygge, seit 1478 Probst, ab 1487 Bischof zu Børglum, zugeordnet werden. Er gehörte zur Familie der Rosenkrantz'erne. Die Wappen beider Familien sind nicht mehr voneinander zu unterscheiden. Den Indizien nach könnten beide als Auftraggeber des älteren Teils der Handschrift in Frage kommen.[27] Der Auftraggeber des jüngeren Teils bleibt hingegen im Dunkeln.

24 Gehört der Königlichen Bibliothek in Stockholm und enthält 324 Seiten, Böglum Kloster 1480 (Übersetzung K. G.).

25 Vgl. BORCHLING [Anm. 1], S. 109 sowie THORSSON JOHANSSON [Anm. 1], S. 19f., 111–113.

26 Vgl. ERIK PONTOPPIDAN, Annales ecclesiae Danicae diplomatici oder nach Ordnung der Jahre abgefassete und mit Urkunden belegte Kirchen-Historie des Reichs Dännemark, Bd. 2, Kopenhagen 1741, S. 489; P. B. GAMS, Series episcoporum ecclesiae catholicae, Regensburg 1873, S. 329; ANKENBRAND [Anm. 11], S. 48.

27 Vgl. LINDEGÅRD HJORTH [Anm. 12], S. XX sowie THORSSON JOHANSSON [Anm. 1], S. 16f., 111–113.

ZUR BILDAUSSTATTUNG DER HANDSCHRIFT

Die künstlerische Ausstattung der Stockholmer Handschrift ist bescheiden. Es finden sich ausschließlich sehr einfache Federzeichnungen, die überwiegend in Schwarz und Rot gehalten sind. Daneben kommen selten Orange und Gelb zum Einsatz. Neben den bereits erwähnten heraldisierten Initialen bietet die Handschrift zwei einfache Miniaturenfragmente. Schwer deutbar ist das erste Fragment einer farbigen Zeichnung auf der Versoseite des Vorsatzblattes. Man erkennt noch Oberkörper, Hand und Kopf eines Mannes, hinter dem eine Palme aufstrebt. Ferner haben sich Partien weiterer Figuren erhalten. Deutlich sieht man in der Mitte des oberen Bildteils die Reste eines Ringes, vielleicht einer Mandorla, der mit demselben Schachbrettmuster ausgeschmückt und mit der gleichen gelben Farbe koloriert ist, wie man sie in der Wappeninitiale auf der gegenüberliegenden ersten Seite der Handschrift wiederfindet.

Das auf S. 26 erhaltene Fragment einer Randzeichnung, die in der Ausführung jener des Vorsatzblattes ähnelt, befindet sich etwa in Höhe der Textmitte rechts am inneren Blattrand. Man sieht einen in Rot gezeichneten unvollendeten männlichen Körper, nur aus Kopf, Oberkörper und Armen bestehend. Über der Stirn des Mannes steht ein Kreuz. Diese Zeichnung kann in engem Bezug zum gegenüberliegenden Text der 'Farbentracht' und hier wiederum zu einer konkreten Passage aus der Lehre der Frau Minnebrand (*En vrowe en Vurich mynne brant werlick so het de name myn*) gesehen werden. Nach der Zwischenüberschrift *Van de rode varwen nota* erläutert hier eine Dame einem Mann die Ambivalenz des Minnefeuers. Der männliche Sprecher erzählt daraufhin, dass ein Funke das Minnefeuer auch in seiner Brust entzündet habe. Nach einem Botenauftrag ermahnt die Dame den Mann schließlich zur Ehrenhaftigkeit und nennt als bedeutendstes Beispiel für Ehrenhaftigkeit Jesus Christus, der dementsprechend in der Zeichnung am Bildrand erscheint.[28]

Neben diesen beiden größeren figürlichen Darstellungen findet sich auf S. 68 ein ganzseitiges gekröntes, bislang nicht identifiziertes Monogramm in Littera textualis; möglicherweise ein Namenszeichen (s. Tafelteil Abb. 2). Mit einem gotischen Alphabet in Zierbuchstaben auf den S. 318–321 schließt die Handschrift ab.

Besondere Aufmerksamkeit verdienen die zahlreichen kleinen, künstlerisch gestalteten Lombarden, die insbesondere bei den Texten der ersten Hand und hier vor allem im ersten Faszikel ebenfalls zum Text der Minnerede 'Farbentracht' zu finden sind. Bisweilen sieht man Blumenkompositionen, ab S. 31 erscheint dann eine Reihe von insgesamt vierundzwanzig einfachen Drolerien (s. Tafelteil Abb. 3). Gezeichnet sind stets aus dem Buchstaben wachsende groteske Köpfe, oft mit Schellen an Nase oder Bart. Bisweilen werden sie von Vögeln begleitet. In diesen Bildern artikuliert sich ein derber Humor, der mitunter durch Beischriften noch gesteigert erscheint. Eine Parallele finden die Zeichnungen in den grotesken Köpfen der Gewölbezwickel mehrerer Kirchen Mecklenburg-Vorpommerns, u.a.

---

28   Ed. THORSSON JOHANSSON [Anm. 1], S. 135–194, bes. v. 472–658.

in Greifswald, St. Nikolai, sowie in den Kirchen in Neuenkirchen und Verchen, wobei die teils mittels Beischriften 'sprechenden' Köpfe dort ebenfalls weltlich humoristischer Art sind.[29] Von Anlage und Ausführung her ergibt sich darüber hinaus eine Parallele zum Stockholmer Codex Vu 73 wie dort etwa die kleine Zeichnung eines grotesken Kopfes auf fol. 46^v belegt. Wie bereits erwähnt, gehören beide Handschriften einer Überlieferungsgruppe an.[30] Die Anlage der Zeichnungen in Vu 82 sowie ein punktuell greifbarer Textbezug sprechen dafür, dass diese gleichzeitig mit dem Text ausgeführt worden sind.

VON GUTER LEHRE: NIEDERDEUTSCHE LITERARISCHE ÜBERLIEFERUNG AM BEISPIEL VON 'DES KRANICHHALSES NEUN GRADE'

Die kleinen Drolerien der Handschrift sind nur ein Beispiel für die Relationen der Stockholmer Handschrift Vu 82 zu weiteren Überlieferungen und Bildvorstellungen des niederdeutschen Raumes. Ausgehend von 'Des Kranichhalses neun Grade' erlaubt der Codex auch einen Einblick in die vor allem durch epische Kleinformen geprägte weltliche niederdeutsche Überlieferung.[31] Der erste Text der Stockholmer Handschrift setzt ohne Überschrift unvermittelt ein. Der Titel des Stückes, *de kranshals*, wird erst in der Schlussformel genannt. Die als Traumerzählung gestaltete Minnerede erzählt in rund 200 Versen von dem Erlebnis eines männlichen Sprechers, der eine unglückliche Dame darin lehrt, einen guten Mann zu finden. In seiner Rede beschreibt er ihr die Kennzeichen, an denen ein treuer Mann zu erkennen sei – an seinem Kranichhals mit neun Wirbeln. Es folgen Auslegungen der Wirbel auf neun Stufen tugendhaften männlichen Verhaltens zu je zehn Versen. Der ganz in der Tradition höfischer Tugendlehren stehende Text schließt mit der Einsicht, dass wer sich in diesen Regeln nicht bewähre, nicht als treu gepriesen werden könne.[32]

---

29 Vgl. DI 77, Greifswald, Nr. 113 (JÜRGEN HEROLD, CHRISTINE MAGIN) unter: *http://www. inschriften.net/greifswald/inschrift/nr/di077-0113.html#content* (12.12.2018). Für diesen Hinweis danke ich Christine Magin.

30 Vgl. Anm. 6.

31 Die qualitativ wie quantitativ eher bescheidene niederdeutsche Überlieferung wird in der Literatur damit begründet, dass die profane Literatur, insbesondere der höfische Roman, im mittelniederdeutschen Raum aufgrund der Dominanz der hochdeutschen ritterlich-höfischen Kultur nie richtig zur Blüte gekommen sei. Das adlige Publikum im mittelniederdeutschen Sprachraum habe wohl die weltlichen Romane gekannt, aber nur in der hochdeutschen Form. Vgl. HARTMUT BECKERS, Mittelniederdeutsche Literatur. Versuch einer Bestandsaufnahme, in: Niederdeutsches Wort 17 (1977), S. 1–58; 18 (1978), S. 1–47; 19 (1979), S. 1–28; GERHARD CORDES, Alt- und mittelniederdeutsche Literatur, in: Deutsche Philologie im Aufriss, hg. von WOLFGANG STAMMLER, 2., überarb. Aufl., unveränderter Nachdruck, Bd. 2, Berlin 1966, Sp. 2473–2520.

32 Zum Text vgl. Anm. 1.

Die Minnerede 'Des Kranichhalses neun Grade' ist mittelniederdeutschen Ursprungs.[33] Sie wird insgesamt sechsmal überliefert und zwar ausschließlich in der bereits zuvor genannten Gruppe überwiegend mittelniederdeutscher Kleinepikhandschriften des 15. Jahrhunderts.[34] Diese zeichnet sich durch auffällige Parallelen in der Textüberlieferung aus.[35] Der 'Kranichhals' ist stets zusammen mit anderen Minnereden überliefert. Alle Handschriften des 'Kranichhalses' haben, von Textlücken einmal abgesehen, weitgehend denselben Textbestand. Sie zeigen jedoch eine häufige Varianz auf Wortebene und auch in Zusatzversen und Ausfällen. Im Stockholmer Codex Vu 82 sind etwa die Beschreibungen des achten und neunten Grades vertauscht, außerdem finden sich nur hier die Abschlussverse *Hir heft der kranshals en ende Got uns syne gnade sende.*[36] Sehr wahrscheinlich kann für alle Varianten von einer gemeinsamen Vorlage ausgegangen werden. Fünf der sechs tradierten Varianten sind in mittelniederdeutscher Sprache überliefert.[37] In jedem Fall wird deutlich, dass die Minnelehre von 'Des Kranichhalses neun Grade' Mitte und Ende des 15. Jahrhunderts im niederdeutschen Raum, von Livland

---

33 Vgl. ERIKA LANGBROEK / ANNELIES ROELEVELD, Ein stemmatologischer Versuch. 'Dith is de kranshals' im Hartebok. Textvergleiche mit den überlieferten sonstigen Kranshalsgedichten, in: Amsterdamer Beiträge zur älteren Germanistik 60 (2005), S. 183–198, bes. S. 184–187.

34 Siehe Anm. 6.

35 So überliefert Stockholm, Kungliga Biblioteket, Cod. Holm. Vu 82 u.a. neben dem Text von 'Des Kranichhalses neun Grade' (B389) den 'Rat der Vögel' und die Satire 'Vom Trinker'. Die Handschrift Wien, Österreichische Nationalbibliothek, Cod. 2940 tradiert u.a. das 'Lob der Frauen' (KLINGNER/LIEB [Anm. 1], B268), den 'Trinker' sowie den Text von 'Des Kranichhalses neun Grade' (B389). Das sogenannte 'Hartebok', Hamburg, Staats- und Universitätsbibliothek, Ms 102c in scrinio enthält u.a. 'Des Kranichhalses neun Grade' (B389) und ebenfalls das 'Lob der Frauen' (B268). Darüber hinaus findet sich hier die Geschichte von 'Valentin unde Namelos' (Sigle H). Diese wird zusammen mit 'Flos vnde Blankflos' auch in Stockholm, Kungliga Biblioteket, Codex Vu 73 überliefert. Gotha, Forschungsbibliothek, Chart. A 985 überliefert u.a. das 'Streitgespräch zweier Frauen über die Minne' (B401), die 'Schule der Minne' (B433) und ebenfalls 'Des Kranichhalses neun Grade' (B389). Dieser Text begegnet erneut in Wolfenbüttel, Herzog August Bibliothek, Cod. Guelf. Helmst. 1203, hier in Gemeinschaft mit dem 'Lob der Frauen' (B268), dem 'Rat der Vögel' sowie 'Flos vnde Blankeflos' (Sigle W). Im Bestand der Handschrift Gdańsk, Biblioteka Gdańska Polskiej Akademii Nauk, Ms. 2418 finden sich u.a. 'Flos vnde Blankeflos' (Sigle D) sowie 'Des Kranichhalses neun Grade' (B389). Berlin, Staatsbibliothek Preußischer Kulturbesitz, Mgo 186 (sogenannte Livländische Sammlung) überliefert u.a. die 'Schule der Minne' (B433), das 'Streitgespräch zweier Frauen über die Minne' (B401) sowie 'Flos vnde Blankeflos' (Hs. B). Die beiden Stockholmer Handschriften, der Wiener Codex und die sogenannte Livländische Sammlung in Berlin sind illustriert; es zeigen sich jedoch keine Übereinstimmungen hinsichtlich der bildlichen Ausstattung. Vgl. zu den illustrierten nd. Minneredenhandschriften KATHARINA GLANZ, Stoffgruppe 91: Minnereden, in: Katalog der deutschsprachigen illustrierten Handschriften des Mittelalters (in Bearbeitung). Zur Handschrift Stockholm, Kungliga Biblioteket, Codex Holm. Vu 73 siehe den Beitrag von KARIN CIESLIK im vorliegenden Band.

36 Vgl. KLINGNER/LIEB [Anm. 1], S. 611f. Zit. nach Ed. THORSSON JOHANSSON [Anm. 1], S. 134.

37 Vgl. LANGBROEK/ROELEVELD [Anm. 33], S. 185.

über das Gebiet der Weichselmündung bis hin zur nördlichen Spitze Dänemarks, nahe dem Skagerrak, weit verbreitet war.

VON VOGELSPRACHEN: BILDVORSTELLUNGEN DES NIEDERDEUTSCHEN RAUMES AM BEISPIEL DES 'RATES DER VÖGEL'

In der ehemaligen Herrenstube des Lübecker Ratsweinkellers (heute Brautgemach des Ratskellers) findet sich in prominenter Position auf dem Sims eines großen Kamins zwischen der Darstellung eines Hahns und einer Henne folgender in Stein gehauener Spruch: *Mennich man lude singhet, wenn men em de brut bringet / weste he wat men em brochte, dat he wol wenen mochte.*[38]

Es handelt sich hierbei um den 51. Spruch aus dem 'Rat der Vögel', genauer gesagt um die leicht abgewandelte Strophe der Nachtigall aus dem Stockholmer Codex Vu 82: *Nachtegal. Vil mennich man lude synghet / Wan me eme de bruth bringhet / Wuste he wat man emme brochte / Wat he wol swyghen mochte.*[39] Die Nachtigall ist traditionell ein Symbol des Frühlings und der Liebe, welches nicht nur auf dem Kamin, sondern auch in der Handschrift ironisch gebrochen erscheint.

Ratschläge der Vögel, Vogelparlamente oder Vogelsprachen gehören zu den ausschließlich an Laien gerichteten lehrhaften Reimpaardichtungen.[40] Sie folgen einem einheitlichen Überlieferungsweg, an dessen Beginn das älteste und mit einem Vogelbaum illustrierte Vogelparlament Ulrichs von Lilienfeld steht.[41] Ul-

---

38 "Mancher Mann singt laut (vor Freude), wenn man ihm seine Braut bringt. Wüsste er, was man ihm bringt, weinen würde er." Zit. nach CARL FRIEDRICH WEHRMANN, Der Lübeckische Rathsweinkeller, in: Zeitschrift des Vereins für Lübeckische Geschichte und Altertumskunde 2 (1867), S. 75–128, hier S. 120.

39 Ed. SEELMANN [Anm. 13], S. 134.

40 Vgl. ebd., S. 101–147, bes. S. 103 (Nr. 1), 106, 117, 126–138 (Ausgabe des 'Rats der Vögel'). Vgl. auch NIKOLAUS HENKEL, Rat der Vögel, in: ²VL 7 (1989), Sp. 1007–1012 und ²VL 11 (2004), Sp. 1289f. sowie BUSCH [Anm. 8], S. 77–80.

41 Lilienfeld, Stiftsbibliothek, Cod. 151, fol. 256ᵛ–257ʳ, um 1355, Mittelbayern. Zur Handschrift vgl. KARL AUGUST WIRTH, Lateinische und deutsche Texte in einer Bilderhandschrift aus der Frühzeit des 15. Jahrhunderts, in: Latein und Volkssprache im deutschen Mittelalter 1100–1500, Regensburger Colloquium 1988, hg. von NIKOLAUS HENKEL und NIGEL F. PALMER, Tübingen 1992, S. 256–295, bes. S. 259; MARTIN ROLAND, Buchschmuck in Lilienfelder Handschriften. Von der Gründung des Stiftes bis zur Mitte des 14. Jahrhunderts (Studien und Forschungen aus dem Niederösterreichischen Institut für Landeskunde 22), Wien 1996, S. 72, 77–81 (Kat. 3/6/1); ALOIS HAIDINGER / FRANZ LACKNER, Die Handschriften des Stiftes Lilienfeld. Anmerkungen und Ergänzungen zu Schimeks Katalog, in: Codices Manuscripti 18/19 (1997), S. 49–80, bes. S. 55; HERBERT DOUTEIL, Die "Concordantiae caritatis" des Ulrich von Lilienfeld. Edition des Codex Campililiensis 151 (um 1355), hg. von RUDOLF SUNTRUP, ARNOLD ANGENENDT und VOLKER HONEMANN, Bd. 1: Einführungen, Text und Übersetzung; Bd. 2: Verzeichnisse, Quellenapparat, Register, Farbtafeln der Bildseiten der Handschrift, Münster 2010 (mit Ausgabe, Übersetzung und Abbildungen auch der deutschen Texte).

richs Gedicht wird durch die Verse des Königs eröffnet, der seinen Platz im Wipfel des Baumes hat. Er bittet die versammelten Vögel, die Herren, um Rat, wie die Ehre des Landes erhalten werden kann. Es folgen sechsundvierzig Sprüche, in denen die Vögel der Bitte des Königs nachkommen. Sie erteilen ihm ganz in der Tradition höfischer Tugenden stehende gute, aber auch schlechte Ratschläge und sind so angeordnet, dass die Vögel mit gutem Rat links, die mit schlechtem Rat rechts einander jeweils korrespondierend gegenübersitzen. Den Abschluss bilden die Verse des Eisvogels, der an der Wurzel des Baumes seinen Platz findet.

Ulrichs Text fand von der Mitte des 14. bis in die erste Hälfte des 16. Jahrhunderts weite Verbreitung und vielfache Nachahmungen.[42] Die Überlieferung teilt sich – nach BUSCH – in zwei Gruppen, die sich hinsichtlich Form und Inhalt voneinander unterscheiden. Die eine Gruppe wird als 'Vogelparlamente' bezeichnet. 'Vogelparlamente' sind Gedichte, in denen auf Bitten des Zaunkönigs hin die anderen Vögel gute oder schlechte Lehren zur Lebensführung und Regentschaft erteilen. Die andere Gruppe wird als 'Vogelsprachen' bezeichnet. Die sogenannten 'Vogelsprachen', wie sie auch die Stockholmer Handschrift überliefert, wurzeln zwar gleichfalls in der Tradition Ulrichs, erfahren jedoch formale und inhaltliche Veränderungen. Sie zeichnen sich nicht nur durch ihre lockere Form aus, sondern auch durch eine Vermehrung der Strophenzahl und – damit einhergehend – durch eine deutliche Zunahme der beteiligten Vogelarten.

Ulrichs von Lilienfeld Text hat bis in den niederdeutschen Sprachraum ausgestrahlt und dort offenbar weite Verbreitung gefunden. Es gibt einen großen niederdeutschen Überlieferungszweig, der heute noch vier 'Vogelparlamente' – die sogenannte kleine niederdeutsche Gruppe (knG) – und vier 'Vogelsprachen' – die sogenannte große niederdeutsche Gruppe (gnG) – umfasst.[43] Markant ist, dass sich 'Vogelsprachen' ausschließlich in niederdeutscher Überlieferung erhalten haben, wobei alle Texte eng miteinander verwandt sind.[44] Allerdings findet sich nur in Stockholm Vu 82 eine dreißigstrophige Vorrede und eine mit *finis huius* überschriebene Schlussstrophe. Einige Vögel treten in der Stockholmer Handschrift doppelt auf.

Der Kamin in Lübeck wurde 1575 von den beiden Ratsmitgliedern Franz und Hinrich von Stiten gestiftet. Beide wurden 1564 gewählt und waren vermutlich zum Ausschank berechtigte Weinherren. Neben dem Stiftungsjahr sind auf dem Kamin auch beide Stifterwappen zu sehen, das des Franz von Stiten zeigt drei Rosen, das des Hinrich von Stiten einen gespaltenen Schild mit Büffelkopf rechts und einem schrägen Balken links.[45]

---

42 Vgl. BUSCH [Anm. 8], S. 21–23.

43 Vgl. ebd., S. 69–72.

44 Überlieferungsträger der vier niederdeutschen Vogelsprachen sind neben der Handschrift Stockholm Vu 82: das sogenannte Utrechter Fragment, Utrecht, Universitätsbibliothek, Ms. 1355 (6 H 23); die Inkunabel München, Bayerische Staatsbibliothek, Incunabel s.a. 208 (GW M51323); sowie das sogenannte 'Niederdeutsche Reimbüchlein', zu diesem WILHELM SEELMANN, Niederdeutsches Reimbüchlein. Eine Spruchsammlung des sechzehnten Jahrhunderts (Drucke des Vereins für niederdeutsche Sprachforschung 2), Soltau 1885.

45 Vgl. WEHRMANN [Anm. 38], S. 120.

Bereits früh wurde darauf hingewiesen, dass derselbe Spruch, der sich auf dem Kamin und in der Stockholmer Handschrift findet, auch in den 'Proverbs of King Alfred' und in den 'Proverbs of Hending', zwei englischen Spruchdichtungen des 12. und 13. Jahrhunderts, überliefert ist. Dort lautet er: *Monymon syngheth / That wif hom brynghet / Wiste he hwat he brouhte / Wepen he myhte* bzw. *Monimon synghet / When he hom bringhet Is jonge wyf / Wyste whet he brojte / Wepen he mohte / Er syth his lyf.*[46] Die englischen Sprüche sind allerdings deutlich älter als das älteste deutsche 'Vogelparlament' Ulrichs von Lilienfeld. SEELMANN (1888) erklärt das Auftauchen der englischen Verse in Norddeutschland mit den engen Handelsbeziehungen der deutschen Hanse zum Londoner Stahlhof, dessen Kaufmannsgesellen

> die Geschäfte der deutschen Häuser in London besorgten und ebenso wie ihre Genossen in den übrigen deutschen Contoren der Hanse auf die Ehe verzichten mussten, solange sie von der Heimat fort waren.[47]

Diese Begründung ist zwar plausibel, aber rein spekulativ. Es ist jedoch durchaus möglich, dass die Texte des niederdeutschen Gebietes von der englischen Spruchdichtung beeinflusst wurden.

> Der Spruch lässt darauf schließen, dass die Texte der großen niederdeutschen Gruppe aus dem englischsprachigen Raum übernommen wurden. Möglicherweise gelangte insulare Didaktik über die Hansekontore in Lübeck auf das Festland und wurde nach dem Vorbild älterer 'Vogelparlamente' in diese Form eingekleidet.[48]

Die beiden englischen Sprüche, die im nördlichen Dänemark entstandene Stockholmer Handschrift Vu 82 und die Inschrift am Kamin des Lübecker Ratskellers sind gleichsam Punkte einer Linie, welche die englische und niederdeutsche Spruchdichtung miteinander verknüpfen.[49]

---

46 Vgl. SEELMANN [Anm. 13], S. 101.
47 Vgl. ebd., S. 101f.
48 BUSCH [Anm. 8], S. 80.
49 Eine Parallelüberlieferung ergibt sich auch von den auf S. 65–67 tradierten fünf niederdeutschen Sprüchen der Stockholmer Handschrift Vu 82 zum Danziger Artushof. Vgl. dazu BORCHLING [Anm. 1], S. 111, und ARNO SCHMITT, Beziehungen der Jütischen Sammlung zu Danzig, in: Korrespondenzblatt des Vereins für Niederdeutsche Sprachforschung 55 (1942), S. 58f. Zu den Artushöfen vgl. BRUNO MEYER, Der Artushof in Danzig, Danzig 1939; STEPHAN SELZER, Artushöfe im Ostseeraum. Ritterlich-höfische Kultur in den Städten des Preussenlandes im 14. und 15. Jahrhundert, Frankfurt a. M. [u.a.] 1996; Mittelalterliche Kultur und Literatur im Deutschordensstaat in Preussen. Leben und Nachleben [Interdisziplinäres Symposion über die Kultur und Literatur im Deutschordensstaat in Preußen, 22. bis 26. September 2004, Kwidzyn], hg. von JAROSLAW WENTA, SIEGLINDE HARTMANN und GISELA VOLLMANN-PROFE (Sacra bella septentrionalia 1), Toruń 2008.

VON APFELBÄUMEN:
SÜDDEUTSCHE SACHLITERATUR IM NORDEN

Am Ende des zweiten Faszikels der Stockholmer Handschrift Vu 82 findet sich unter der Überschrift *Eyn gude regele van bome to patende* ein Exzerpt Sachliteratur, das sich, beginnend mit *van appelbome*, ganz praktisch dem Obstbau widmet. Es handelt sich bei diesem Text um einen Auszug aus dem vor 1300 verfassten 'Pelzbuch'[50] Gottfrieds von Franken. Der aus der Würzburger Gegend stammende Verfasser stützte sich für seine Aufzeichnungen auf eigene Erfahrungen, den Austausch mit anderen Praktikern sowie auf Schriftquellen. Sein gleichermaßen innovatives wie pragmatisches Werk unterteilte er in zwei Abschnitte, das 'Baumbuch' und das 'Weinbuch'. Es fand in der deutschen Bearbeitung weite Verbreitung, was zahlreiche Handschriften und Drucke in geographisch weiter Streuung eindrucksvoll belegen.

Der Stockholmer Text des 'Pelzbuchs' gehört innerhalb der Überlieferung zu der vor allem in Böhmen und Österreich verbreiteten bairischen Fassung (Textklasse BC). Hierbei handelt es sich um eine Gruppe von Handschriften, die, ganz auf die Praxis ausgerichtet, nur Auszüge ihrer sehr populären Vorlage tradieren. Markantester Unterschied zur Vorlage ist die Beschränkung auf den Obstbau unter Berücksichtigung der klimatischen Bedingungen des Nordens. Ebenso wird auf die experimentellen und im Norden wegen des ungünstigen Klimas nur wenig Erfolg versprechenden Versuche etwa zur geschmacklichen und farblichen Optimierung der Früchte verzichtet, die zudem größere Sachkenntnis voraussetzen. Gänzlich frei von allem Experimentellen konzentrieren sich die Kapitel im Stockholmer Codex ausschließlich auf Schädlingsbekämpfung, Ertrags- und Qualitätssteigerung.[51] Stockholm Vu 82 ist eine unvollständige Überlieferung des sogenannten 'Patzauer Pelzbuches', einer südböhmischen Textfassung.[52] Die zum Teil variierte Reihenfolge sowie inhaltliche Abweichungen zum 'Patzauer Pelzbuch' lassen erkennen, dass es sich nicht um eine reine Abschrift handelt. Beide gehören

---

50 Die Bezeichnung 'Pelzbuch' ist abgeleitet von mhd. *belzen/pelzen* = pfropfen. Im engeren Sinn versteht man unter einem Pelzbuch eine Schrift zur Obstbaumveredelung durch Pfropfen. Im weiteren Sinne ist es ein Lehrbuch über die Obst-, Wein- und Blumengärtnerei.

51 Vgl. GUNDOLF KEIL, Gottfried von Franken (von Würzburg), in: ²VL 3 (1981), Sp. 125–136; GERHARD EIS, Gottfrieds Pelzbuch. Studien zur Reichweite und Dauer der Wirkung des mittelhochdeutschen Fachschrifttums (Südosteuropäische Arbeiten 38), Brünn/München/ Wien 1944, S. 27–31. Siehe auch MARTINA GIESE, Das Pelzbuch Gottfrieds von Franken. Stand und Perspektiven der Forschung, in: ZfdA 134 (2005), S. 294–335, mit Abriss der Forschungsgeschichte sowie Zusammenstellung der handschriftlichen Überlieferung und der Literatur.

52 Prag, Národní Knihovna, Ms. XVI.E.32. Vgl. W. DOLCH, Katalog der deutschen Handschriften der K. K. Öff. und Universitätsbibliothek zu Prag 1: Die Handschriften bis etwa z. J. 1550, Prag 1909, S. 131, Nr. 13. Vgl. auch EIS [Anm. 51], S. 11, 43–45. Rukopisné Fondy Centrálních a Cirkevních Knihoven v České Republice, Redaktor svazku: MARIE TOŠNEROVÁ (Průvodce Po Rukopisných Fondech V České Republice 4), Prag 2004 [Einführung in dt. Sprache unter dem Titel: Handschriften in den zentralen und kirchlichen Bibliotheken der Tschechischen Republik], S. 117 (Nr. 234).

jedoch zu einer Handschriftenfamilie. Stockholm Vu 82 folgt Gottfrieds Vorlage nur am Anfang, und nur 17 der 32 Kapitel gehen direkt auf diese zurück. Teilweise folgt Stockholm seiner Vorlage wortgenau, teilweise wird aus verschiedenen Kapiteln kompiliert. Häufig gibt Vu 82 die Vorlage aber nur ungenau wieder und geht in der Formulierung eigene Wege. Die geschilderten Arbeitsvorgänge an sich bleiben jedoch verständlich.[53]

Die Kapitel, die nicht auf Gottfried zurückgehen, schließen sich jedoch thematisch dem Inhalt des 'Pelzbuchs' an und ergänzen etwa die Anweisungen für das Pflanzen und Veredeln der Bäume. Insgesamt verständlich formuliert, richten sich die praktischen Anweisungen an ein breites praxisorientiertes Publikum. Die Stockholmer Handschrift Vu 82 belegt dabei,

> dass die als Patzauer Pelzbuch bekannte südböhmische Fassung des Pelzbuches nicht nur in den böhmisch-österreichischen Gegenden die meistbenutzte Ausgabe war, sondern auch im Norden Deutschlands kopiert wurde und von dort bis in den nördlichsten Teil Dänemarks vordrang.[54]

Handschriften wie der Stockholmer Codex Vu 82 mit seinen die Vorlage ergänzenden Notizen waren bedeutsam für die Kenntnis des Obstbaus im nördlichen Europa. Sie zeigen darüber hinaus, wie lange Gottfrieds 'Pelzbuch' verwendet wurde und wie weit dessen geographische Ausbreitung reichte. Der Codex Vu 82 enthält zugleich die einzige bisher bekannte niederdeutsche 'Pelzbuch'-Handschrift.[55]

RESÜMEE

Die Stockholmer Handschrift Vu 82 gehört zu einer Gruppe von noch acht erhaltenen überwiegend mittelniederdeutschen Kleinepikhandschriften des 15. Jahrhunderts mit – wie am Beispiel von 'Des Kranichhalses neun Grade' aufgezeigt – teils parallelem Textbestand.[56] Ausgehend von dieser Minnerede erlaubt der Codex einen Einblick in die profanen Überlieferungen des niederdeutschen Raumes. Von der Sammlung des zweiten Faszikels aus lässt sich der Bogen von den lehrhaften Reimpaaren des 'Rates der Vögel' zur Inschrift auf einem Kaminsims in Lübeck bis hin zur englischen Spruchdichtung spannen. Mit dem erweiterten Exzerpt aus Gottfrieds von Franken 'Pelzbuch' schließt der Stockholmer Codex an eine bereits etablierte böhmisch-österreichische Überlieferungstradition an.

---

53 Vgl. ANKENBRAND [Anm. 11], S. 64f.
54 Ebd., S. 65. Vgl. auch EIS [Anm. 51], S. 43–47.
55 Nur die als 88. Kapitel des 'Patzauer Pelzbuches' überlieferte Vorschrift über den Wacholder konnte noch einmal in niederdeutscher Sprache nachgewiesen werden. Vgl. ANKENBRAND [Anm. 11], S. 66. Vgl. auch EIS [Anm. 51], S. 47, der bemerkt, dass dieses Kapitel ein "Fremdkörper" sei, der vermutlich "aus einer medizinischen Handschrift" stammt und deutlich "mehr Krankheitsnamen" nennt als das ganze 'Pelzbuch'. Den Anfang dieser Vorschrift tradiert die lateinische theologisch-medizinische Sammelhandschrift Uppsala, Universitätsbibliothek, Cod. C 180 (Cod. Theol. 25).
56 Siehe Anm. 6.

Insgesamt ergeben sich für zahlreiche Texte Relationen zu weiteren Überlieferungen und Bildvorstellungen des niederdeutschen Raumes, wobei die Herkunft der einzelnen Zeugen sowie deren Sprachform zeigt, dass die Texte und die mit ihnen verbundenen Ideen im Gebiet der Hanse weithin bekannt gewesen sein müssen. Manuskripte wie die Stockholmer Handschrift Vu 82 belegen eindrucksvoll die weite geographische Streuung niederdeutscher Überlieferung – von Livland über das Gebiet der Weichselmündung, Norddeutschland und Dänemark bis hin nach England. Unklar ist nach wie vor die Frage nach dem Entstehungs- und Rezipientenhintergrund dieser niederdeutschen Handschriften, auf die im vorliegenden Band der Beitrag von KARIN CIESLIK ausführlicher eingeht. Neben dem städtischen Bürgertum[57] kommen auch adlige Rezipienten in Betracht[58], wobei nach CIESLIK und mit Blick auf den von ihr betrachteten Stoff "die Herstellung eines gemeinsamen Verständigungshorizontes für ein sowohl adliges als auch kaufmännisch-patrizisches Publikum ablesbar ist."[59]

Schaut man mit Blick auf die Bildüberlieferung auf den Bestand der acht noch erhaltenen Sammelhandschriften, dann ergibt sich folgendes Bild: Drei niederdeutsche Handschriften dieser Gruppe – die Codices Stockholm Vu 82; Wien, ÖNB, Cod. 2940 und Berlin, Mgo 186 – überliefern Bilder zu Minnereden. Allerdings ist der Bildbestand heterogen. Die ebenfalls niederdeutsche Handschrift Stockholm Vu 73 tradiert zwar keine Minnerede, aber ganz ähnliche Zeichnungen, wie sie im Stockholmer Codex Vu 82 zum Text der 'Farbentracht' zu finden sind.[60] Blickt man auf die gesamte noch erhaltene Bildüberlieferung zur Gattung Minnerede, erkennt man eine deutliche Tendenz: eine gehäuft niederdeutsche Überlieferung (das kann Zufall sein), eine eher weniger anspruchsvolle Ausführung und einen oft derben Bildhumor mit einem gewissen Hang zur Travestie höfischer Ideale und geistiger Lebensformen.[61] Illustrierte Minneredenhandschriften aus einem adligen Umfeld können durchaus anspruchsvoller in der Ausführung sein, wie die vermutlich im Umfeld der pfälzischen Herrscherfamilie zu lokalisierende Handschrift Heidelberg, Universitätsbibliothek, cpg 313 belegt, die von ihrer Anlage und Ausstattung her als aufwendigste aller Minneredensammlungen gilt. Insofern kann man an dieser Stelle ganz berechtigt die Frage in den Raum stellen, inwieweit man auch von den Bildern der niederdeutschen Handschriften her auf deren Entstehungs- und Rezipientenhintergrund schließen könnte. Wessen Bildinteresse artikuliert sich hier und zu welchem Zweck? Die Frage muss an dieser Stelle offen bleiben. Denn eine Gesamtschau über die Gruppe der acht mittelniederdeutschen Handschriften, die auch die Bildüberlieferung gleichberechtigt mit einbezieht, nach den Vorbildern und Intentionen auch der Illustrationen sowie nach ihren Relationen zu den gemeinsam mit ihnen überlieferten Texten fragt, steht noch aus. Die Fülle und die Verschiedenartigkeit der im niederdeutschen

---

57   Vgl. PÄSLER [Anm. 6], S. 168f.
58   Vgl. den Beitrag von KARIN CIESLIK im vorliegenden Band.
59   Ebd., S. 49.
60   Vgl. Stockholm, Kungliga Biblioteket, Cod. Holm. Vu 73, fol. 46ᵛ.
61   Vgl. GLANZ [Anm. 35].

Raum tradierten Texte, aber auch die Besonderheiten der erhaltenen Bilder sind ein lohnenswertes Feld für künftige Untersuchungen auf diesem Gebiet, wobei ein interdisziplinärer Blick wünschenswert und sicher auch fruchtbringend wäre.

Dr. Katharina Glanz, München
E-Mail: info@kglanz.de

DAS KONZEPT DES MÄNNLICHEN PROTAGONISTEN IM MITTELNIEDERDEUTSCHEN ROMAN 'FLOS UNDE BLANKEFLOS'

von Karin Cieslik

Die Geschichte von der treuen, alle Widerstände überwindenden Liebe des heidnischen Königssohnes Flore und der christlichen Grafentochter Blanscheflur ist seit dem 12. Jahrhundert bis in die Neuzeit hinein in fast allen europäischen Sprachen erzählt worden; vereinzelte Zeugnisse finden sich bis ins 18. Jahrhundert. Einen Überblick hat unlängst Christine Putzo[1] zusammengestellt, der die beispiellose Popularität des Stoffes und die komplizierte Verzweigung über ganz Europa verdeutlicht. In seiner

> Vielsprachigkeit und in den feingliedrigen Verschachtelungen von Handlungsdetails der einzelnen Bearbeitungen stellte er die vergleichende Literaturwissenschaft vor eine komplexe Aufgabe, die bisher nicht befriedigend zu lösen war.[2]

Die stoff- und motivgeschichtliche Betrachtung konzentriert sich dabei vor allem im ausgehenden 19. und im beginnenden 20. Jahrhundert.[3] Die Beziehungen der einzelnen Texte zueinander werden immer wieder diskutiert, in diesem Zusammenhang auch die Frage nach dem Archetyp der europäischen Fassungen, der in einem um 1150/1170 entstandenen altfranzösischen Roman zu sehen ist.[4] Der

---

1 Christine Putzo, Konrad Fleck, 'Flore und Blanscheflur'. Text und Untersuchungen (MTU 143), Berlin/New York 2015, S. 1–5.

2 Ebd., S. 5.

3 Siehe Florio und Biancefora. Ein gar schone newe hystori der hochen lieb des kuniglichen fursten Florion vnnd seyner lieben Bianceffora. Mit einem Nachwort von Renate Noll-Wiemann (Deutsche Volksbücher in Faksimiledrucken 3), Hildesheim/New York 1975, S. 6. Grundlegende Arbeiten legten u.a. F. C. Schwalbach (1869) und Hans Herzog (1884) vor: F. C. Schwalbach, Die Verbreitung der Sage von Flore und Blancefor in der europäischen Literatur. Programm des Gymnasiums zu Krotoschin, Krotoschin 1896; Hans Herzog, Die beiden Sagenkreise von Flore und Blanscheflur, in: Germania. Vierteljahresschrift für Deutsche Alterthumskunde 29 (1884), S. 137–228.

4 Michael Waltenberger sieht im französischen 'Floris'-Roman einen kulturellen und ästhetischen Gründungstext. Siehe Michael Waltenberger, Diversität und Konversion. Kulturkonstruktionen im französischen und im deutschen Florisroman, in: Ordnung und Unordnung in der Literatur des Mittelalters, hg. von Wolfgang Harms, C. Stephen Jaeger und Horst Wenzel in Verbindung mit Kathrin Stegbauer, Stuttgart 2003, S. 25–44, hier S. 26.

Ursprung des Stoffes liegt vermutlich im Orient.[5] Bereits in der französischen Literatur des 12. Jahrhunderts sind zwei verschiedene Versionen der Geschichte auszumachen, eine *version aristocratique*, die wohl die ältere ist, und eine *version populaire*;[6] zuweilen wurde noch eine dritte Linie angenommen.[7]

Die Beliebtheit des Erzählstoffes zeigt sich auch in seiner mehrfachen Verarbeitung in der deutschen Literatur. Am Anfang der deutschen Fassungen steht der 'Trierer Floyris' (1160/70, fragmentarisch erhalten)[8], es folgen die ripuarische Dichtung 'Flors inde Blanzeflors' (erste Hälfte des 13. Jahrhunderts, fragmentarisch erhalten)[9], der mittelhochdeutsche Versroman 'Flore und Blanscheflur' des Konrad Fleck (um 1200/1220)[10] – sie alle werden der *version aristocratique* zugerechnet. Ein Prosaroman (Erstdruck Metz 1499)[11] beruht auf der Grundlage des Romans 'Filocolo' von Boccaccio (um 1340), der der *version populaire* entspricht und in den Jahren 1499–1587 mehrfach gedruckt wurde.[12] Für den mittelniederdeutschen Text 'Flos unde Blankeflos' (Ende des 13. Jahrhunderts[13] oder erste Hälfte des 14. Jahrhunderts[14]) ist die Zuweisung zu einem der Stoffstränge bislang nicht restlos geklärt.[15]

---

5   Die Stockholmer Handschrift. Cod. Holm. Vu 73 (Valentin vnde Namelos, De vorlorne sone, Flos vnde Blankeflos, Theophelus, 'Die Buhlschaft auf dem Baume', De deif van brugghe, De segheler), hg. von LOEK GEERAEDTS (Niederdeutsche Studien 32), Köln [u.a.] 1984, S. 40; INGRID KASTEN, Der Pokal in 'Flore und Blanscheflur', in: Erzählungen in Erzählungen. Phänomene der Narration in Mittelalter und Früher Neuzeit, hg. von HARALD HAFERLAND und MICHAEL MECKLENBURG (Forschungen zur Geschichte der älteren deutschen Literatur 19), München 1996, S. 189–198, hier S. 189, und WALTENBERGER [Anm. 4], S. 25. Immer wieder wurde diskutiert, ob der französische Roman als Urfassung anzusehen sei oder ob ihm "frühere – arabische, byzantinische, persische, keltische, germanische, spanische, provenzalische, lateinische, griechische, biblische – Quellen zugrunde lagen"; PUTZO [Anm. 1], S. 2, Anm. 3. An der angegebenen Stelle findet sich ein Überblick über weiterführende Literaturhinweise zu diesem Thema.

6   Siehe KASTEN [Anm. 5], S. 189, besonders Anm. 3, sowie PUTZO [Anm. 1], S. 1–3. Die Einteilung geht zurück auf M. EDÈLESTAND DU MÉRIL, Floire et Blanceflor, poëmes du XIII siècle, publiés d'après les manuscrits, avec une introduction, des notes et un glossaire, Paris 1856. HERZOG [Anm. 3] hebt neben kleineren inhaltlichen Unterschieden den märchenhafteren Charakter der volkstümlichen Version hervor.

7   Siehe OTTO DECKER, Flos unde Blankeflos. Kritische Ausgabe des mittelniederdeutschen Gedichtes, Rostock 1913, S. 127. Zu diesem Punkt siehe die Erläuterung in Anm. 23.

8   Die Trierer Floyris-Bruchstücke, hg. von GILBERT A. R. DE SMET und MAURITS GYSSELING, in: Studia Germanica Gandensia 9 (1967), S. 157–196.

9   HEINRICH SCHAFSTAEDT, Die Mülheimer Bruchstücke von 'Flors inde Blanzeflors'. Gymnasium und Realschule zu Mülheim am Rhein. Abhandlung zum Jahresbericht über das Schuljahr 1905–1906, Mülheim 1906, S. 3–31.

10 Konrad Fleck: Flore und Blanscheflur, hg. von EMIL SOMMER, Quedlinburg 1846 und PUTZO [Anm. 1].

11 GW 4470. Der Text liegt in einer Faksimileausgabe [Anm. 3] vor.

12 Siehe PUTZO [Anm. 1], S. 4.

13 Siehe DECKER [Anm. 7], S. 116–125 und GEERAEDTS [Anm. 5], S. 42.

14 Siehe HARTMUT BECKERS, Flos unde Blankeflos, in: [2]VL 2 (1980), Sp. 761–764, hier Sp. 762.

15 Zur näheren Erläuterung siehe Abschnitt 1.2.

Die einzelnen deutschen Versionen des Stoffes haben sowohl in ihrer Eigenständigkeit als auch in ihren Bezügen zu anderen Fassungen in sehr unterschiedlichem Maß in der literaturwissenschaftlichen Forschung die Aufmerksamkeit auf sich gezogen. Einzig der mittelhochdeutsche Versroman 'Flore und Blanscheflur' von Konrad Fleck ist seit den 80er Jahren des 20. Jahrhunderts, nachdem er längere Zeit kaum beachtet worden war, unter verschiedenen literaturwissenschaftlich aktuellen Aspekten ins Zentrum des Interesses gerückt: Auffassungen von Kindheit in der mittelalterlichen Literatur, narrative Strategien und Deutungsmuster, Codierungen von Emotionalität und Text-Bild-Bezüge wurden thematisiert,[16] zudem wurde die Dichtung neu ediert.[17] Vergleichende Untersuchungen fokussieren hauptsächlich das Verhältnis des mittelhochdeutschen 'Flore'-Romans zu seiner französischen Vorlage.[18] Die anderen (vollständigen) Fassungen des Stoffes in der deutschen Literatur stehen hingegen bis heute im Hintergrund; dies gilt sowohl für den mittelniederdeutschen Versroman als auch für die spätmittelalterliche Prosadichtung. Im Folgenden wird der mittelniederdeutsche Roman 'Flos unde Blankeflos' im Zentrum stehen. Es sollen typische Merkmale in der Erzählweise des (anonymen) Bearbeiters des Textes beschrieben und teilweise vor dem Hintergrund der mittelhochdeutschen höfischen Version Konrad Flecks in ihrer Eigenart verdeutlicht werden. Wenngleich der Roman Konrad Flecks nicht die Vorlage der mittelniederdeutschen Dichtung war, erscheint eine Bezugnahme dennoch dazu geeignet, die Variationsbreite in der Gestaltung des Stoffes zu verdeutlichen. Insbesondere wird der Fokus auf das Figurenkonzept des männlichen Protagonisten

---

16 Siehe MATTHIAS WINTER, Kindheit und Jugend im Mittelalter, Freiburg i. Br. 1984; KASTEN [Anm. 5]; WERNER RÖCKE, Liebe und Schrift. Deutungsmuster sozialer und literarischer Kommunikation im deutschen Liebes- und Reiseroman des 13. Jahrhunderts (Konrad Fleck: *Florio und Blanscheflur*; Johann von Würzburg: *Wilhelm von Österreich*), in: Mündlichkeit – Schriftlichkeit – Weltbildwandel. Literarische Kommunikation und Deutungsschemata von Wirklichkeit in der Literatur des Mittelalters und der frühen Neuzeit, hg. von WERNER RÖCKE und URSULA SCHÄFER (ScriptOralia 71), Tübingen 1996, S. 85–108; ELISABETH SCHMID, Über Liebe und Geld. Zu den Floris-Romanen, in: Der fremdgewordene Text. Festschrift für Helmut Brackert zum 65. Geburtstag, hg. von SILVIA BOVENSCHEN [u.a.], Berlin/New York 1997, S. 42–57; MARGRETH EGIDI, Der Immergleiche. Erzählen ohne Sujet: Differenz und Identität in 'Flore und Blanscheflur', in: Literarische Leben. Rollenentwürfe in der Literatur des Hoch- und Spätmittelalters. Festschrift für Volker Mertens zum 65. Geburtstag, hg. von MATTHIAS MEYER und HANS-JOCHEN SCHIEWER, Tübingen 2002, S. 133–158; MARGRETH EGIDI, Schrift und 'ökonomische Logik' im höfischen Liebesdiskurs: 'Flore und Blanscheflur' und 'Apollonius von Tyrland', in: Schrift und Liebe in der Kultur des Mittelalters, hg. von MIREILLE SCHNYDER (Trends in Medieval Philology 13), Berlin/New York 2008, S. 147–163; WALTENBERGER [Anm. 4]; FLORIAN KRAGL, Bilder-Geschichten. Zur Interaktion von Erzähllogiken und Bildlogiken im mittelalterlichen Roman. Mit Beispielen aus 'Flore und Blanscheflur' und 'Parzival', in: Erzähllogiken in der Literatur des Mittelalters und der Frühen Neuzeit. Akten der Heidelberger Tagung vom 17. bis 19. Februar 2011, hg. von FLORIAN KRAGL und CHRISTIAN SCHNEIDER (Studien zur historischen Poetik 13), Heidelberg 2016, S. 119–151. Die aufgeführten Arbeiten stellen eine Auswahl dar.

17 PUTZO [Anm. 1].

18 HEINRICH SUNDMACHER, Die altfranzösische und mittelhochdeutsche Bearbeitung der Sage von Flore und Blanscheflur, Diss. Göttingen 1872, neuerdings WALTENBERGER [Anm. 4].

auf der Ebene der Handlung und der Beschreibung durch den Erzähler gerichtet.
Die Ergebnisse sollen in Verhältnis gesetzt werden zur handschriftlichen Überlieferung sowie zu ihren Besitzern und potentiellen Nutzern, um so möglicherweise
einen Zusammenhang zwischen der narrativen Gestaltung, dem Verständnis der
erzählten Geschichte und den literarischen Ansprüchen der Rezipienten im 14.
und 15. Jahrhundert herstellen zu können. Dies erscheint umso notwendiger, als
der mittelniederdeutsche Text hinsichtlich der Erzählstrukturen und Erzählweise
bislang fast ausschließlich am Roman Konrad Flecks gemessen und kaum in seiner Eigenständigkeit als Zeugnis spätmittelalterlicher Publikumserwartungen beschrieben wurde.[19]

1. 'FLOS UNDE BLANKEFLOS' –
DER MITTELNIEDERDEUTSCHE TEXT
UND SEINE ÜBERLIEFERUNG

1.1 Inhalt

Die Handlung ist im südlichen Spanien angesiedelt. Flos ist der Sohn des musli-
mischen Königs von Spanien, Blankeflos die Tochter einer christlichen französischen Adligen, welche in Gefangenschaft geraten und zum Dienst für die spanische Königin verpflichtet worden war. Beide Kinder werden am selben Tag gebo-
ren und sehen sich zum Verwechseln ähnlich. Sie werden zusammen aufgezogen.
Bald erwacht die Liebe des Knaben zu Blankeflos; der König versucht die Gefahr
einer problematischen Verbindung zu bannen, indem er das Mädchen von Händ-
lern an einen heidnischen Herrscher, den Ameral von Babylon, verkaufen lässt.
Dieser sperrt sie mit anderen adligen jungen Frauen in einen streng bewachten
Haremsturm.
    Flos erfährt bei seiner Heimkehr von einer Reise vom vermeintlichen Tod
seiner Geliebten, daraufhin versucht er zweimal, sich zu töten. Als ihm seine El-
tern nunmehr das wahre Schicksal Blankeflos' eröffnen, begibt er sich, getarnt als
Kaufmann, auf die Suche nach ihr. Nach mehreren Stationen gelangt er zum Ha-
rems-turm, erkauft sich die Hilfe der Wächter und gelangt in einem Blumenkorb

---

19   Siehe BECKERS [Anm. 14], Sp. 763; hier fällt der Vergleich der beiden Dichtungen vornehm-
     lich als Darstellung einer Verlust-Geschichte aus. ELFRIEDE SCHAD unternimmt den Versuch,
     den mittelniederdeutschen Text in seiner narrativen Spezifik zu beschreiben: ELFRIEDE
     SCHAD, Konrad Flecks 'Floire und Blanscheflur'. Ein Vergleich mit den Zeitgenossen und
     mit dem mittelniederdeutschen Gedicht 'Flos unde Blankeflos', Diss. Marburg 1941. ELISA-
     BETH DE BRUIJN hingegen zeigt neue Wege auf, indem sie sich anhand der Stockholmer
     Handschrift mit den Paratexten in 'Flos unde Blankeflos' unter dem Aspekt der Performanz
     und der Bezüge zwischen den verschiedenen Texten der Handschrift befasst: ELISABETH DE
     BRUIJN, Copy-paste? Die handschriftliche Präsentation mittelniederdeutscher epischer Texte
     in Handschrift Stockholm, KB, Cod. Holm. Vu 73, in: NdJb 135 (2012), S. 33–57; dies., Give
     the Reader Something to Drink: Performativity in the Middle Low German 'Flos unde
     Blankeflos', in: Neophilologus 96 (2012), S. 81–101.

versteckt ins Innere des Turmes. Nach einer Liebesnacht mit Blankeflos werden die beiden vom Ameral entdeckt, der sie nach einer gerichtlichen Beratung mit seinen Höflingen angesichts des Verrates zum Tode verurteilt. Jeder der beiden will sich nun für den anderen opfern; dies beeindruckt die versammelte Hofgesellschaft so sehr, dass die Hinrichtung aufgeschoben wird. Flos erzählt dem Ameral die Geschichte ihrer übergroßen Liebe. Gerührt begnadigt der Herrscher die beiden und lässt sie von einem Priester verheiraten. Ihr Enkel wird König Karl sein; eine Bekehrung aller Muslime des Reiches steht am Ende der Erzählung.

1.2 Einordnung in die Stofftradition und Überlieferung

Im Text wird eine französische Quelle genannt (v. 47), diese Passage ist aber vermutlich bereits eine Übernahme; HARTMUT BECKERS[20] verweist auf die wörtliche Übereinstimmung mit der (fragmentarisch erhaltenen) ripuarischen Version, in der er die Vorlage für die mittelniederdeutsche Fassung sieht. Nicht restlos geklärt ist die Zuweisung zu den verschiedenen Strängen in der Stofftradition; HARTMUT BECKERS[21] und CHRISTINE PUTZO[22] ordnen die Dichtung eindeutig der höfischen Version zu, LOEK GEERAEDTS spricht sich aufgrund "bestimmter inhaltlicher Elemente" für "eine Art Zwischenstellung des nd. Gedichtes" aus.[23] Strukturell gehört die Dichtung, ebenso wie der mittelniederdeutsche Prosaroman 'Paris und Vienna' (1488), zum Typus des Liebes- und Abenteuerromans[24] bzw. des Liebes- und Reiseromans.[25]

Der mittelniederdeutsche Roman 'Flos unde Blankeflos' ist in fünf Handschriften aus dem 15. Jahrhundert überliefert. Es sind dies:

– Berlin, Staatsbibliothek zu Berlin – Preußischer Kulturbesitz, Hs. B, Ms. germ. oct. 186, 1431, Livland;
– Berlin, Staatsbibliothek zu Berlin – Preußischer Kulturbesitz, Hs. A, Fragm. 2 und 3, 1400–1425, Elbing;
– Gdańsk (Danzig), Biblioteka Gdańska Polskiej Akademii Nauk, Hs. D, Ms. 2418, 1462;

---

20 BECKERS [Anm. 14], Sp. 762.
21 Ebd., Sp. 763.
22 PUTZO [Anm. 1], S. 1–3.
23 GEERAEDTS [Anm. 5], S. 40. Eine ähnliche Position vertritt OTTO DECKER, der Herausgeber des mittelniederdeutschen Textes, indem er neben der *version aristocratique* und der *version populaire* eine dritte französische Redaktion eines nicht erhaltenen französischen Archetyps annimmt, aus der die mittelniederdeutsche Fassung hervorgegangen sei; siehe DECKER [Anm. 7], S. 127.
24 Siehe INGRID BENNEWITZ, 'Paris und Vienna' im Kontext des frühneuhochdeutschen Prosaromans, in: Eulenspiegel-Jahrbuch 50/51 (2010), S. 37–50, hier S. 39.
25 Siehe HANS-JÜRGEN BACHORSKI, Posen der Liebe. Zur Entstehung von Individualität aus dem Gefühl in 'Paris und Vienna', in: RÖCKE/SCHÄFER [Anm. 16], S. 109–146, hier S. 110, sowie RÖCKE [Anm. 16], S. 86.

- Stockholm, Kungliga Biblioteket, Hs. S, Cod. Holm. Vu 73, 1. Drittel des
  15. Jahrhunderts;
- Wolfenbüttel, Herzog August Bibliothek, Hs. W, Cod. Guelf. 1203 Helmst.,
  1451–1457.[26]

Alle Handschriften liegen inzwischen in diplomatischen Editionen vor;[27] eine kritische Ausgabe, die den neueren Forschungen zur Überlieferung des Textes Rechnung trägt, steht noch aus. Mit Ausnahme des Fragments A, über dessen Zuordnung keine Aussage möglich ist, sind alle anderen Textzeugen des Versromans Bestandteile von Sammelhandschriften[28] mit teils rein weltlichen, teils weltlichen und geistlichen Dichtungen.[29] Keines der Textzeugnisse ist illustriert.[30] Mehrfach ist versucht worden, neben der Lokalisierung der Handschriften Aussagen über deren Entstehungs- und Rezeptionshintergrund zu machen. HARTMUT BECKERS äußerte im Jahr 1977, dass die Handschriften "fast alle nachweislich aus dem Besitz hansischer Kaufleute stammen, Zeugen für die literarischen Interessen des niederdeutschen Bürgertums im 14./15. Jahrhundert."[31] RALF PÄSLER verweist darauf, dass die Sammelhandschriften, in denen 'Flos unde Blankeflos' erhalten ist, neben der 'Jütischen Sammlung' und dem 'Hartebok' hinsichtlich ihrer Anla-

---

26 BECKERS [Anm. 14], Sp. 761f. und GEERAEDTS [Anm. 5], S. 39–44. Eine umfangreiche und
    sorgfältige Beschreibung und Untersuchung der Handschriften findet sich in der (noch nicht
    publizierten) Dissertation von ELISABETH DE BRUIJN, Verhalende verzamelingen. 'Flos unde
    Blankeflos' en de overlevering van de Middelnederduitse narratieve literatuur, Diss. Antwerpen 2013, S. 34–71.
27 GUDRUN SPORBECK, Die 'Livländische Sammlung' (Berlin, Ms. germ. 8° 186). Untersuchung
    und Edition, maschinenschriftliches Manuskript einer Magisterarbeit, Münster 1987 (Hs. B);
    GEERAEDTS [Anm. 5] (Hs. S); VOLKER KROBISCH, Die Wolfenbütteler Sammlung (Cod.
    Guelf. 1203 Helmst.). Untersuchung und Edition einer mittelniederdeutschen Sammelhandschrift (Niederdeutsche Studien 42), Köln/Weimar/Wien 1997 (Hs. W); DE BRUIJN [Anm. 26]
    (Hs. D); HARTMUT BECKERS, 'Flos unde Blankeflos' und 'Von den sechs Farben' in niederdeutsch-ostmitteldeutscher Mischsprache aus dem Weichselmündungsgebiet, in: ZfdA 109
    (1980), S. 129–146 (Hs. A).
28 Dazu KROBISCH [Anm. 27], S. 153: "Die Sammelhandschrift ist die 'natürliche' Erscheinungsform der (mnd.) Literatur des Spätmittelalters."
29 Einen Überblick bietet DE BRUIJN [Anm. 26]; zur Wolfenbütteler Sammlung auch KROBISCH
    [Anm. 27], S. 148–150.
30 Allerdings gibt es in der Berliner Handschrift Illustrationen zu anderen enthaltenen Texten.
    Da das Ende des mittelniederdeutschen Romans fehlt, ist es durchaus möglich, dass ursprünglich auch zu dieser Dichtung Abbildungen vorhanden waren. Ich danke Elisabeth de Bruijn
    für diesen Hinweis. Eine Übersicht zu den Illustrationen in den Handschriften wird derzeit
    von Katharina Glanz für den Katalog der deutschsprachigen illustrierten Handschriften des
    Mittelalters vorbereitet (vgl. KATHARINA GLANZ, Stoffgruppe 91: Minnereden, in: Katalog
    der deutschsprachigen illustrierten Handschriften des Mittelalters [in Vorbereitung]).
31 HARTMUT BECKERS, Mittelniederdeutsche Literatur. Eine Bestandsaufnahme (I), in: Niederdeutsches Wort 17 (1977), S. 1–58, hier S. 28. Die allgemeine Feststellung von HARTMUT
    BECKERS wird von ELISABETH DE BRUIJN diskutiert. Im Ergebnis ihrer Untersuchung von
    acht mittelniederdeutschen Handschriften, in deren Mittelpunkt die Dichtung 'Flos unde
    Blankeflos' steht, zeigt sie u.a. auf, dass diese keineswegs allein auf eine stadtbürgerliche
    Provenienz zurückzuführen sind. DE BRUIJN [Anm. 26], S. 377–381.

ge und Textverteilung zu einer eigenen Gruppe gehören.[32] Im Gegensatz zu den vielen überlieferten Sammelhandschriften mit ausschließlich geistlichen Texten enthalten sie auch weltliche Dichtungen und sind vor dem Hintergrund vielfältiger kaufmännischer und kultureller Beziehungen im Norden Europas zu sehen.[33]

Sichere Kenntnisse über die Besitzverhältnisse der Handschriften im Spätmittelalter gibt es lediglich für die Stockholmer Sammlung (S): Zwei Wappen auf dem hinteren Deckel verweisen auf den schwedischen Ritter und Ratsherrn Arend Bengtsson aus dem Geschlecht Ulf, der urkundlich von 1445 bis 1471 bezeugt ist,[34] sowie auf das Adelsgeschlecht der Bydelsbak[35], dem die Ehefrau Bengtssons, Helbla, entstammte. Abgesehen davon, dass damit nichts über den Entstehungszusammenhang der Sammlung ausgesagt wird, spricht dies eher für einen adligen als für einen ausschließlich bürgerlichen Rezeptionshintergrund. Am Ende der Handschrift ist ein Blatt eingeklebt, welches ein Ausgabenverzeichnis enthält, das in niederdeutscher Sprache abgefasst ist; es werden die Orte Ziegenort, Altwarp, Anklam, Ranzin, Greifswald und Pölitz in Pommern erwähnt.[36] Möglicherweise handelte es sich um die Aufzeichnungen eines niederdeutschen[37] Handelsreisenden. JÜRGEN MEIER hat die Auffassung vertreten, dass der Ausgangspunkt der Reise in Stettin zu sehen sei.[38]

In dem Verfasser des Verzeichnisses ist ein weiterer, vielleicht sogar der erste Besitzer der Handschrift zu sehen[39]; dies legt einen vermutlich städtisch-kaufmännischen Hintergrund nahe. Für alle anderen Handschriften sind die Besitzverhältnisse erst in viel späterer Zeit nachzuvollziehen. Für die Wolfenbütteler

---

32 RALF PÄSLER, Text und Textgemeinschaft. Zu mittelniederdeutschen Sammelhandschriften und zur niederdeutschen und niederschlesischen Überlieferung von 'Valentin und Namelos'. In: Berichte und Forschungen. Jahrbuch des Bundesinstituts für Kultur und Geschichte des Deutschen im östlichen Europa. 15 (2007), S. 27–41, hier S. 33. Zur Handschrift Stockholm, Cod. Holm. Vu 82 siehe den Beitrag von Katharina Glanz im vorliegenden Band.

33 PÄSLER [Anm. 32], S. 32.

34 Außerdem sind auf dem Vorderdeckel die Initialen A, B und S verzeichnet, die ebenfalls auf Arend Bengtsson als Besitzer verweisen; siehe GEERAEDTS [Anm. 5], S. 8–10.

35 Das Geschlecht der Bydelsbak war seit dem 14. Jahrhundert in Sjaelland ansässig. Otte Bydelsbak, Sohn des Ritters Eric Bydelsbak, ist in Zusammenhang mit dem Stralsunder Abkommen von 1370/71 über den Frieden zwischen der Hanse und dem dänischen König nachgewiesen; ebd., S. 10.

36 Ebd., S. 22; dort findet sich auch die genaue Wiedergabe des Wortlautes.

37 Darauf weist der sprachliche Befund hin; aus diesem Grund ist wohl auszuschließen, dass es sich auch hier um den Schweden Arend Bengtsson handelte; vgl. GEERAEDTS [Anm. 5], S. 23.

38 JÜRGEN MEIER, Die mittelniederdeutsche Verserzählung 'De deif van Brugge'. Stoffgeschichtliche und sprachliche Untersuchung (Forschungen. Verein für Niederdeutsche Sprachforschung N.F. 7), Neumünster 1970, S. 20f. MEIER argumentiert mit der geografischen Nähe zwischen dem Ausgangsort der Reise (Ziegenort) zu Stettin, den vielfältigen Handelsbeziehungen zwischen Stettin und den schwedischen Städten und mit dem literarischen Interesse der Stettiner Bürger. Gegenargumente bzw. Relativierungen siehe GEERAEDTS [Anm. 5], S. 23f.

39 LOEK GEERAEDTS hat die These geäußert, dass vielleicht auf diesem Wege die Handschrift in den Besitz des Schweden Arend Bengtsson kam; siehe ebd., S. 24.

Sammlung (W) hat VOLKER KROBISCH aufgrund von sprachlichen und kodikolo-
gischen Befunden festgestellt, dass das Gesamtwerk, welches sich indessen aus
zwei einzelnen, voneinander unabhängigen Handschriften zusammensetzt, in
Braunschweig im späteren 15. Jahrhundert (vor 1479) gebunden wurde. 'Flos unde Blankeflos' gehört dem zweiten, älteren Teil an[40], der eventuell in die 40er
Jahre des 15. Jahrhunderts zu datieren und "im Gebiet um und südlich von Braunschweig"[41] entstanden ist. Über konkrete Entstehungs- und Rezeptionshintergrün-
de ist so aber kaum etwas auszumachen.[42]

Im Jahre 1980 edierte HARTMUT BECKERS als neu entdeckten Textzeugen ein
Fragment aus dem 15. Jahrhundert, das als Rest einer Pergamenthandschrift aus
Buchdeckeln abgelöst worden war. Aufgrund des sprachlichen Befundes, der auf
eine niederdeutsch-ostmitteldeutsche Mischsprache verweist, verortet er die
Handschrift: "Ein sprachlich so strukturiertes Milieu ist zu Beginn des 15. Jahrhunderts nur in den Küstenstädten des Deutsch-Ordens-Landes, und zwar vor allem in Elbing, anzutreffen."[43]

Im Ergebnis der ausgewerteten Hinweise auf eine mögliche Zuordnung des
Versromans 'Flos unde Blankeflos' zu einem bestimmten Publikum zeigt sich,
dass die Befunde in verschiedene Richtungen weisen: Städtische, vermutlich
kaufmännische, aber auch adlige Besitzer und Rezipienten lassen auf einen eher
weiteren Leserkreis schließen. Ein insbesondere stadtbürgerliches Interesse oder
auch eine besondere Rolle der Hansestädte bei der Entstehung und Verbreitung
der Dichtung, die vielfach diskutiert wurden, wird durchaus deutlich, ist aber keineswegs ausschließlich anzunehmen.[44]

---

40 Siehe KROBISCH [Anm. 27], S. 32, 54.
41 Ebd., S. 152.
42 VOLKER KROBISCH kommt mit Verweis auf die stark weltlichen Züge vieler Einzeltexte zu
    der Ansicht, dass "als Urheber oder Organisator [...] nach den Ergebnissen der Textanalyse
    eher ein Bürgerlicher als ein Geistlicher in Frage" kommt; ebd., S. 152. Diese Auffassung ist
    jedoch durch die Fakten der Überlieferung nur partiell zu stützen.
43 BECKERS [Anm. 27], S. 133. Danzig hingegen komme nicht in Frage, da die beiden sprachli-
    chen Bereiche sich dort nicht vermischten. RALF G. PÄSLER stellt sowohl für die Berliner
    Bruchstücke als auch für die Danziger Handschrift einen Zusammenhang zu einem städti-
    schen Hintergrund im Gebiet der Hanse her. Siehe RALF G. PÄSLER, Zwischen Deutschem
    Orden und Hanse. Zu den Anfängen literarischen Lebens im spätmittelalterlichen Preußen-
    land, in: Ostpreußen – Westpreußen – Danzig. Eine historische Literaturlandschaft, hg. von
    JENS STÜBEN (Schriften des Bundesinstituts für Kultur und Geschichte der Deutschen im öst-
    lichen Europa 30), Oldenburg 2007, S. 155–174, besonders S. 168f.
44 ELISABETH DE BRUIJN konstatiert im Ergebnis ihrer Analyse der Überlieferung von 'Flos
    unde Blankeflos': "We kunnen concluderen dat het onderzoekscorpus geen aanwijzingen
    biedt voor het bestaan van een (burgerlijke) Hanzeliteratuur, een visie die het onderzoek lan-
    ge tijd heeft gedomineerd." DE BRUIJN [Anm. 26], S. 404.

1.3 Zur literarischen Gestaltung des Textes

It geschach an einer tit, / also vns de auenture git (v. 1f.):[45] Die Darstellung des Geschehens in der mittelniederdeutschen Dichtung setzt unmittelbar, ohne jede Einleitung, ein. Sowohl die altfranzösische, die mittelniederländische[46] als auch die mittelhochdeutsche[47] Fassung enthalten hingegen jeweils ausführliche Prologe. In den Handschriften des mittelniederdeutschen Versromans findet sich keine Vorrede, in der der Gestalter des Textes hervortreten und Rezeptionshinweise für das Publikum geben könnte.[48]

Der Leser/Hörer ist allein auf die Präsentation des erzählten Stoffes angewiesen. Dieses Gestaltungsprinzip setzt sich im gesamten Erzähltext fort: Bereits ELFRIEDE SCHAD[49] hat darauf verwiesen, dass der Erzähler fast vollständig hinter der Narration zurücktritt, ganz im Gegensatz zu jenem in der mittelhochdeutschen Version. Nur an wenigen Stellen wendet er sich unmittelbar an das Publikum. Dies geschieht entweder, um auf einen Szenenwechsel hinzuweisen (*nv horet van deme portenere; / got geue eme pris vnde ere*; v. 899f.) oder um die Wahrhaftigkeit des Erzählten in besonders dramatischen und emotional aufgeladenen Episoden hervorzuheben (*van herten weren se beide vro. / de leue was gensliken dar; / dat wil ik jw sagen vorwar*; v. 1036–1038). Das Ende der Dichtung wird knapp vom Erzähler konstatiert und mit einer Gnadenbitte an Gott verbunden: *nu hebben disse rede ein ende. / got mote vns sine gnade senden* (v. 1487f.) – in der mittelhochdeutschen Version steht an dieser Stelle ein ausführlicher Epilog, der zweihundert Verse umfasst.[50] Das gesamte erzählte Geschehen wird im mittelniederdeutschen Text in einem Wechsel von Erzählbericht und Figurenrede literarisch umgesetzt, wobei wiederum – im Vergleich mit dem Roman Konrad Flecks – eine Verknappung auf die Darstellung der Handlung und eine Verkürzung verschiedener, fest mit dem Stoff verbundener Motive auffallen:

> Der mnd. Dichter ist nicht mehr der Verkünder eines höfischen Menschenideals, damit fallen auch alle Vergleiche des menschlichen Benehmens mit dem Idealfall, die wir bei Fleck wiederholt antreffen […], bei ihm weg.[51]

---

45 Diese und alle folgenden Versangaben zu 'Flos unde Blankeflos' beziehen sich auf die Edition von OTTO DECKER [Anm. 7].

46 DE BRUIJN, Copy-paste [Anm. 19], S. 45.

47 PUTZO [Anm. 1], v. 1–146.

48 Für die Fragmente kann dies zwar angesichts des nicht überlieferten Anfangs nur vermutet werden, die drei (fast) vollständigen Fassungen jedoch beginnen unmittelbar mit dem Erzählstoff. Ein (sehr allgemein gehaltener) Prolog im Umfang von acht Versen, der sich in der Stockholmer Handschrift findet, gehört nicht zum ursprünglichen Text, er ist erst später von einem der Schreiber der Handschrift hinzugefügt worden. Siehe DE BRUIJN, Copy-paste [Anm. 19], S. 46.

49 SCHAD [Anm. 19], S. 11.

50 PUTZO [Anm. 1], v. 7806–8006.

51 SCHAD [Anm. 19], S. 19. Für die mittelniederdeutsche Dichtung 'Valentin und Namelos' stellt RALF PÄSLER eine sehr ähnliche Bearbeitungstendenz im Vergleich zur Vorlage fest. Siehe PÄSLER [Anm. 32], S. 36.

Um Besonderheiten der Erzählweise in der niederdeutschen Dichtung zu beschreiben und anhand derer Rückschlüsse auf Erzählintentionen zu ermöglichen,
soll nun das Konzept der männlichen Hauptfigur in den Blick genommen werden.
Dessen Eigenart liegt einerseits in der Typik des Stoffes begründet – es handelt
sich um einen nahezu kindlichen Protagonisten, der sehr früh als Liebender gezeigt wird und der sich durch Mut und Geschick beweisen muss, nicht aber durch
ritterlichen Kampf. Es soll auch herausgearbeitet werden, dass andererseits der
mittelniederdeutsche Verfasser in der Gestaltung seines männlichen Helden teilweise andere Akzente setzt als Konrad Fleck in der mittelhochdeutschen Dichtung. In beiden Versionen bietet der Stoff jedoch die Möglichkeit zur Konstitution
eines spezifischen Ideals von Männlichkeit im mittelalterlichen Roman.

2. DER IDEALE HELD

Den Kern der Erzählung bildet zweifellos die treue, alle Hindernisse überwinden-
de Liebe der Protagonisten. Der Gestalt des Flos kommt dabei als männlicher
Held der weitaus aktivere Part zu. Bezüglich des mittelhochdeutschen 'Flore'-
Romans Konrad Flecks stellt MARGRETH EGIDI fest:

> Flore ist – in der einzigen Rolle, die er jemals spielt: der des Liebenden, denn die Rollen des
> Ehemanns und des Herrschers deuten sich nur ausblickhaft an – die personifizierte Unverän-
> derlichkeit.[52]

Dies gilt auch für die Gestaltung des Flos im mittelniederdeutschen Text: Alle
Eigenschaften, die den Typus der Figur kennzeichnen, sind bereits von Anfang an
vorhanden und müssen nicht mehr im Laufe einer Bewährung erworben werden.
Die Handlungen des Protagonisten sind im Verlauf der Erzählung in verschiedenen Bereichen angesiedelt: Als Kind beweist er seine Liebe und Treue zu Blankeflos am väterlichen Hof, indem er den gemeinsamen Schulbesuch durchsetzt (v.
134–151); nach der Trennung von der Geliebten zwingt er seinen Vater dazu, ihm
die Wahrheit über deren Verbleib zu offenbaren (v. 480–515). Die Suche nach
Blankeflos erfordert andere Eigenschaften und Fähigkeiten, über die er ebenfalls
ganz selbstverständlich bereits verfügt – Mut zur gefährlichen Reise, Geschick im
Umgang mit Menschen verschiedener Schichten der Gesellschaft, auf deren Hilfe
er angewiesen ist, und schließlich Konsequenz und Selbstlosigkeit in der Vertei-
digung seiner Liebe am Hof des Amerals, als er sich selbst opfern will, um Blan-

---

52 EGIDI, Der Immergleiche [Anm. 16], S. 133. Die Entscheidung, das Merkmal jeglicher feh-
    lenden Entwicklung des Protagonisten am Typus des Minne-Aventiuren-Romans festzuma-
    chen, ist allerdings zu hinterfragen. MARGRETH EGIDI verweist selbst auf ein abweichendes
    Figurenkonzept im mittelhochdeutschen Roman 'Partonopier und Meliur' (ebd., Anm. 19); in
    diesem Zusammenhang wäre auch der mittelniederdeutsche Prosaroman 'Paris und Vienna'
    zu nennen, in dem der männliche Held auf seinen Reisen eine wesentliche Entwicklung
    durchmacht. Auf der anderen Seite ist eine ausgeprägte Statik (im Sinne von Unveränderlich-
    keit) der Figuren auch im spätmittelalterlichen Artusroman auszumachen, so zum Beispiel im
    'Daniel von dem Blühenden Tal' des Stricker oder in Heinrichs von dem Türlin 'Die Krone'.

keflos zu retten (v. 1212–1434). Stets ist Flos der ideale Held, der durch sein Handeln keine Krisen auslöst und folglich auch keine Entwicklung durchlaufen muss. Auch sein gesellschaftlicher Status muss nicht erst errungen werden – als einziger Sohn des spanischen Königs ist er der Thronfolger. Die Würde als Herrscher, die ihm nach dem Abschluss der Haupthandlung zufällt, wird im Text implizit vorausgesetzt, als von den späteren Nachkommen der Liebenden berichtet wird (v. 1471–1478). Die Präsentation der Idealität des Flos in der Erzählhandlung ist hauptsächlich auf die Bewährung als treuer Liebender sowie – im Ausblick – auf die Bekehrung des Heidenvolkes ausgerichtet.

2.1. Der liebende Held

Der größte Vorzug und das auffälligste Kennzeichen des Flos ist seine treue Liebe zu Blankeflos, die sein gesamtes Sein bestimmt und für die er sogar zur Selbstaufgabe bereit ist. So versucht er zweimal Suizid zu begehen, als er glauben muss, Blankeflos verloren zu haben. Das Element des Suizidversuchs des Protagonisten ist fest im Stoff verankert. Während es bei Konrad Fleck jedoch nur einen Versuch der Selbsttötung Flores gibt (v. 2355–2395), ist das Motiv im mittelniederdeutschen Roman gedoppelt. Einen ersten Versuch unternimmt Flos, als er von einer Reise zurückkehrt und Blankeflos nicht am heimatlichen Hof vorfindet. Er fragt alle nach ihrem Verbleib, erhält aber nur eine unklare Auskunft: *se spreken alle gelike, / beide arm vnde rike: / "des schaltu sin bericht, / wi enweiten des nicht, / wor blankeflos gebleuen is, / ift se leuet edder dot is."* (v. 367–372). Der Jüngling geht daraufhin zu seinem Vater, dem König, und erklärt ihm, nicht länger leben zu wollen. Dann greift er zum Schwert, einem Geschenk von Blankeflos, und kündigt seine Selbsttötung an; seine Mutter hindert ihn jedoch an seinem Vorhaben. Flos reagiert hier bereits auf den bloßen Verdacht hin, Blankeflos sei tot, denn niemand gibt ihm eine klare Auskunft über ihren Verbleib; die Aussicht, sie könnte noch am Leben sein, zieht er nicht in Betracht. Als der Jüngling auch von Blankeflos' Mutter nicht erfahren kann, ob seine Geliebte noch am Leben ist, *he ging do al mit liste, / dar he sinen vader dene koning wiste* (v. 391f.). Diesem teilt er dann, ohne ihm die Frage nach dem Verbleib Blankeflos' zu stellen, kommentarlos seine bevorstehende Selbsttötung mit (v. 393f.). Der erläuternde Zusatz *mit liste* verändert das Bild des Flos – während seine heftige Reaktion zunächst ausschließlich als Ausdruck seiner übergroßen Liebe zu deuten war (*flos begunde to wenende sere. / he sprak: "o wi mi serem! / nu bin ik an drouigen sinnen"*; v. 373–375), erhält dieser erste Suizidversuch nun einen demonstrativen Charakter, indem eher auf die Klugheit/Listigkeit des Protagonisten verwiesen wird, der seinen Vater unter Druck setzen will. So lässt sich auch erklären, dass er die entscheidende Frage gerade dem König nicht stellt, obwohl er sie doch am ehesten würde beantworten können. Der junge Mann wird an dieser Stelle offenbar so lebensklug gezeigt, dass er die Lügen des Vaters von vornherein einkalkuliert und ihn deshalb mit einem Selbsttötungsversuch erpresst. Soweit die strukturelle Verarbeitung; zur Gestaltung des Motivs hat sich bereits ELFRIEDE SCHAD geäußert.[53] Bei Konrad Fleck ist das Instrument des versuchten Suizids ein zierlicher Schreibgriffel; die Kinder haben einst ihre Schreibgeräte als Zeichen ihrer gegenseitigen Liebe getauscht (v. 1321–1329); auch Blanscheflur hat sich angesichts der möglichen Trennung von ihrem Geliebten bereits mit dem Griffel zu erstechen versucht (v. 1244–1249). In der mittelniederdeutschen Version wird das Motiv ausschließlich auf den männlichen Protagonisten bezogen. Ein Suizid mittels eines Schwertes wirkt überdies auf der rationalen Ebene wesentlich nüchterner als die Benutzung eines Schreibgriffels; ELFRIEDE SCHAD verweist in diesem Zusammenhang auf die allgemein festzustellende Tendenz zu "realistischen Zügen"[54] in der mittelniederdeutschen Fassung.

Einen zweiten Suizidversuch unternimmt der junge Held – und diese Episode fehlt in vielen Fassungen – nachdem ihm sein Vater das (Schein-)Grab der Blankeflos gezeigt hat: *do flos dene stein angesach, / grot wunder quam darnach: / flos lep douendich van dan, / dar he wuste lowen gan* (v. 472–475). Unverzüglich stürzt er sich in die Löwengrube, um sich von den wilden Tieren zerfleischen zu lassen. Diese laufen jedoch freudig auf ihn zu und scharen sich *vruntliken* (v. 478) um ihn. Mittels Beschimpfungen (*bose alde dere*; v. 483), verbaler Appelle und körperlicher Aggressionen versucht Flos, die Löwen zu provozieren bzw. sich ihnen als gute Mahlzeit schmackhaft zu machen. Als dies ohne Erfolg bleibt, zieht er letztlich traurig von dannen (v. 483–498). Die Episode, die aus heutiger Sicht durchaus komische Aspekte zu haben scheint, erfüllt im Roman in erster Linie den Zweck, in der verzweifelten Todessehnsucht des Helden seine übergroße Liebe zu spiegeln. Daneben wird aber auch die alttestamentliche Episode von Daniel in der Löwengrube (Dan 6,2–29) assoziativ aufgerufen. Daniel wird gezwungen, mit den Raubtieren in der Grube auszuharren, um die Macht seines Gottes zu erweisen; mit dessen Hilfe vermag er unversehrt zu überleben. Flos hingegen setzt sich dieser gefährlichen Situation bewusst aus, um seinem Leben ein Ende zu setzen. Sein Vorhaben misslingt jedoch; im Erzählbericht wird dies knapp kommentiert durch die Bemerkung *dat vogede got vam himmele also* (v. 479), mit der die unnatürliche Zurückhaltung der Raubtiere begründet wird. Damit erscheint die Liebe des jungen Paares als gottgewollt – Gottes Liebe schützt sie ebenso wie einst Daniel. Die Doppelung des Suizidmotivs, bezogen auf die männliche Hauptfigur, ist also in der jeweils unterschiedlichen Ausgestaltung geeignet, verschiedene Aspekte in der Anlage des Protagonisten zu realisieren (Klugheit/List, Absolutheit der Liebe).

Flos ist ein sehr junger Held, auch dies gehört fest zum Stoff; die literarische Gestalt wird in ihrem gesamten Verhalten schon sehr früh von der Liebe bestimmt. Erstmals wird seine Zuneigung zu Blankeflos (wiederum mit Konzentration auf die männliche Figur) im Alter von sieben Jahren erwähnt: *do de kindere olt waren / van eren seuen jaren, / do dede de koning here / sinen sone to der lere. / deme juncheren was blankeflos so lef, / he enkonde nicht leren de bref* (v. 128–

---

53 SCHAD [Anm. 19], S. 35.
54 Ebd.

133). Das siebente Lebensjahr galt im Mittelalter allgemein als der Zeitpunkt, an dem das Kind zu Verstand gelangt und also bildungs- und erziehungsfähig wird.[55] Der Königssohn wird ausschließlich auf der Basis von gelehrten Büchern ausgebildet. Beide Momente, die Fixierung des Beginns der Liebe auf das siebente Lebensjahr (und nicht wie bei Konrad Fleck auf das Säuglingsalter)[56] sowie der Hinweis auf die Buchgelehrtheit[57] des Prinzen sind wiederum weniger der sentimentalen Überhöhung und Zuspitzung als eher einer rationalen Plausibilität in der literarischen Gestaltung des Stoffes geschuldet.

Diese starke Bindung des Flos an seine junge Geliebte bleibt vom Anfang bis ans Ende der Handlung unverändert; sie wird in einer Reihe von Episoden immer wieder durch die Aktionen des Helden, die seine verschiedenen Qualitäten zeigen, bestätigt.

2.2. Der rationale Held und die Rolle von Gut und Geld

Als Flos nach dem zweiten Suizidversuch vom Verkauf Blankeflos' erfährt, bricht er sofort auf, um sie zu suchen; die möglichen Gefahren der unbekannten Ferne vermögen ihn nicht zu schrecken. Wiederum erweist er sich nicht nur als höchst emotionaler, sondern auch als kluger, umsichtig planender Protagonist, der die Gegebenheiten der ihn umgebenden Welt treffend einzuschätzen weiß: Er erbittet vom König den Schatz, für den Blankeflos verkauft worden war, sowie die Begleitung des Kaufmannes, der sie zuvor fortgebracht hatte (v. 537–545). Auf diese Weise sorgt er einerseits dafür, den richtigen Weg zu finden, zugleich verfügt er damit über ausreichend materielle Güter, um sich das Wohlwollen und die Auskünfte verschiedener Helfer zu kaufen. Flos plant indessen nicht nur wie ein Kaufmann, er gibt sich an den verschiedenen Stationen seines Weges auch als ein solcher aus: so bei der Wirtin in der ersten Herberge[58] (v. 583), beim Wirt der Herberge in Babylon (v. 643) sowie bei den adligen Turmwächtern des Amerals (v. 729–737, 783–785). Zu dieser Scheinidentität passen auch seine Handlungsstrategien. Die Wirtin in der ersten Unterkunft entlohnt er für ihre Auskünfte mit einem kostbaren Mantel (v. 609) und einem goldenen Gefäß (v. 603); der Wirt in Babylon wird ebenfalls mit einem Goldgefäß bezahlt (v. 658–661), für weitere Informationen wird ihm weiteres Gold und Silber in Aussicht gestellt (v. 672–675). Noch stärker tritt sein Geschick als Kaufmann bei den Verhandlungen mit den Burggrafen, welche die Tore zum Haremsturm des Amerals bewachen, zutage. Dem Wächter am Eingang der äußersten Mauer überreicht er einen Edelstein-

---

55 Vgl. SHULAMITH SHAHAR, Kindheit im Mittelalter, deutsch von BARBARA BRUMM, München/Zürich 1991, S. 28.

56 Vgl. PUTZO [Anm. 1], v. 599–609. Dazu auch EGIDI, Der Immergleiche [Anm. 16], S. 140.

57 Auch in der Dichtung Konrad Flecks wird ausschließlich Lesen und Schreiben als Gegenstand des Unterrichts angegeben; sie dienen jedoch ausdrücklich der Vermittlung höfischer Werte. PUTZO [Anm. 1], v. 630–639.

58 Die erste Herberge, in der Flos auf seiner Suche nach Blankeflos übernachtet, wird im Gegensatz zur zweiten nicht genauer lokalisiert.

ring, um damit bei den Burggräfinnen für seine Waren zu werben und sie zum
Kaufen anzuregen:

> "werf mine bodeschaf / vnde sage den borchgreuinnen gemeit: / min kram schal ene sin be-
> reit! / ik hebbe vil eddeler steine / beide grot vnde kleine / vnde meneger hande sirheit; / darto
> pellen vnde siden cleit" (v. 729–735).

Seine geschickten Werbestrategien sind sowohl in diesem Fall als auch in den sich
wiederholenden Aktionen an den Toren der inneren Mauern erfolgreich; darüber
hinaus weiß er sich die Dienstbarkeit der Grafen als Gegenwert für Geldgaben zu
sichern (v. 809f., 889–892).[59]

Geld und kostbare Güter als literarische Motive gehören in allen Fassungen
zum Grundbestand des Stoffes, wird doch die junge Geliebte Flores gegen genau
beschriebene Reichtümer an den Ameral verkauft und setzt doch der Königssohn
auf seiner Suche nach ihr wiederum materielle Güter ein, um seinen Weg zu finden und sie zurückzuerlangen.[60] Die Akzentuierung dieser Aspekte erweist sich
indessen ebenfalls in der mittelhochdeutschen und in der mittelniederdeutschen
Version unterschiedlich. ELISABETH SCHMID stellt für den Versroman Konrad
Flecks fest,

> daß diese Erzählung auf äußerst vielfältige Weise mit dem Thema der Käuflichkeit befaßt ist;
> mit dem Verhältnis von Liebe und Geld, genauer oder allgemeiner: mit der Konvertibilität
> von unveräußerlichen und veräußerbaren Werten, mit der Frage, ob und auf welche Weise
> sich Inkommensurables durch Kommensurables abgelten läßt; so daß diese Fragestellung das
> offizielle Thema, die erbauliche Geschichte von zwei Liebenden, die aus Liebe jede Not aus-
> halten würden, als eine Art philosophische Reflexion durchsetzt.[61]

Diese philosophische Vertiefung fehlt in der mittelniederdeutschen Fassung. Gut
und Geld sind Größen, die lediglich geschickt eingesetzt werden, um einen Gegenwert zu erhandeln, und deren Besitz und umsichtiger Verwaltung ein Eigen-
wert zukommt. Von besonderer Bedeutung ist in diesem Zusammenhang der
Preis, der beim Verkauf von Blankeflos erzielt wird. Im mittelhochdeutschen Roman Konrad Flecks sind es zweihundert Mark, dreißig Pfund Byzantinermünzen,
hunderte Gewänder aus Seide, verschiedenem Pelzwerk und kostbaren Stoffen,
daneben edle Habichte und Pferde (v. 1540–1553). Der wichtigste Bestandteil des
Kaufpreises ist indessen ein Pokal antiken Ursprungs; er wurde von Vulkan ge-
schmiedet und befand sich einst im Besitz Cäsars. Er ist mit Edelsteinen besetzt,
die über eine magische Wirkung verfügen; ein Karfunkel spendet selbst in finste-
rer Nacht sein Licht. Darüber hinaus ist das Gefäß mit einem Bildprogramm geschmückt, in dem wichtige Stationen der Geschichte Trojas dargestellt sind
(v. 1540–1670). Dieser Pokal, "in dem die immateriellen Werte der antiken Rari-
tät, des Bildungsgutes und der ästhetischen Qualität zusammentreten", ist hier als

---

59   ELFRIEDE SCHAD verweist darauf, dass das Kaufmanns-Motiv im mittelniederdeutschen Text
     besonders stark herausgearbeitet ist: "Die beiden afrz. Fassungen, wie auch Floyris und Fleck
     führen dieses Motiv nicht so konsequent durch. Bei ihnen dient Flores Verkleidung lediglich
     dazu, ihn nach Babylon gelangen zu lassen." SCHAD [Anm. 19], S. 11.
60   Vgl. dazu die Ausführungen von SCHMID [Anm. 16], besonders S. 46.
61   Ebd., S. 44.

"eine Art Äquivalent" für die Einzigartigkeit Blanscheflurs gestaltet.[62] Darüber hinaus hat INGRID KASTEN gezeigt, dass die geschichtsträchtige Bilderfolge eine sinnstiftende Funktion im Erzählprogramm des Romans hat, indem ein Zusammenhang zur mittelalterlichen Weltreiche-Lehre und der genealogischen Rolle Flores und Blanscheflurs hergestellt wird:

> Erscheinen diese als verheißungsvolle Ahnen, aus deren Schoß Karl der Große, der Repräsentant des christlich-römischen Imperiums, hervorgehen wird […], so verbindet sich mit dem Pokal das Konzept der 'translatio imperii'.[63]

Zudem habe die Paris-Liebe Leitbildfunktion für die Liebe Flores.[64] MARGRETH EGIDI schließt an diese Ergebnisse an und arbeitet heraus, wie durch unterschiedliche Relationierungen und Strukturanalogien[65] die literarische Figur des Flore in ein Netz differierender Zuschreibungen eingesponnen und auf diese Weise trotz ihrer von Beginn an gleichbleibenden Idealität auf einer Binnenebene ausdifferenziert wird.

Der Bearbeiter der mittelniederdeutschen Fassung geht völlig anders vor. Der Preis, für den die Händler Blankeflos an den Ameral verkaufen, wird ebenfalls relativ ausführlich und in seinen einzelnen Bestandteilen aufgeführt: es sind siebenhundert Goldmark[66], drei Goldgefäße, hundert Jagdvögel, einige Schmuckstücke, und *van pellen vnde van siden wande* (v. 245), also wertvolle Kleider aus Pelz und Seide. Insgesamt ist die Auflistung nicht nur wesentlich kürzer als bei Konrad Fleck, das Gewicht ist sowohl hinsichtlich der Differenziertheit der Einzelbeschreibungen als auch quantitativ zugunsten des Geldes verschoben. Am Ende der Aufzählung ist von einem Gefäß die Rede, dem offenbar ebenfalls eine besondere Rolle bei dem Verkauf zukommt: *ik wil jw seggen / van des nappes art, / dar blankeflos vmme geuen wart* (v. 251f.). Es ist groß und rund, sein Wert wird mit tausend Pfund angegeben; einen besonderen Schmuck bildet ein wertvoller Edelstein, der in der Finsternis Licht spendet (v. 253–261). Der Pokal steht in der mittelniederdeutschen Dichtung ebenfalls als Äquivalent für die Kostbarkeit der Blankeflos, doch darin erschöpft sich seine narrative Bedeutung bereits. Das gesamte Bildprogramm, das in seiner Bezugnahme auf die Protagonisten in verschiedener Hinsicht sinnstiftend sein könnte, fehlt. Dennoch muss dem Bearbeiter die Verbindung des Pokals mit dem Trojastoff bekannt gewesen sein, denn er bezieht sich an einer Stelle in einem knappen Kommentar darauf. Als Flos die Wirtin in der Herberge für ihre gute Auskunft mit einem Goldgefäß aus dem Kauf-

---

62 Ebd., S. 47.

63 Kasten [Anm. 5], S. 191.

64 Ebd., S. 196.

65 Die Autorin verweist neben der Einbettung in die Weltreiche-Lehre auf die Analogie des Liebespaares Paris-Helena zu Flore und Blanscheflur. Siehe Egidi, Der Immergleiche [Anm. 16], S. 154f.

66 Die Bezeichnung des Geldwertes (Goldmark) ist interessanterweise exakter als bei Konrad Fleck, obwohl die gesamte Darstellung des Kaufpreises quantitativ wesentlich geringer ausfällt: 130 Versen im mittelhochdeutschen Text (v. 1540–1670) stehen 25 Verse im mittelniederdeutschen Roman (v. 237–262) gegenüber.

schatz bezahlt, teilt der Erzähler mit: *nu weset des bericht: / de nap van trojen enwas dat nicht* (v. 605f.).[67] Die Bezugnahme auf die Troja-Geschichte mit allen sinntragenden Konsequenzen hatte für den Adressaten offensichtlich keine Relevanz, an dieser Stelle findet sich im Text lediglich der primär in Zahlen auszudrückende Geldwert des Gegenstandes.

2.3. Der zarte, sensible Held

Neben der umsichtigen, effektiven Handelsstrategie, die den jungen Helden Flos auszeichnet und die allen seinen geplanten Aktionen, die zur Wiedererlangung seiner verschollenen Geliebten dienen, von Anfang bis Ende zugrunde liegt, weist die literarische Figur jedoch auch eine ausgeprägte Emotionalität auf. Der junge Mann bricht angesichts der Trennung von seiner Geliebten (v. 221), in seiner Ungewissheit über ihren Verbleib (v. 373), nach der Nachricht über ihren vermeintlichen Tod (v. 408) in Tränen aus. In höchster Erregung will er sich – zumindest im zweiten Suizidversuch – töten und vergisst jede höfische Selbstbeherrschung, indem er die Löwen, die ihn verschmähen, heftig beschimpft und attackiert (v. 481f.). Die Phase der Suche nach Blankeflos ist dagegen, wie oben gezeigt wurde, von rationaler Zielstrebigkeit und Unerschrockenheit geprägt.

Die Gefühlsbetontheit des Protagonisten tritt später in Verbindung mit der Wiedervereinigung des Paares in ihren gegenseitigen Liebesbeteuerungen (v. 1090–1111) erneut in den Vordergrund, so dass die negativen Gefühle, die die Gestalt in der Phase der Trennung prägen, als Schattenseite der überwältigenden Minne zu verstehen sind. Dies bestätigt sich in der abschließenden Episode am Hof des Amerals, als die Liebenden durch den Tod abermals und endgültig voneinander getrennt werden sollen – hier wird Flos, nun nicht mehr als Kind, sondern als Jüngling, der seine Proben bestanden hat, erneut zum weinenden Helden. Damit fällt er jedoch keineswegs auf: Angesichts dessen, dass sich jeder der beiden selbst aufopfern will, um den anderen zu retten, kommen allen Anwesenden die Tränen: *do weinen se vnde ok de heiden; / beide man vnde wif, / grot sorge hadden ere lif / van den jamerliken worden, / de se van en beiden horden* (v. 1291–1295).

In ihren beiden Extremen – tiefstes Leid und größte Freude – wird die Emotionalität auch im Verhalten des männlichen Protagonisten zum Zeichen für die unzerstörbare Liebe, die im Mittelpunkt des Textes steht.[68] Damit korrespondiert

---

67 ELFRIEDE SCHAD beschreibt die Gestaltung des Bechermotivs im mittelniederdeutschen Text lediglich als recht unorganisch: "Wenn wir nicht wüßten, daß in den anderen Fassungen der Becher für die Wiedergewinnung Blanscheflurs von Bedeutung ist, würden wir uns den Kopf zerbrechen, was in aller Welt der Becher mit unserer Erzählung zu tun hat." SCHAD [Anm. 19], S. 102.

68 Ähnlich emotionale männliche Helden treten in der erzählenden Literatur des späten Mittelalters vereinzelt auf; so etwa der dreizehnjährige Partonopier im Roman Konrads von Würzburg – hier beschreiben die Innensichten (Angst, Neugier, Überschwänglichkeit) indessen eher die alterstypischen Merkmale der noch sehr jungen Figur. Dem Befund in 'Flos unde

Flos' körperliche Zartheit, die auf verschiedene Weise immer wieder hervorgehoben wird. Wiederholt wird er als der *kindesche man* (v. 407, 749, 1411 etc.)[69] bezeichnet und damit seine Jugendlichkeit betont. Diese Züge des literarischen Helden, die große Empfindsamkeit und die zarte Knabenhaftigkeit, gehören zum Grundbestand des Stoffes und sind auch in der Dichtung Konrad Flecks entsprechend gestaltet. Daneben ist im mittelniederdeutschen Roman das Motiv der außerordentlich großen physiognomischen Ähnlichkeit zwischen Flos und Blankeflos, und zwar im Unterschied zur mittelhochdeutschen Fassung, sehr stark herausgearbeitet. Die beiden gleichen sich schon als Kinder so sehr, dass sie kaum unterscheidbar sind[70]; dies ist, ebenso wie die Blumennamen der beiden, als Zeichen ihrer Zusammengehörigkeit zu lesen. Die Bestätigung dafür bieten die Aussagen der Personen, die Flos auf seiner Suche nach der Geliebten an den verschiedenen Stationen trifft und die sofort aufgrund der Ähnlichkeit sowohl die edle Herkunft als auch die Liebesgemeinschaft der beiden erkennen.[71] Im Haremsturm schließlich vermag die vom Wächter des Amerals ausgesandte Kammerjungfrau Flos und Blankeflos, die sie in enger Umarmung schlafend vorfindet, nicht zu unterscheiden, weil beide so zart sind (v. 1134–1141). Sie richtet daraufhin aus, Blankeflos könne nicht zum Ameral kommen, denn *se heft eine juncvrowen vmme bevangen, / ere mundelin gedrucket an ere wangen* (v. 1148f.).

Das Motiv der äußeren Gleichheit der beiden Protagonisten wird hier also endgültig auf die Perspektive der weiblichen Erscheinung bezogen, wie es sich mit der Zuschreibung von emotionalen Äußerungen (Weinen) bereits angedeutet hatte. Berücksichtigt man daneben, dass sich Flos anstelle der höfischen Ausbildung im Reiten und im Waffenhandwerk Buchwissen angeeignet hat und dass er seine Abenteuer an keiner Stelle durch körperliche Kraft und Kampfgeschick[72], sondern allein durch kluge Einschätzung der Gegebenheiten und effektiven Ein-

---

Blankeflos' vergleichbar erscheint zumindest partiell die Gestaltung des Paris im mittelniederdeutschen Prosaroman 'Paris und Vienna'. Auch hier wird die auffällig ausgeprägte emotionale Gestaltung des Protagonisten als Ausdrucksmittel für die Größe seiner Liebe zu Vienna genutzt, zugleich aber muss der Held nach der Trennung lernen, seine Gefühle zu beherrschen und in rationale Qualitäten umzusetzen, um seine Geliebte wiedererringen zu können.

69 In v. 407f. wird mit dem Hinweis auf sein jugendliches Alter indirekt seine ungewöhnliche emotionale Bewegtheit begründet: *disse sulue kindesche man, / vil sere wenen he began.*

70 *nu merket grot wunder / an dissen kinderen besunder: / se weren so gelik an deme angesichte, / dat men se vnderscheden mochte mit nichte* (v. 119–122). Bei Konrad Fleck erscheint dieses Motiv kaum; die Zusammengehörigkeit der Liebenden wird von den Wirten in den verschiedenen Herbergen lediglich wegen der augenscheinlich edlen Herkunft und des auffallend tiefen Liebesschmerzes des beiden festgestellt. PUTZO [Anm. 1], v. 3065–3118, 3267–3295, 3422–3452, 3561–3563.

71 So die Wirtin in der ersten Herberge (v. 591–594) und der Wirt der Herberge in Babylon (v. 650–655).

72 Zum Heldenbild im höfischen Roman vgl. CHRISTA AGNES TUCZAY, *Helt* und kühner Degen – Untadelige Männlichkeit zwischen Aggression und Angst im literarischen Diskurs, in: "Ich bin ein Mann, wer ist es mehr?" Männlichkeitskonzepte in der deutschen Literatur vom Mittelalter bis zur Gegenwart, hg. von BARBARA HINDINGER und MARTIN M. LANGNER, München 2011, S. 43–65.

satz materieller Güter erfolgreich absolvieren kann, ergibt sich ein durchaus un-
gewöhnliches Bild eines männlichen Protagonisten im mittelalterlichen Roman
schlechthin.

3. FAZIT

So wird am Beispiel des Figurenkonzeptes im mittelniederdeutschen Versroman
die Vielfalt der Möglichkeiten sichtbar, die der Flore-Stoff in der konkreten literarischen Umsetzung erfahren hat. Im Zentrum steht der liebende, treue männliche
Held, der, wie es auch im spätmittelalterlichen höfischen Roman durchaus üblich
erscheint, in seiner Vorbildlichkeit unveränderlich angelegt ist – er durchläuft
keine Krise und muss folglich seine Idealität nicht neu erringen. Das Thema des
Textes und sein erzählerischer Reiz bestehen in der Darstellung der übergroßen
Liebe, die alle Widerstände überwindet. Die höfischen Werte, die in Konrad
Flecks Version ausführlich und differenziert ausgestaltet werden, spielen in der
mittelniederdeutschen Dichtung nahezu keine Rolle und treten hinter das erzählte
Geschehen zurück. Auch an der philosophischen Vertiefung hat der mittelniederdeutsche Bearbeiter kein Interesse, stattdessen betont er mit dem Verweis auf Karl
den Großen als Nachfahre Flos' und Blankeflos' die Verknüpfung der Liebesgeschichte mit der historischen Tradition. Diese genealogische Anbindung findet
sich ebenso in anderen Fassungen des Stoffes, zum Beispiel im Roman des Konrad Fleck. Die Konstruktion von Herrschergenealogien und deren Rückführung
teilweise bis auf antike Helden ist überdies ein mittelalterlicher Topos, der nicht
nur in der Literatur weit verbreitet war.[73]

Der männliche Protagonist, dessen Weg im Mittelpunkt des Romans steht,
wird nicht als kämpferisch-aggressiver Typus vorgeführt.[74] Er ist vielmehr ein
zwar mutiger und in der Umsetzung seiner Absichten kompromissloser Held
hochadliger Abkunft, der sein Ziel durch Rationalität, Umsicht, den Einsatz von
materiellen Gütern und kaufmännisches Geschick erreicht. Dies korrespondiert
mit der geradezu demonstrativen Orientierung auf Geld und materielle Werte im
Text.

Daneben wird Flos auch als bemerkenswert emotionale Figur gestaltet, die
partiell geradezu weibliche Züge aufweist. Beide Facetten der Figur, die Rationalität und die ausgeprägte Sensibilität, werden zur literarischen Umsetzung des
zentralen Themas, der übergroßen, alle Widerstände überwindenden Liebe, genutzt. Zugleich wird mit der Flore/Flos-Gestalt das Spektrum der männlichen
Helden in der spätmittelalterlichen Erzählliteratur um eine weitere Möglichkeit

---

73 Ein Beispiel ist Aeneas, zu dessen Nachfahren die Begründer Roms gehören und der deshalb
    auch im Mittelalter als prominenter Stammvater betrachtet wird.

74 Dies im Gegensatz zum Männlichkeitskonzept im höfischen Roman, das sich "vielmehr pri-
    mär über das diskursive Feld der Gewalt: der Gewalt gegen andere Männer, vorzugsweise
    Vertreter einer fremden oder gar unzivilisierten Welt, aber auch gegen die Frau" realisiert.
    DOROTHEA KLEIN, Geschlecht und Gewalt. Zur Konstitution von Männlichkeit im 'Erec'
    Hartmanns von Aue, in: MEYER/SCHIEWER [Anm. 16], S. 433–463, hier S. 435.

bereichert – das gilt prinzipiell auch für andere Fassungen dieses Stoffes, wenngleich der mittelniederdeutsche Bearbeiter einige Züge noch zu verstärken scheint. Weitere Aspekte, die fest mit dem Stoff verbunden sind und deren Untersuchung in diesem Zusammenhang ertragreich erscheint, stellen der Umgang mit kultureller Fremdheit und mit dem Glaubensunterschied dar – darauf soll an dieser Stelle lediglich verwiesen werden. Der Rezeptionshintergrund der Dichtung bleibt hingegen unscharf. Eine Orientierung des mittelniederdeutschen Textes an den Interessen eines spätmittelalterlichen städtischen Publikums scheint aus den spezifischen Tendenzen in der Gestaltung des Stoffes ablesbar zu sein – die Betonung materieller Werte im Sinne von kostbaren Gütern und Geld sowie die Beschreibung des kaufmännischen Geschickes des hochadligen Helden. Durch die außerliterarischen Hinweise, die über Herstellung, Besitzverhältnisse und Rezipienten der bekannten Handschriften des Textes Auskunft geben könnten, ist solch eine Vermutung allerdings nur partiell zu stützen. Angesichts der Heterogenität der städtischen Bevölkerung wird eine ständische Zuweisung zusätzlich erschwert, so dass aus den beschriebenen Besonderheiten in der mittelniederdeutschen Bearbeitung des ursprünglich höfischen Stoffes wohl die Herstellung eines gemeinsamen Verständigungshorizontes[75] für ein sowohl adliges als auch kaufmännisch-patrizisches Publikum ablesbar ist. Die Verortung der Handschriften verweist auf den Ostseeraum, eine besondere Rolle der Hansestädte bzw. der Hansekaufleute in der Produktion und Distribution der Dichtung ist also durchaus wahrscheinlich.

Im Anschluss an diese Überlegungen kann vielleicht die These erwogen werden, dass sich in der mittelniederdeutschen Fassung des Flore-Stoffes – im Vergleich zur mittelhochdeutschen Version in besonders ausgeprägter Weise – die Suche nach neuen Konzepten männlicher Helden in der Literatur zeigt, die dem veränderten, nicht mehr nur höfischen Rezeptionshintergrund entsprechen. Dies bleibt anhand zielgerichteter Untersuchungen der Figurenkonzepte in anderen erzählenden Dichtungen der mittelniederdeutschen Literatur auszudifferenzieren.

Dr. Karin Cieslik, Universität Greifswald, Institut für Deutsche Philologie, Rubenowstr. 3, D–17489 Greifswald

E-Mail: kcieslik@uni-greifswald.de

---

75 Zum Begriff des Verständigungshorizontes als kommunikative Absicht der Sammelhandschriften, innerhalb derer "Leitkonzepte für eine Gruppe her- und bereitgestellt [werden], die deren Wert- und Normvorstellungen – sei es im Sinne einer Verfestigung bereits bestehender oder prospektiv zu antizipierender – artikulieren" siehe PÄSLER [Anm. 32] S. 34.

DIE HERABSETZUNG DES KÖNIGS

Darstellung und Funktion der Komik in einem Lied mit Bezug
auf die Schlacht bei Hemmingstedt (1500)

von DOREEN BRANDT

Im Februar des Jahres 1500 zog König Hans I. von Dänemark, der in Personal-
union zugleich Herzog von Holstein war, zusammen mit seinem Bruder Herzog
Friedrich von Schleswig, dem adligen Gefolge aus Dänemark, Holstein, Schleswig und anderen norddeutschen Territorien sowie mit der großen Garde von Holstein kommend in Dithmarschen ein, um das Land an der Nordsee zwischen der
Eider im Norden und der Elbe im Süden zu unterwerfen. Nach der Einnahme des
südlichen Hauptortes Meldorf am 13. Februar kam es auf dem Weg des Heeres
von Meldorf nach Heide, dem administrativen Zentrum im Norden des Landes,
am 17. Februar in der Nähe von Hemmingstedt zum Gefecht zwischen den Dithmarschern und dem zahlen- und waffenmäßig überlegenen Heer des Königs. Mit
den Geländeverhältnissen in der Marsch besser vertraut und begünstigt durch das
Wetter bescherten die Dithmarscher dem König und seinem Heer eine Niederlage.
Sie selbst trugen den Sieg davon.[1]

Wie andere militärisch ausgetragene politische Konflikte des späten Mittelalters fand auch die Auseinandersetzung mit der Schlacht bei Hemmingstedt ihren
Niederschlag in zahlreichen Reden, Berichten und Liedern:[2] Insgesamt drei Reim-

---

[1] Zum Ereignis vgl. die bis heute maßgebliche Darstellung WALTHER LAMMERS, Die Schlacht
bei Hemmingstedt. Freies Bauerntum und Fürstenmacht im Nordseeraum. Eine Studie zur
Sozial-, Verfassungs- und Wehrgeschichte des Spätmittelalters, 3. Aufl., Heide 1987. Zur Geschichte Schleswig-Holsteins an der Wende zur Frühen Neuzeit siehe ULRICH LANGE, Stände, Landesherr und große Politik – Vom Konsens des 16. zu den Konflikten des 17. Jahrhunderts, in: Geschichte Schleswig-Holsteins. Von den Anfängen bis zur Gegenwart, hg. von
dems., Neumünster 1996, S. 153–265.

[2] Im Rahmen meiner Dissertation untersuche ich die Binnendifferenzen und die Verwendungs-
kontexte ereignisbezogener Dichtung. Die Studie basiert auf der erstmaligen Korpusedition
und Kommentierung der Texte und der Beschreibung der Drucke und Handschriften. Vgl.
DOREEN BRANDT, Texttypen und Überlieferungskontexte. Untersuchung zur Überlieferung
ereignisbezogener Dichtung am Übergang vom Spätmittelalter zur Frühen Neuzeit am Beispiel der Lieder und Reimpaardichtungen mit Bezug auf die Schlacht bei Hemmingstedt,
Diss. Rostock 2017. – Die Texte und Überlieferungsträger aus dem Korpus werden im Folgenden mit den in der Dissertation eingeführten Siglen referenziert. Bei der ersten Erwähnung
der Texte gebe ich in der Form 'Lil. 1' zusätzlich die Nummer in der Ausgabe von LILIEN-
CRON an: Die historischen Volkslieder der Deutschen vom 13. bis 16. Jahrhundert, hg. von
ROCHUS VON LILIENCRON, 4 Bde., Leipzig 1865–1869.

reden, die das Ereignis in didaktischer Absicht religiös ausdeuten, ein Verlustbe-
richt in Reimpaarform mit integriertem Gefallenenverzeichnis sowie acht Lieder,
die das Geschehen mit Ausnahme eines geistlichen Liedes mehrheitlich narrativ
vergegenwärtigen, sind überliefert.[3] Sie zählen zur Gruppe der ereignisbezogenen
Dichtung des Spätmittelalters und der Frühen Neuzeit, worunter ich die Gesamtheit metrisch gebundener Texte kleineren bis mittleren Umfangs verstehe, die sich
auf ein politisches Ereignis beziehen. Die altgermanistische Forschung hat ihren
Fokus bislang hauptsächlich auf jene Vertreter gerichtet, die das betreffende Ereignis explizit, aktuell, parteilich und unter Anwendung von Beglaubigungsstrategien in publizistischer und politischer Absicht referenzieren.[4] Im Anschluss an
KARINA KELLERMANN möchte ich diese Spielart ereignisbezogener Dichtung als
'historisch-politische Ereignisdichtung'[5] bezeichnen. Die zahlreichen Beispiele,
die in einem niederdeutschen Idiom abgefasst sind, sich auf Ereignisse in Norddeutschland beziehen und in dieser Region produziert und rezipiert wurden, sind
noch nicht hinreichend erforscht worden – weder vonseiten der Germanistischen

---

3   Zum Text- und Überlieferungskorpus vgl. FRIEDER SCHANZE, Schlacht bei Hemmingstedt
     (Lieder und Sprüche), in: ²VL 8 (1992), Sp. 690–696; JÜRGEN WOLF, Hemmingstedt,
     Schlacht bei, in: Killy Literatur-Lexikon. Autoren und Werke des deutschsprachigen Kultur-
     raums, 2., vollst. überarb. Aufl., hg. von WILHELM KÜHLMANN [u.a.], Bd. 5, Berlin/New
     York 2009, S. 257–259; CHRISTOPH FASBENDER, Schlacht bei Hemmingstedt, in: Deutsches
     Literatur-Lexikon. Das Mittelalter. Autoren und Werke nach Themenkreisen und Gattungen,
     hg. von WOLFGANG ACHNITZ, Bd. 3: Reiseberichte und Geschichtsdichtung. Mit einführen-
     den Essays von GERHARD WOLF und CHRISTOPH FASBENDER, Berlin/Boston 2012, Sp. 1166–
     1169.
4   Siehe u.a. VOLKER HONEMANN, Politische Lieder und Sprüche im späten Mittelalter und der
     frühen Neuzeit, in: Die Musikforschung 50 (1997), S. 399–421, hier S. 401–411; SONJA
     KERTH, Der landsfrid ist zerbrochen. Das Bild des Krieges in den politischen Ereignisdich-
     tungen des 13. bis 16. Jahrhunderts (Imagines medii aevi 1), Wiesbaden 1997, S. 4f.; dies.,
     Niuwe maere vom Krieg: Politische Ereignisdichtungen, herrschaftliche Propaganda, Reim-
     chroniken und Newe Zeitungen, in: Dulce bellum inexpertis. Bilder des Krieges in der deut-
     schen Literatur des 15. und 16. Jahrhunderts, hg. von HORST BRUNNER u.a. (Imagines medii
     aevi 11), Wiesbaden 2002, S. 37–109, hier S. 37–40, 53, 107; KARINA KELLERMANN, Ab-
     schied vom 'historischen Volkslied'. Studien zu Funktion, Ästhetik und Publizität der Gat-
     tung historisch-politische Ereignisdichtung (Hermaea N.F. 90), Tübingen 2000, S. 49–53. –
     Die Forschung tendierte bislang zu einer Beschreibungsstrategie, welche die thematischen,
     sprachlichen und rhetorischen Gemeinsamkeiten der Texte betonte (Ereignisbezug, Aktuali-
     tät, Parteilichkeit, Beglaubigung, politische Zweckbindung), wohingegen sie Binnendifferen-
     zen innerhalb des Spektrums ereignisbezogener Dichtung weitgehend außer Acht gelassen
     hat. Auszunehmen hiervon ist v.a. FRIEDER SCHANZE, der diese Vorgehensweise kritisiert und
     hierbei vornehmlich auf die formale Disparität hinweist: FRIEDER SCHANZE, Überlieferungs-
     formen politischer Dichtungen im 15. und 16. Jahrhundert, in: Schriftlichkeit und Lebenspra-
     xis im Mittelalter. Erfassen, Bewahren, Verändern. Akten des Internationalen Kolloquiums
     8.–10. Juni 1995, hg. von HAGEN KELLER, CHRISTEL MEIER und THOMAS SCHARF (Münster-
     sche Mittelalter-Schriften 76), München 1999, S. 299–331. Zu diesem Problem vgl. auch
     BRANDT [Anm. 2], Teil 1, S. 36–43.
5   KELLERMANN [Anm. 4]. Für einen Überblick über die Forschung zur ereignisbezogenen
     Dichtung möchte ich verweisen auf ebd., S. 7–34.

Mediävistik noch vonseiten der niederdeutschen Philologie,[6] obgleich es sich, gemessen an ihrer Anzahl in der Kompilation von ROCHUS VON LILIENCRON, um eine der produktivsten spätmittelalterlichen Textgruppen in niederdeutscher Sprache handelt,[7] mit der zudem ganz überwiegend genuin niederdeutsche Dichtungen anstelle von Übernahmen aus dem Hochdeutschen vorliegen.[8]

Die Schlacht bei Hemmingstedt zählt zu den norddeutschen Ereignissen, die eine auffallend große Produktion ereignisbezogener Dichtungen angeregt haben.[9] Überwiegend weisen die Texte die Merkmale der historisch-politischen Ereignisdichtung auf. Jedoch findet sich auch ein Ensemble von drei Liedern, deren Wirklichkeitsbezug nur undeutlich realisiert ist und denen es auf der Darstellungsebene zudem an einem explizit formulierten Wahrheitsanspruch mangelt.[10] Zum Ersten

---

6 Zur Forschungssituation in Bezug auf niederdeutsche ereignisbezogene Dichtungen vgl. BRANDT [Anm. 2], Teil 1, S. 47–51. Die umfangreichste Darstellung bietet HARTMUT BECKERS, Mittelniederdeutsche Literatur – Versuch einer Bestandsaufnahme (III), in: Niederdeutsches Wort 19 (1979), S. 1–28. Knapper fallen aus HELMUT GLAGLA, Gesungene Nachrichten: Historisch-politische Ereignislieder der Hansezeit, in: Quickborn 80 (1990), S. 19–24; ders., Gesungene Nachrichten: Historisch-politische Ereignislieder, in: Die Hanse. Lebenswirklichkeit und Mythos. Textband zur Hamburger Hanse-Ausstellung von 1989, hg. von JÖRGEN BRACKER, VOLKER HENN und RAINER POSTEL, 3. Aufl., Lübeck 1999, S. 860–864. Mit einzelnen Stücken beschäftigen sich die Beiträge von EDWARD SCHRÖDER, Zur Kritik der ältesten historischen Volkslieder in niederdeutscher Sprache, in: NdJb 54 (1928), S. 1–14; WILLIAM FOERSTE, Das Niederdeutsche in der politischen Propaganda des 17. und 18. Jahrhunderts, in: NdJb 67/68 (1941/42), S. 22–78 und VOLKER HONEMANN, 'Herzog Casimir von Pommern' und 'Busse von Erxleben': Zwei politische Lieder des deutschen Spätmittelalters im Vergleich, in: Gattungen und Formen des europäischen Liedes vom 14. bis zum 16. Jahrhundert. Internationale Tagung vom 9. bis 12. Dezember 2001 in Münster, hg. von MICHAEL ZYWIETZ, VOLKER HONEMANN und CHRISTIAN BETTELS (Studien und Texte zum Mittelalter und zur frühen Neuzeit 8), München/Berlin 2005, S. 71–88. Mehrere Beiträge thematisieren die ereignisbezogenen politischen Dichtungen Hermann Botes, vgl. den Überblick bei MATTHIAS NIX, Ick prise di Brunswike! Hermann Botes Lieder zur Hildesheimer Stiftsfehde, in: Braunschweigisches Jahrbuch 74 (1993), S. 27–65, hier S. 27f., Anm. 1–5. Eine Reihe weiterer Beiträge findet sich in den Zeitschriften der regionalhistorischen Vereine Norddeutschlands. Dies trifft zum Beispiel auch auf das Hemmingstedter Korpus zu, vgl. die Literaturangaben bei SCHANZE, WOLF und FASBENDER [Anm. 3].

7 Immerhin bietet LILIENCRON [Anm. 2] insgesamt 93 strophische und paargereimte Dichtungen, die sich auf norddeutsche politische Ereignisse im Zeitraum von 1346 bis 1542 beziehen.

8 HERMANN OESTERLEY, Niederdeutsche Dichtung im Mittelalter. Als zwölftes Buch der Deutschen Dichtung im Mittelalter von KARL GOEDEKE (Grundriss der germanischen Philologie 7), Dresden 1871, S. 49: "Die historischen lieder bilden den umfangreichsten und selbstständigsten theil der nd. dichtung. Sie sind durchgehends ursprünglich niederdeutsch, und auch in den wenigen fällen, in denen nur hochdeutsche bearbeitungen vorliegen, sind diese nicht original, sondern die ursprünglich nd. fassung ist untergegangen." Ähnlich WOLFGANG STAMMLER, Geschichte der niederdeutschen Literatur von den ältesten Zeiten bis auf die Gegenwart (Aus Natur und Geisteswelt 815), Leipzig/Berlin 1920, S. 14.

9 Vergleichsweise umfangreiche Textkorpora liegen z.B. auch vor für die Braunschweigische Fehde (1492–1493) [= Lil. 184–187] und die Hildesheimer Stiftsfehde (1519–1523) [= Lil. 323–335].

10 Es handelt sich um die Lieder SCHANZE [Anm. 3], Sp. 694f. (Nr. 9 [= Lil. 219], Nr. 10 [= Lil. 214], Nr. 12 [= Lil. 218]). Bei BRANDT [Anm. 2], Teil 2, werden die Lieder geführt unter

wird das Geschehen in diesen Liedern unvermittelt wiedergegeben, und zwar durch den Beginn *in medias res*, durch große Passagen direkter Figurenreden und durch den Verzicht auf selbstreflexive Aussagen der Äußerungsinstanz, in denen sich ihre Einstellung zum thematisierten Ereignis sowie auch das zeitliche und räumliche Verhältnis zwischen politischem Vorfall und textintern verwirklichtem Äußerungsakt manifestieren; zum Zweiten wird das Ereignis nicht eindeutig als 'Schlacht bei Hemmingstedt' vergegenwärtigt: Das Personal wird zumeist mit Gattungsnamen anstelle von Eigennamen vorgestellt, der Handlungsraum ist teils topisch, nicht authentisch konturiert und die zeitliche Situierung der Handlung unterbleibt. Mit dieser Modellierung des Ereignisbezugs in Verbindung mit fiktiven Elementen der Handlung, die keine Entsprechung in der Geschichte Dithmarschens haben, partizipiert die Liedgruppe am fiktionalen Erzähllied[11], unterscheidet sich jedoch markant von der Gruppe historisch-politischer Ereignisdichtungen. Gleichwohl können die Lieder auf die Schlacht bei Hemmingstedt bezogen werden, denn in Übereinstimmung mit den übrigen Texten aus dem Korpus weisen sie ein Bündel chronologisch gereihter Handlungsmotive auf, die sich zusammen mit regional authentischen Ortsnamen ('Dithmarschen', 'Meldorf', 'Hemmingstedt') sowie ereignisentsprechenden Personenbezeichnungen und -relationen ('König', 'Herzog', 'Garde', 'Bauern', 'Dithmarscher') zu einem Narrativ der Schlacht bei Hemmingstedt fügen, das eine Identifizierung ermöglicht und allen Texten zugrunde liegt: Ein König, der zumeist Hans genannt wird, hat den Wunsch, das Land Dithmarschen zu erobern. Zusammen mit seinem Bruder, dem Herzog, und der großen Garde, einem Söldnerheer, zieht er in das Land ein. Mit der Einnahme Meldorfs erreicht das Unternehmen seinen vorläufigen Höhepunkt. Anschließend wird das Heer nach seinem Aufbruch aus Meldorf vor Hemming-

---

Nr. 9, Nr. 10 und Nr. 12ₐ. Ähnliche Merkmale prägen die Stücke SCHANZE [Anm. 3], Sp. 694f. (Nr. 8 [= Lil. 220], Nr. 12); bei BRANDT [Anm. 2], Teil 2, Nr. 8 und Nr. 12ᵦ.) aus. Durch selbstreflexive Strophen am Beginn bzw. am Ende weisen diese jedoch das Merkmal der inszenierten Ereignisnähe auf. Zu diesem konstitutiven Merkmal historisch-politischer Ereignisdichtungen vgl. KELLERMANN [Anm. 4], S. 50f.

11 Vgl. die Anthologie Deutsche Volkslieder. Bd. 1: Erzählende Lieder, hg. von LUTZ RÖHRICH und ROLF WILHELM BREDNICH, Düsseldorf 1965. Zum Erzähllied vgl. HORST BRUNNER, Geschichte der deutschen Literatur des Mittelalters und der Frühen Neuzeit (Reclams Universal-Bibliothek 17680), erw. und bibl. erg. Ausg., Stuttgart 2010, S. 418f. – Zur Fiktionalität der Literatur des Mittelalters siehe den kritischen Forschungsüberblick von TIMO REUVEKAMP-FELBER, Diskussion. Zur gegenwärtigen Situation mediävistischer Fiktionalitätsforschung. Eine kritische Bestandsaufnahme, in: ZfdPh 132 (2013), S. 417–444. – Dass Fiktionalität weder allein auf der Handlungsebene durch fiktive Elemente noch allein auf der Darstellungsebene durch Literarizität und Poetizität erzeugt werden kann, darüber herrscht weitgehend Konsens: vgl. ebd., S. 431; IRMGARD NICKEL-BACON / NORBERT GROEBEN / MARGIT SCHREIER, Fiktionalitätssignale pragmatisch. Ein medienübergreifendes Modell zur Unterscheidung von Fiktion(en) und Realität(en), in: Poetica 32 (2000), S. 267–299, hier S. 274f. Mit REUVEKAMP-FELBER gehe ich von einem pragmatischen Ansatz aus, dem es um die kommunikativen Strategien des Glaubhaft-Machens im Text geht, zu denen Beglaubigungsstrategien ebenso zählen wie etwa auch die Kürze und Einfachheit der Darstellung und eine konkrete raum-zeitliche Situierung des thematisierten Geschehens. Vgl. REUVEKAMP-FELBER, S. 432f.

stedt von den Dithmarschern geschlagen. In varianter Ausprägung, entweder als Handlungsmotiv oder als Kommentar der Äußerungsinstanz, wird der Ausgang der Kampfhandlungen am Ende exponiert.

Die Hemmingstedter Ereignisdichtungen thematisieren sehr häufig die große Garde als Personengruppe; in der Liedgruppe, die am fiktionalen Erzähllied partizipiert, gilt darüber hinaus auch dem König ein großer Teil der Aufmerksamkeit, wobei dieser einmal als entschlossener und mutiger Feldherr figuriert, der in der Schlacht fällt und dessen Tod am Ende von der Königin beklagt wird,[12] während er ein anderes Mal wie Herodes als Kinder mordender Tyrann auftritt.[13] Das Lied 12A wiederum, welches im Folgenden näher untersucht werden soll, handelt von einem König, der buchstäblich aus seiner Rolle fällt. Die zur Inszenierung der Königsfigur eingesetzten Darstellungsverfahren aufzudecken und ihrer Funktion in der Liedhandlung wie auch in der Gebrauchssituation des Liedes nachzuspüren, ist das Ziel des vorliegenden Beitrags. Besondere Berücksichtigung gilt dabei jenen Erzählstrategien, die dem Text auf der Handlungsebene eine komische Wirkung verleihen und die ihn geeignet erscheinen lassen, unterhaltend und belustigend zu sein und womöglich sogar das Publikum zum Lachen zu bringen. Zugrunde lege ich hierzu das Prinzip der Erwartungsbrechung und Normverletzung: "Als komisch gilt [demnach] dasjenige, was der Erwartung widerspricht oder von der Norm abweicht."[14] Allerdings handelt es sich bei Komik zunächst um eine

---

12 Lied Nr. 9, Str. 10: *Deß wart de koninginne enwaer. / Se weende ock also sehre: / "Sin gy knechte nu tho Hueß gekamen, / Wor late gi juwen Eddelen Heren?"*

13 Lied Nr. 10, Str. 1: *Dre dage vor Sunte Valentin / Tooch koning Hanß tho Wintbergen in / Mit Dortich dusent Mannen. / He schlöech de kleinen kinder doedt, / Dat de schilt vloet in dem blode rooth. / Dat mochte wol Gott erbarmen.* – Das Motiv des Kindermordes durch Herodes geht zurück auf Matthäus 2,16. Vgl. hierzu auch ERNST BALTRUSCH, Herodes. König im Heiligen Land. Eine Biographie, München 2012, bes. S. 354: "Die Rolle als Kindermörder hat Herodes einen festen Platz im kollektiven Gedächtnis der Christen gesichert."

14 ANDREAS KABLITZ, Komik. Komisch, in: ³RL 2 (2007), S. 289–294, hier S. 289. TOM KINDT, Literatur und Komik. Zur Theorie literarischer Komik und zur deutschen Komödie im 18. Jahrhundert (Deutsche Literatur. Studien und Quellen 1), Berlin 2011, S. 46f., zählt die Erwartungsbruch-, wie auch die Normverletzungs-, neben der Transgressions- oder der Mechanisierungstheorie des Komischen zur Inkongruenztheorie. Sie beruhten nämlich darauf, "dass sie einen bestimmten formalen oder materialen Typ von inkongruenter Struktur als zentral auszeichnen – das Missverhältnis zwischen Erwartung und Erfahrung etwa, das zwischen normativen Vorstellungen und konkreten Verhaltensweisen, das zwischen dem Verlauf und der Beachtung von Grenzen oder auch das der Idee der Lebendigkeit und der Beobachtung der Starrheit" (ebd., S. 46f.). "Inkongruenz entsteht dadurch, dass zwei Elemente, die normalerweise inkompatibel sind oder nicht in ein und demselben Kontext vorkommen, miteinander in Beziehung gebracht werden." (BEATE MÜLLER, Komik, Komiktheorien, in: Metzler Lexikon Literatur- und Kulturtheorie. Ansätze – Personen – Grundbegriffe, hg. von ANSGAR NÜNNING, 4., aktual. und erw. Auf., Stuttgart/Weimar 2008, S. 363–364, hier S. 363). Die Anfänge der Inkongruenztheorie lassen sich bis in die Antike zurückführen, wobei das Konzept von der Wahrnehmung eines Missverhältnisses oder Widerspruchs stets eine zentrale Rolle gespielt hat (KINDT, S. 41; vgl. auch den Überblick bei KABLITZ, S. 290–293).

ästhetische Qualität des Textes und ein Potenzial seiner Wirkungsentfaltung,[15] die ihm aus historischer Distanz zugeschrieben werden können. Wie das Lied 12A mit Bezug auf die Schlacht bei Hemmingstedt in seiner historischen Aufführungssituation tatsächlich wahrgenommen worden ist und welche Reaktionen es infolgedessen bei seinen Rezipienten hervorgerufen hat, lässt sich ohne entsprechende Sekundärzeugnisse oder Hinweise im Text selbst nicht mit Sicherheit bestimmen. Voraussetzung für die Identifizierung von potentiell komischen Textstellen ist zudem die nur mehr approximativ bestimmbare Publikumskenntnis eben jener Normen, Kontexte und Prätexte, zu denen das Lied in einen komischen Widerspruch getreten sein könnte. Im Bewusstsein dieses methodisch heiklen Unterfangens,[16] da weder Reaktion noch Vorwissen des historischen Publikums bekannt sind, sollen die Phänomene, die sich zumindest aus gegenwärtiger Sicht als komische Dispositionen im Text identifizieren lassen, dennoch aufgezeigt werden. Die Schwerpunktsetzung des vorliegenden Beitrags betrifft demnach die Unterhaltungsseite ereignisbezogener Dichtung. Sie ist von der Forschung, die mehrheitlich die politische Funktion in den Mittelpunkt ihres Interesses gestellt und dieser das größere Gewicht vor Aspekten des Zeitvertreibs und des Vergnügens zuerkannt hat,[17] noch kaum in den Blick genommen worden.

ÜBERLIEFERUNG, INHALT UND AUFBAU VON LIED 12A

Das Lied 12A scheint gemessen an der Anzahl der Anthologien, die es seit dem 19. Jahrhundert berücksichtigt haben, zu den beliebtesten aus dem Hemmingstedter Korpus zu gehören.[18] Das erste schriftliche Zeugnis liegt mit seiner Aufzeich-

---

15 Vgl. KINDT [Anm. 14], S. 35, der "den Ausdruck 'komisch' also als Dispositionsprädikat [versteht], das sich nicht auf die empirische Wirkung, sondern auf die historische Wirkungsdisposition von Texten bezieht".

16 Vgl. hierzu auch TOMAS TOMASEK, Komik im Minnesang. Möglichkeiten einer Bestandsaufnahme, in: Komische Gegenwelten. Lachen und Literatur in Mittelalter und Früher Neuzeit, hg. von WERNER RÖCKE und HELGA NEUMANN, Paderborn 1999, S. 13–28, hier S. 13.

17 Vgl. KELLERMANN [Anm. 4], S. 6; KERTH, Ereignisdichtungen [Anm. 4], S. 53.

18 Erstabdruck: Johann Adolfi's, genannt Neocorus, Chronik des Landes Dithmarschen, hg. von FRIEDRICH CHRISTOPH DAHLMANN, 2 Bde., Kiel 1827, hier Bd. 2, S. 562–564. Danach: Sammlung historischer Volkslieder und Gedichte der Deutschen, hg. von OSKAR L. B. WOLFF, Stuttgart/Tübingen 1830, S. 338–340; Alte hoch- und niederdeutsche Volkslieder, hg. von LUDWIG UHLAND, Bd. 1: Liedersammlung in fünf Büchern, Erste Abteilung, Stuttgart/Tübingen 1844, S. 444–447; Sagen, Märchen und Lieder der Herzogthümer Schleswig, Holstein und Lauenburg, hg. von KARL MÜLLENHOFF, 4. Aufl., Kiel 1845, S. 62–64; KLAUS GROTH, Quickborn. Volksleben in plattdeutschen Gedichten Dithmarscher Mundart, Hamburg 1853, S. 288–294; LILIENCRON [Anm. 2], Bd. 2, 1866, S. 451–453 (Nr. 218); Deutscher Liederhort. Auswahl der vorzüglichen Deutschen Volkslieder, nach Wort und Weise aus der Vorzeit und Gegenwart gesammelt und erläutert von LUDWIG ERK, neubearbeitet und fortgesetzt von FRANZ M. BÖHME, Bd. 2, Leipzig 1893, S. 46–48 (Nr. 254, auf 1504 datiert); Alte niederdeutsche Volkslieder mit ihren Weisen. Gesammelt und mit Anmerkungen versehen von PAUL ALPERS, 2., stark veränd. Aufl., Münster 1960, S. 81f.; Deutsche Volkslieder demokratischen Charakters aus sechs Jahrhunderten, hg. von WOLFGANG STEINITZ, 2 Bde.

nung in Hans Detleffs 1634 in Windbergen geschriebenen 'Dithmarsischen Historischen Relation' vor.[19] Der Chronist fügte es dem sich unmittelbar an die Prosadarstellung der Schlacht bei Hemmingstedt anschließenden Textkorpus aus Reimpaarreden und Liedern an, das er aus der 1598 in Büsum von Johannes Neocorus verfassten 'Dithmerschen historischen Geschichte'[20] übernommen hatte. Nach dem Vorbild seines Vorgängers stattete er das Lied zudem mit einem Titeltext aus, der es als sechstes Stück in das Ensemble einreiht und es zudem als Tanzlied klassifiziert: *Das Soste Poema Wert vor einen Ditmarschen dantz gebruket*. Hinweise auf die Performanz der Ereignisdichtungen jenseits der Überlieferungskontexte finden sich nur selten im Hemmingstedter Korpus. Doch nicht allein deswegen liegt mit dem bewussten Titeltext ein bemerkenswerter Befund vor: Während das räumliche Aufzeichnungsverhältnis sowie auch die Zählung im Titeltext die ausdrückliche Anbindung des Liedes an die Darstellung der Schlacht bei Hemmingstedt und das darauf Bezug nehmende Ensemble von Ereignisdichtungen leisten, stellt die vorgeschaltete Diskursivierung als Tanzlied zugleich die Verbindung zur Gruppe der Tanzlieder her, die Hans Detleff neben Lied 12A in seine Chronik inserierte.[21] In der Gesamtschau wird das Lied in seinem Überlieferungskontext demzufolge in zweifacher Hinsicht perspektiviert – einerseits thematisch als Vertreter der Lieder, die von der Schlacht bei Hemmingstedt handeln, andererseits pragmatisch als Repräsentant einer Gruppe dithmarscher Tanzlieder. Wie nach dem Lied getanzt worden ist, verrät der Aufzeichnungskontext nicht, denn ebenso wie Melodienotationen oder Tonangaben bieten die historiographischen Handschriften Dithmarschens auch keine choreographischen Anhaltspunkte. Doch ist dies insofern wenig überraschend, als es sich in ihrem Fall eben nicht um Aufführungs-, sondern viel eher um Dokumentationsmedien handelt. Die anderen Tanzlieder in der Chronik bieten keine weitere Grundlage für eine Annäherung an die Form des Tanzes, zumal Lied 12A in metrischer Hinsicht nicht mit ihnen übereinstimmt. Anders als jenen liegt ihm die vierzeilige Vagantenstrophe zugrunde.[22] Darauf deutet der mehrheitliche Wechsel von männlichen Vierhebern und weiblichen Dreihebern hin, wenngleich Hans Detleff keine Strophen notierte, sondern

(Deutsche Akademie der Wissenschaften. Veröffentlichungen des Instituts für Volkskunde 4), Berlin 1955 (Nachdruck in einem Band Berlin 1979), hier Bd. 1, S. 6–8 (Nr. 3).

19 Die Chronik ist verzeichnet bei HENNING RATJEN, Verzeichnis der Handschriften der Kieler Universitätsbibliothek, welche die Herzogthümer Schleswig und Holstein betreffen. Bd. 2: Zur speciellen Geschichte einzelner Districte und zu dem Rechte der Herzogthümer. Mit Nachträgen, Berichtigungen und Register. Separat-Ausgabe aus den Nordalbingischen Studien, Kiel 1858, S. 3, 259. Zu Detleff vgl. DIETER LOHMEIER, Hans Detleff, in: Schleswig-Holsteinisches Biographisches Lexikon, hg. von OLAF KLOSE, Bd. 5, Neumünster 1979, S. 106f. – Mit Detleffs 'Relation' wurde Lied 12A bis zum Ende des 18. Jahrhunderts in Dithmarschen reproduziert. Vgl. BRANDT [Anm. 2], Teil 2, S. 265–279 (Hs 9). – Aus der Handschrift von Hans Detleff wird das Lied 12A am Ende dieses Beitrags abgedruckt.

20 RATJEN [Anm. 19], S. 1–3; BRANDT [Anm. 2], Teil 2, S. 258–264 (Hs 8). Zu Neocorus vgl. DIETER LOHMEIER, Johannes Neocorus, in: KLOSE [Anm. 19], S. 169–172.

21 Die Lieder sind abgedruckt bei DAHLMANN [Anm. 18], Bd. 2, S. 568–570.

22 Vgl. HORST JOACHIM FRANK, Handbuch der deutschen Strophenformen, 2., durchges. Aufl. (UTB für Wissenschaft, Uni Taschenbücher 1732), Tübingen/Basel 1993, S. 148–154 (4.36).

stattdessen en bloc 37 siebenhebige Langzeilen mit Zäsur nach der vierten He-
bung untereinander setzte. Auch die Aufzeichnung der zweiten überlieferten Fassung des Liedes (12B) bietet keine weiteren Anhaltspunkte für die Form des Tanzes.

Die Fassung B ist überliefert in der 'Dithmarsia' aus der Feder von Petrus
Sax[23], einer weiteren Chronik des Landes Dithmarschen, die laut vorgeschaltetem
Titelblatt im Jahr 1640 im benachbarten Eiderstedt, genauer in Koldenbüttel, geschrieben worden ist. Das Lied 12 ist damit das einzige aus dem Hemmingstedter
Korpus, das in zwei Fassungen vorliegt. Den Fassungsbegriff von JOACHIM BUM-
KE zugrunde legend handelt es sich bei A und B um zwei gleichrangige Versionen, die im Motivgrundstock und in der Ausprägung einzelner Motive übereinstimmen, jedoch in keinem erkennbaren Überlieferungs- und Bearbeitungsver-
hältnis zueinander stehen.[24] Viel wichtiger für die vorliegende Untersuchung ist
jedoch die Tatsache, dass sowohl Hans Detleff als auch Petrus Sax mit den beigegebenen Titeltexten jeweils auf die mündliche Tradierung der Liedfassungen zum
Zeitpunkt ihrer Verschriftlichung in den Jahren 1634 und 1640 hingewiesen haben. Während Hans Detleff mit dem Präsens *wert gebruket* ('wird verwendet')
den gegenwärtigen Gebrauch von 12A indizierte, so formulierte Petrus Sax dies im
Titeltext zu 12B direkter; dort heißt es: *Vmb vnd in der Zeit ist dis lied gemacht,*
welches noch heutiges Tages in dem lande wird gesungen. Die ereignissynchrone
Entstehung, die Sax annahm, lässt sich weder für Fassung A noch für Fassung B
belegen. Hingegen kann das Lied aufgrund der Überlieferungsbefunde sicher in
Dithmarschen lokalisiert werden. Mit Rücksicht auf die Titeltexte bei Detleff und
Sax steht überdies fest, dass zumindest im Zeitraum von 1634 bis 1640 zwei verschiedene Fassungen von Lied 12 in Dithmarschen gesungen worden sind und
dass es sich aus diesem Blickwinkel um retrospektive Bezugnahmen der Dithmarscher auf die Schlacht bei Hemmingstedt handelt. Fragt man demzufolge nach
einer möglichen politischen Wirkungsentfaltung von Lied 12A, wird man von seiner Verwendung in den 30er Jahren des 17. Jahrhunderts in Dithmarschen ausgehen müssen, während für eine literatursoziologische Verortung und funktionale
Bestimmung des Liedes im Zusammenhang mit dem militärischen Ereignis im
Jahr 1500 die Grundlage fehlt.

---

23 Vgl. BRANDT [Anm. 2], Teil 2, S. 280–282 (Hs 11). Zu Sax vgl. DIETER LOHMEIER, Sax,
    Peter, in: KLOSE [Anm. 19], Bd. 4, Neumünster 1976, S. 199–201.
24 JOACHIM BUMKE, Die vier Fassungen der "Nibelungenklage". Untersuchungen zur Überliefe-
    rungsgeschichte und Textkritik der höfischen Epik im 13. Jahrhundert (Quellen und For-
    schungen zur Literatur- und Kulturgeschichte 8. 242), Berlin/New York 1996, S. 32. Zu den
    Fassungsdivergenzen vgl. BRANDT [Anm. 2], Teil 2, S. 183–190. Eine kürzere Version des
    Liedes (12C) überliefert eine kleine Sammelhandschrift aus dem 17. Jahrhundert in einem um-
    fangreichen Konvolut mit Rostocker Provenienz: Rostock, Universitätsbibliothek, Ms. Meckl.
    O 55[1–58]. Vgl. BRANDT [Anm. 2], Teil 2, S. 284–287 (Hs 11). Lied 12C wird darin zusammen
    mit 12A tradiert. Der Vergleich beider Aufzeichnungen legt die Vermutung nahe, dass es sich
    bei C um eine verkürzte und interpolierte Bearbeitung von A handelt. Der Fassungsbegriff
    von BUMKE greift in diesem Fall nicht.

Die Handlung in Lied 12A lässt sich in sechs Abschnitte unterteilen. Sie beginnt mit einem beinahe vollständig in direkter Figurenrede ausgestalteten Beratungsgespräch, in dem der König seinen Bruder, also den Herzog, fragt, wie das Land Dithmarschen erobert werden könne, woraufhin eine Figur namens Reinhold von Mailand – aus dem Personal der Dietrichepik (!)[25] – den Rat erteilt, per Boten ein Beistandsgesuch an die große Garde zu senden (v. 1–6). Mit dem zweiten Abschnitt wird ein Ortswechsel zur Garde vollzogen, die von dem Gesuch des Königs erfahren hat und sich sogleich für den Zug zu ihrem neuen Dienstherrn rüstet (v. 7–10). Anschließend treffen das Söldnerheer und der König aufeinander, und es kommt zu einem Dialog zwischen dem Anführer der Garde und dem König, der wiederum unvermittelt dargeboten wird (v. 11–16). Es folgt eine längere Episode, die den Zug des Königs und der Garde bis an die Grenze Dithmarschens und weiter durch Dithmarschen mit den Etappen Windbergen und Meldorf schildert; sie endet mit der durch das Aufrichten des königlichen Banners markierten Einnahme Meldorfs (v. 17–23). Danach erzählt der Text von dem Weitermarsch der Garde bis nach Hemmingstedt und ihrer Niederlage auf dem Schlachtfeld (v. 24–27). Die Kampfhandlungen werden anschließend in Abwandlung des ritterlichen Zweikampfs als Auseinandersetzung zwischen einem nicht benannten Reiter in goldener Rüstung und drei Dithmarschern geschildert, die den Reiter schließlich buchstäblich übermannen (v. 28–34).[26] Zuletzt wird mit dem Verlust der Krone und ihrer Widmung an Maria im Aachener Dom (*De krone de schal vns Maria dragen, Tho Aken wohl in dem Dome.*) der Fall des Königs beschrieben und der Misserfolg seiner Unternehmung exponiert (v. 35–37).

HERABSETZENDE DARSTELLUNGSVERFAHREN IN LIED 12A

Im Folgenden sollen exemplarisch drei Textstellen in den Blick genommen werden, die sich meines Erachtens besonders gut für eine Beschäftigung mit den Darstellungsstrategien eignen, die für die Herabsetzung des Königs im Lied eingesetzt wurden. Dies sind (1) das Gespräch zwischen dem Söldner und dem König (v. 11–16), (2) die Begrüßung Dithmarschens durch den König (v. 18–19) sowie (3) die Niederlage des Königs auf dem Schlachtfeld (v. 35–37).

---

25 Nachweise bei HILKERT WEDDIGE, Koninc Ermenrîkes Dôt. Die niederdeutsche Flugschrift 'Van Dirick van dem Berne' und 'Van Juncker Baltzer'. Überlieferung, Kommentar, Interpretation (Hermaea N.F. 76), Tübingen 1995, S. 82. – Aus der Reihe der betreffenden Vertreter der Dietrichepik verdient das mittelniederdeutsche Erzähllied 'Van Dirick van dem Berne' ('Koninc Ermenrîkes Dôt') besondere Aufmerksamkeit, da es in mindestens zwei heute dokumentierten Drucken des 16. Jahrhunderts in Norddeutschland zirkulierte und womöglich auch in Dithmarschen bekannt war, zumal es im älteren Druck von ca. 1540 aus der Offizin von Johann Balhorn d. Ä. in Lübeck zusammen mit einem historisch-politischen Lied überliefert wird, das die Geschichte Dänemarks betrifft. Abdruck und Kommentar beider Lieder bei WEDDIGE mit Nachweis und Beschreibung der Drucke, S. 2–11.

26 Bei dem Reiter handelt es sich wohl um eine poetische Figuration des Söldnerführers Junker Slentz. Zu diesem vgl. LAMMERS [Anm. 1], S. 68–71.

(1) Kaum dass die große Garde beim König angelangt ist, ergreift ihr Anführer dem neuen Dienstherrn gegenüber das Wort (v. 11). Der König ist dem Söldnerführer zwar an Rang und Würden überlegen, doch die Gesprächsführung hat der Söldner inne: Er hat nicht nur das erste und auch das letzte Wort, sondern konfrontiert den König in unangemessener Weise mit einer offenkundig unsinnigen Frage, nämlich ob sich das Land Dithmarschen im Himmel oder auf der Erde befinden würde (v. 12). Er spielt damit auf die Redewendung "mit Ketten an den Himmel gebunden" an. Hierbei handelt es sich um ein Motiv des Verkehrte-Welt-Schemas,[27] das in ähnlicher Ausprägung bereits im 14. Jahrhundert in der Unsinnsdichtung 'Das Wachtelmäre' belegt ist[28] und im 16. und 17. Jahrhundert auch in historisch-politischen Ereignisliedern eingesetzt wurde.[29] Der König scheint die Anspielung des Söldners genau verstanden zu haben und zeigt sich entsprechend verärgert: *Dem Könige befihl de rede nicht woll* (v. 13). In seiner Entgegnung formuliert er die zuvor nur angedeutete Redewendung nun vollständig aus (v. 14). Scheinbar unbeeindruckt davon, den König erzürnt zu haben, greift der Söldnerführer am Schluss des Dialogs die Phrase noch ein drittes Mal auf (v. 16). In dem Spiel mit der bewussten Redewendung – zumal zwischen Anspielung und Vervollständigung, Reiz und Reaktion – manifestiert sich die Technik der Repetition[30], die gepaart mit dem Missverhältnis zwischen Status und Gesprächsverhalten der Figuren zur komischen Erscheinung der Episode beiträgt und diese sogar verstärkt. Obgleich die Textstelle die kommunikative Überlegenheit des Söldners exponiert, wird dessen Übermut durch den weiteren Verlauf der Handlung doch *ad absurdum* geführt, da nicht allein der König, sondern auch die

---

27 Siehe ERNST ROBERT CURTIUS, Europäische Literatur und lateinisches Mittelalter, 11. Aufl., Tübingen/Basel 1993, S. 104–108.

28 Vgl. Von achtzehn Wachteln und dem Finkenritter. Deutsche Unsinnsdichtungen des Mittelalters und der Frühen Neuzeit. Mittelhochdeutsch/Frühneuhochdeutsch/Neuhochdeutsch, hg. von HORST BRUNNER (Reclams Universal-Bibliothek 19212), Stuttgart 2014, S. 39. Unsinnsdichtungen "verweigern sich konsequent jeglichem tieferen Sinn und jeder gültigen Logik, sind auf oft überraschende Weise komisch oder witzig und wollen damit zum Lachen reizen" (ebd., S. 143). Zum 'Wachtelmäre' vgl. HORST BRUNNER, Wachtelmäre, in: ²VL 10 (1999), Sp. 559–561.

29 So findet sich die Redewendung z.B. gleich in zwei Liedern, die sich auf ein norddeutsches Ereignis im Jahr 1627 beziehen, als nämlich die Truppen General Albrechts von Wallenstein, angeführt von Hans Georg von Arnim, erfolglos die Stadt Stralsund belagerten. Lied 1: Ausgabe: Deutsche historische Volkslieder. Zweites Hundert, hg. von HEINRICH RUDOLF HILDEBRAND (Aus Soltau's und Leyser's Nachlaß und anderen Quellen), Leipzig 1856, S. 364–368. Überliefert in zwei Drucken: 1. Stralsundisches Lied / Zu den Zeiten Wallensteins / 1627 [ohne Angabe von Drucker und Ort] (= VD17 14:697118C); 2. Allerhand lustige KriegsLieder / Der sehr starcken Stralsundischen Belagerung betreffend Geschehen im Jahr 1628 Monats Maii / Junii und Julii. 1630 [ohne Angabe von Drucker und Ort] (= VD17 12:650019M). Lied 2: Ausgabe: Ein Hundert Deutsche Historische Volkslieder, hg. von FRIEDRICH LEONARD VON SOLTAU, Leipzig 1836, S. 472–478; überliefert zusammen mit Lied 1 im Druck von 1630.

30 Zur Technik der Wiederholung in der Komödie vgl. HENRI BERGSON, Das Lachen. Ein Essay über die Bedeutung des Komischen, übersetzt von ROSWITHA PLANCHEREL-WALTER (Philosophische Bibliothek 622), Hamburg 2011, bes. S. 58.

Garde und ihr Anführer auf dem Schlachtfeld vor Hemmingstedt die Niederlage erleiden.

(2) Im Anschluss an den Dialog setzt das Heer zum Zug nach Dithmarschen an (v. 17) und nähert sich dem Land bis auf Sichtweite (v. 18). In direkter Figurenrede wird es nun apostrophiert (v. 19), wobei der Sprecher ungenannt bleibt: *"Ach lendeken deep, nu bin ick dy nicht wyth, / Du schalt min nu balde werden."* Nur der König und der Anführer der Garde kommen mit Rücksicht auf die Handlungslogik in Betracht, denn sie sind zuvor bereits durch eigene Worte in Erscheinung getreten und nehmen beide an dem Feldzug nach Dithmarschen teil. Die Apostrophe selbst legt indes nahe, dass der König spricht: Sie bringt zum einen den Eroberungswunsch zum Ausdruck, dessen Urheber der König selbst ist, und pointiert auf diese Weise – nach der Beratungsszene (v. 3, 6) und dem Gespräch zwischen Söldnerführer und König (v. 16) – ein viertes und letztes Mal das Motiv, das die Handlung überhaupt in Gang gesetzt hat. Zum anderen zeichnet die Apostrophe die gleiche Gefühlsbetontheit aus, die der König am Beginn der Handlung schon seinem Bruder entgegenbringt, den er mit den Worten *harteleue broder min* (v. 1) und *broder, hartleuester broder min* anspricht (v. 2), die den Eindruck von einer sehr innig empfundenen brüderlichen Beziehung vermitteln. Wenig angemessen für die Eroberungssituation kennzeichnen die Apostrophe nämlich solche Merkmale, die charakteristisch sind für den Liebesgruß, d.h. für die Adressierung der Geliebten in Grußform seitens eines männlich konturierten Ich-Sprechers.[31] Interjektion (*ach*), Personifizierung, Diminuierung (*lendeken*), Du-Anrede und die Vorfreude auf die bevorstehende Zusammenkunft und Inbesitznahme erzeugen so den Eindruck, als spräche hier nicht der Kriegsherr über das Ziel seines Feldzugs, sondern ein verliebter Mann zu seiner geliebten Dame. Durch diese Sprechweise macht sich der König selbst lächerlich. Der Liebesdiskurs, der sich in dem Liebesgruß des Königs an das Land Dithmarschen manifestiert, korreliert mit einer auf Gefühlsbetontheit ausgerichteten Ausdrucksweise des Liedes auf den Ebenen der Figuren- wie auch der Erzählerrede: Nicht nur wird wie in der Grußapostrophe gelegentlich von Diminutiven Gebrauch gemacht (v. 9: *Fröukens*; v. 17: *trummeken*, *Fänlin*), sondern wiederholt auch von der Interjektion *ach*, immer dort, wo sich die Figuren der Handlung anreden (v. 1, 2, 11, 15, 19).[32] Alles in allem akzentuiert die Grußapostrophe einen Kontrast zwischen Sprechsituation und Sprachgebärde, der dem Lied insgesamt zu eigen ist, das zwar einen Feldzug thematisiert, dieses Thema jedoch – zumindest in der ersten Hälfte der Erzählung – in einer sentimentalen Art und Weise verbalisiert und zur Entfaltung bringt. Die Verbindung der Liebesthematik auf der Inhaltsseite mit der Vagantenstrophe auf

---

31 Der Liebesgruß zählt zu den Formen der Minnerede; zu deren Merkmalen vgl. TILO BRANDIS, Mittelhochdeutsche, mittelniederdeutsche und mittelniederländische Minnereden. Verzeichnis der Handschriften und Drucke (MTU 25), München 1968, S. 8–12; speziell zum Liebesgruß vgl. ebd., S. 10; JACOB KLINGNER / LUDGER LIEB, Handbuch Minnereden, 2 Bde., Berlin/Boston 2013, hier Bd. 1, S. 1–4.

32 Die Adressierung mit der Interjektion *ach* in der direkten Figurenrede scheint ein typisches Ausdrucksmittel erzählender Lieder zu sein. Vgl. RÖHRICH/BREDNICH [Anm. 11], z.B. Nr. 1b, Nr. 2a, Nr. 2c, Nr. 3a, Nr. 3b, Nr. 4b, Nr. 4c usw.

der metrisch-musikalischen Formseite des Liedes steht im Übrigen in einer literarischen Tradition, zu der etwa auch so populäre Erzähllieder wie 'Der Tannhäu-
ser' und 'Das Schloss von Österreich' gehören.[33]

(3) Die komischen Dispositionen im Text – in Form von unangemessenen
kommunikativen Verhaltensweisen der Akteure in der Handlung, kombiniert mit
Formen der Repetition – stellen die Figur des Königs in den besprochenen Hand-
lungssequenzen als Herrscher vor, der der Würde, die sein Königstitel verspricht,
nicht gerecht wird. Nicht nur hat dieser König der herausfordernden Süffisanz des
Söldnerführers verbal kaum etwas entgegenzusetzen, er führt sich beim Anblick
Dithmarschens darüber hinaus auch auf wie ein Verliebter, obgleich er wie ein
Feldherr agieren sollte. Im Ergebnis zeichnet die Erzählung einen schwachen und
richtiggehend lächerlichen König. Dass diesem mit Schwert, Pferd und Krone
zuletzt in der Schlacht die Insignien der Herrschaft und Königswürde abhanden-
kommen (v. 36), erscheint deshalb durchaus folgerichtig. Mit der Referenz auf
den Aachener Dom St. Marien (v. 37), wo seit der Krönung von Otto I. im Jahr
936 bis zum Jahr 1536 die deutschen Könige gekrönt wurden,[34] wird in diesem
Zusammenhang das mittelalterliche Krönungszeremoniell aufgerufen, zu dem der
Verlust der Krone in der Liedhandlung in einem reziproken Verhältnis steht. Man
könnte sogar so weit gehen, in der Schlusssequenz des Liedes die Andeutung einer verkehrten Krönung zu sehen, zu deren zentralen Komponenten das Aufsetzen
der Krone und die beifällige und zustimmende Akklamation durch das anwesende
Volk gehörten.[35] Dem entspricht in der Handlung von Lied 12A zum Ersten, dass
die Krone auf dem Schlachtfeld zurückbleibt, und zum Zweiten, dass mit dem
deiktischen Ausdruck *vns* erstmals wahrnehmbar ein Äußerungskollektiv hervortritt, welches die Niederlage des Königs, den Verlust der Krone und die Absicht,
diese der Gottesmutter Maria im Aachener Dom zu widmen (v. 37), kundtut. Die
zentrale Information – der Verlust von Pferd, Schwert und Krone (v. 36) – wird
dabei durch eine markante rhythmische Gestaltung akzentuiert: Der vierhebige
Anvers (*Dar lach do sin pert, dar lach ock sin schwert*) ist nach der zweiten He-
bung zäsuriert;[36] die zwei Teile des Verses sind im Wortlaut beinah identisch;
lediglich die Stellen von Adverb (*do – ock*) und Subjekt (*pert – schwert*) variieren,
doch handelt es sich hierbei um Varianzen, die aufgrund der identischen Vokal-
qualitäten auf der Klangebene kaum ins Gewicht fallen; zudem liegen mit *pert*
und *schwert* zwei Reimwörter vor. Was man demnach hört, wenn der ganze Vers
stimmlich artikuliert wird, ist eine rhythmisch gestaltete kurze und prägnante
Aussage, deren Klangbild gleich im Anschluss wiederholt wird, bevor sich der
Dreiheber anschließt. Die skandierende Anmutung, die mit dieser metrischen
Durchformung des Liedschlusses erzeugt wird, korreliert mit der sprechchorarti-

---

33   Vgl. hierzu FRANK [Anm. 22], S. 148f.
34   Vgl. WOLFGANG BRÜCKNER, Aachen, in: LMA 1 (1980), Sp. 1–4.
35   Vgl. FRANCO CARDINI, Zeremoniell, B. Mittel- und Südeuropa, in: LMA 9 (1998), Sp. 553–
      557, hier Sp. 554.
36   Diese Besonderheit kennzeichnet auch die Verse 15, 19, 26, 33. Ein regelmäßiger Einsatz des
      Anverses mit Zäsurreim lässt sich nicht feststellen.

gen Ausprägung, die der Akklamation zugeschrieben wird.[37] Wer sich auf diese Weise zu dem Geschehen auf dem Schlachtfeld äußert, bleibt offen und variabel. Das Pronomen *vns* ist als deiktischer Ausdruck mehrdeutig. Es zeigt auf ein text-internes Äußerungskollektiv, das bis auf die Beziehung zur Gottesmutter Maria im Aachener Dom und den Willen, ihr die Krone des Königs zu widmen, unkonturiert bleibt. In der Aufführungssituation im Land Dithmarschen des 17. Jahrhunderts kann es entweder exklusiv auf jene bezogen werden, die das Lied singen und tanzen, oder inklusiv auf das Personal der Aufführung einschließlich des anwesenden Publikums.

ÜBERLEGUNGEN ZU FUNKTION UND WIRKUNG VON LIED 12A

Wenn die Figur des Königs auch mit dem Titel 'König' sowie mit dem Attribut der Krone eindeutig als Figur von königlichem Rang in die Handlung eingeführt wird, so vollzieht sich mit den komischen Darstellungsverfahren und ferner auch mit der Erzählung vom Verlust der Krone zugleich ihre Herabsetzung in dem vorgestellten Lied.[38] Mit Überlegungen zur Funktion und Wirkung desselben möchte ich den Beitrag abschließen, wobei als Bezugsrahmen der Zeitraum um das Aufzeichnungsjahr 1634 angesetzt wird, in dem das Lied nach Ausweis von Hans Detleff im mündlichen Gebrauch war.

Zunächst ist die Unterhaltungsfunktion des Liedes herauszustreichen. Auf Zeitvertreib und Vergnügen in geselliger Runde deuten abgesehen von der angesprochenen literarischen Tradition vor allem die komischen Dispositionen und der durch Hans Detleff bezeugte Verwendungszweck als Tanzlied hin. Ferner gibt es Hinweise darauf, dass mit dem Lied eine späte Verarbeitung von Anekdoten und Geschichten vorliegt, die im Land über die Schlacht kursierten und die sich vornehmlich um den Anführer der Garde, Junker Thomas Slentz, rankten. So berichtete der Chronist Johannes Neocorus in seiner Darstellung der Schlacht bei Hemmingstedt von 1598 sowohl von einem Gespräch zwischen Slentz und dem König[39] als auch von einem Zweikampf, der zwischen ersterem und einem mutigen

---

37 Vgl. GEORG LANGGÄRTNER und GEORG MAY, Akklamation, in: LMA 1 (1980), Sp. 251f., hier Sp. 251.

38 Weitere Deutungsmöglichkeiten böten sich unter Einbeziehung der in Anm. 25 und Anm. 29 genannten Lieder, sofern man ihre Kenntnis beim Dithmarscher Publikum in den 1630er Jahren voraussetzte. Da sich dafür bislang keine Hinweise beibringen lassen, habe ich in diesem Beitrag auf eine entsprechende Interpretation verzichtet.

39 DAHLMANN [Anm. 18], Bd. 1, S. 452: *unde, wowol de Averste van de Guardia, Junker Schlenß, uth Vormetenheit gefragt: effte Ditmerschen in den Wolken lege? unde de Koning ehm berichtet, Neen, hefft he angelavet, so men allein darin tho kamen were, so wolde he siner Koningl. Mayt dat Lant wol levern ahne alle Sorge.* (und obwohl der Anführer der Garde, Junker Slentz, mit Überheblichkeit gefragt hat, ob sich Dithmarschen in den Wolken befinden würde, und der König ihn zurechtwies "Nein!", hat er versprochen, solange man nur hineinkommen könnte, würde er seiner Königlichen Majestät das Land ohne Schwierigkeiten ausliefern. [Übersetzung: D. B.]).

Mann aus den Reihen der Dithmarscher ausgetragen worden sein soll.[40] Das Lied 12A ist in der Chronik von Johannes Neocorus jedoch noch nicht dokumentiert; es findet sich, wie oben bereits dargelegt wurde, erst über 35 Jahre später in der Chronik von Hans Detleff. Was bei Neocorus in nüchterner Prosa dargeboten wird, erfährt im Lied eine metrisierte und poetisch überformte Ausgestaltung mit unterhaltender Wirkung: Der bewusste Wortwechsel wird unter der wiederholten Verwendung der Unsinnsredewendung "mit Ketten an den Himmel gebunden" in einem dramatischen Erzählmodus wiedergegeben. Dem Zweikampf wiederum steht in der Liedhandlung das Gerangel zwischen einem namenlosen Reiter im goldenen Harnisch und einem beherzten Dithmarscher gegenüber, dem nach und nach aber zwei Männer zu Hilfe eilen müssen, weil sein Speer im Panzer des Reiters stecken geblieben ist – eine Szene, die ebenfalls von einer kaum zu leugnenden Komik lebt.

Das Vergnügen und die Kurzweil, die das Lied dem dithmarscher Publikum in der ersten Hälfte des 17. Jahrhunderts bereitet haben mag, schließt ein politisches Verständnis nicht aus. So ist in jedem Fall denkbar, dass die über weite Strecken gefühlsbetonte Erzählung von dem missglückten Eroberungsversuch ganz bewusst als poetische Darstellung des historischen Vorfalls im Jahr 1500 aufgefasst worden ist, zumal die Handlung aufgrund bestimmter Motive, Orts- und Personenangaben zweifellos auf die Schlacht bei Hemmingstedt bezogen werden konnte und auch tatsächlich wurde, wie die Rezeption durch Hans Detleff im Zusammenhang mit diesem Ereignis bezeugt. Die Herabsetzung der Königsfigur in der Liedhandlung mag demnach auf den historischen König Hans I. von Dänemark projiziert worden sein, dem auf diese Weise eine späte Verspottung seitens derjenigen zuteilwurde, die zwar in der Nachfolge der siegreichen Dithmarscher von 1500 standen, in der sogenannten Letzten Fehde von 1559 jedoch

---

40 Vgl. DAHLMANN [Anm. 18], Bd. 1, S. 474f.: *Men berichtet bestendiglich, dat der Garde Averste, Junker Schlenß, ein langer, rischer, unvortzageder Helt, sich vor allen gewagt, unnd einen von den Ditmerschen uthgefordert thor monomachiam edder besonderlichen Kampe, dar dan einer uth dem Carspel Nienkerken vor allen wedderumme hervorgesprungen, sick mit sinem Jegenßman, de eine lange Speisen gehatt, he averst eine Hellebarden, eine Tidtlang gebruket, entlich averst ehme den Vordeel affgesehen, de Speisen uthgeschlagen unde thor Erden geworpen, unde dewile he ehne siner Rusting halven nicht wol vorwunden unde dorchsteken mögen, ehme den Hellebarden up de Borst gesettet, mitt dem Vote darup gesprungen unnd also vor Ogen unnd im Angesichte beidersidts Hupen erworget, dardorch de Ditmerschen erstlich einen Mott gekregen.* (Man berichtet beständig, dass der Anführer der Garde, Junker Slentz, ein großgewachsener, wendiger und mutiger Held, sich für alle sichtbar vorgewagt und einen Dithmarscher zum Zweikampf oder einem besonderen Kampf herausgefordert hat, und wie dann ein Mann aus dem Kirchspiel Neuenkirchen wiederum plötzlich hervorgetreten ist, mit seinem Gegner eine Zeit lang gekämpft hat, der einen langen Spieß hatte, wohingegen er selbst eine Hellebarde trug, dann aber zuletzt den Vorteil errungen, den Spieß weggeschlagen und auf die Erde geschleudert hat, und weil er ihn aber wegen seiner Rüstung nicht verwunden und erstechen konnte, hat er ihm die Hellebarde auf die Brust gesetzt, ist mit dem Fuß darauf gesprungen und hat ihn auf diese Weise vor den Augen und im Angesicht beider Haufen erwürgt, wodurch die Dithmarscher erstmals Zuversicht fassten. [Übersetzung: D. B.]).

bereits ihre Unabhängigkeit eingebüßt hatten und nun Untertanen des Herzogs von Holstein waren.[41] Setzt man zudem voraus, dass das Lied in der durch Hans Detleff dokumentierten Fassung erst zu Beginn des 17. Jahrhunderts entstanden ist, wird man mit einiger Gewissheit sogar von einer produzentenseitigen Absicht ausgehen dürfen, König Hans I. von Dänemark im Lied lächerlich zu machen.

Im Jahr 1634 war Christian IV. Landesherr von Dithmarschen, der seit 1588 König von Dänemark und seit 1590 auch Herzog von Holstein war. Er stammte in direkter Linie von Friedrich I. ab, dem Bruder von Hans I.[42] Christian nun hatte erst wenige Jahre zuvor als Oberst des Niedersächsischen Reichskreises im niedersächsisch-dänischen Krieg (1625–1629) gegenüber den kaiserlichen Truppen von Tilly und Wallenstein eine schwere Niederlage erlitten und sich infolgedessen aus dem Kriegsgeschehen im Reich zurückgezogen.[43] So ist nicht auszuschließen, dass mit Lied 12A auf versteckte Weise und im Gewand der unterhaltsamen Vergegenwärtigung eines lange vergangenen Ereignisses der aktuelle Landesvater verspottet wurde. Diese Funktionalisierung des herabgesetzten Königs im Lied als Mittel der Verhöhnung seines Nachfahren in der Realität bliebe jedoch erst noch durch weitere Indizien, die über den zeitlichen Zusammenfall von Liedrezeption und politischer Situation hinausgehen, plausibel zu machen.

ANHANG: TEXTABDRUCK[44]

Ü Dat Soste Poema
   Wert vor einen Ditmarschen dantz gebruket

De König woll tho dem Hertogen sprack: "Ach broder, harteleue broder,
Ach broder, hartleuester broder min, Wo wille wi dat nu beginnen,
dat wi dat frie rike Ditmarschen landt, Ane vnsen schaden mögn gewinnen?"
So balt dat Reinholt van Meylant vornam, Mit sinem langen gelen barde,
5 De sprack: "willn maken einen baden bereit, Vnd schicken na der groten Garde.
Will vns de grote Garde bistandt dohn, Ditmarschen schal vnse woll werden."
So bald de Garde dise mehr vornam, Se rüstede sich so mechtig sehr.
Se rüste sick woll vöfftein dusent Man starck, Auer de grone heide tho trecken.
"Köne wy men des Königs besoldung erwaruen, Vnse Fröukens de schölen suluest
w<ol mede>[45]."

41 Vgl. HEINZ STOOB, Geschichte Dithmarschens im Regentenzeitalter, Heide in Holstein 1959, S. 125–137.
42 LANGE [Anm. 1], S. 154, 169.
43 Zum niedersächsisch-dänischen Krieg und zu der Rolle Christians IV. siehe LANGE [Anm. 1], bes. S. 231–235.
44 Die Edition des Liedes folgt der Aufzeichnung von Hans Detleff nach Langzeilen, die weder nach der Zäsur umgebrochen noch zu Strophen arrangiert werden. Der Abdruck ist vorlagennah, der Text wird lediglich nach den rezenten Regeln interpungiert.
45 <ol mede> Textverlust durch Beschnitt, ergänzt nach der Handschrift Wolfenbüttel, Herzog August Bibliothek, 66 Extravagantes, Bl. 143ʳ.

10 De trummenschleger de schlog woll an,   Se togen auer de gronen heide.
    Vnd do de Garde[46] thom Könige wol quam: "Ach König min leuer Her,
    Wor licht doch nu dat Ditmarschen landt,   Jm heuen odr vp schlichter erden?"
    Dem Könige befihl de rede nicht woll,   He dede balt wedder spreken:
    "Jt is nicht mit keden an den heuen gebunden,   Jt ligt woll an der siden erden."
15 Der Garde Her sprack do mit mode starck: "Ach König min leuer Her,
    Js it nicht gebunden an den heuen hoch,   Ditmarschen dat schal vnse bald werden."
    He leeth de trummeken vmme schlan,   De Fänlin de leth he flegen.
    Darmit togen se einen langen breden wech,   Beth se dat landt int gesichte kregen.
    "Ach lendeken deep, nu bin ick dy nicht wyth,   Du schalt min nu balde werden."
20 Darmit togen se tho hoger Wintbergen in,   Se legen dar men eine kleine wile.
    Se togen do vordahn na Meldorp tho,   Eren auermoth den deden se driuen.
    Se steken des Königs banner thom hogen torne vth,   Den Ditmarschen dar tho gramme.
    Se hengeden er schilt woll auer de muhrn,   Darauer ist en nicht woll ergangen.
    Se togen noch ein weinig wieder vorth,   Woll na der Hemmingsteder Velde.
25 Dar bleff ock de grote Garde geschlagen,   Mit eren dapperen helden.
    Dat wedder was nicht klar, de wech was ock schmal,   De grauen weren vull water.
    Nochthen toch de Garde noch wieder vorth,   Mit einem trotzigem mode.
    He hadde einen harnisch auer sinen liff getagen,   De schinede van golde so rode.
    Darauer was ein pantzer geschlagen,   Darup dede he sick vorlathen.
30 Mit dem do spranck dar ein Landtsman hertho,   Mit einem langen sper.
    He stack so starck, dat druth ein krum hake wart,   Vnd hangede in dem pantzer
    so schwere.
    Dem Landesman ein ander tho hülpe quam,   Dat speer wolden se wedder halen.
    De Garde was starck, Drei hadden vulle wargk,   Ehr se en konden auerwinnen.
    Se togen en mit Sadel vnd Roß herdal,   wohl in den depen grauen.
35 Dar wart ock der Holsten König geschlagen,   Mit alle sinen groten Heere.
    Dar lach do sin pert, dar lach ock sin schwert,   Dartho de Königlike Krone.
    De Krone de schal vns Maria dragen,   Tho Aken wohl in dem Dome.

Dr. Doreen Brandt, Institut für Germanistik, Universität Rostock, D–18051 Rostock
E-Mail: doreen.brandt@uni-rostock.de

46 *Garde* steht hier wie auch in v. 27 und v. 33 wohl für den Anführer der großen Garde, der in
    v. 28 mit dem Pronomen *He* referenziert wird. Hierin folge ich LILIENCRON [Anm. 2], Bd. 2,
    S. 452; Mittelniederdeutsches Handwörterbuch, begründet von AGATHE LASCH und CONRAD
    BORCHLING, fortgeführt von GERHARD CORDES, hg. von DIETER MÖHN, Bd. 2, Neumünster
    2004, Sp. 17.

ALSE GY WILLEN SEGHELEN

Das mittelniederdeutsche Seebuch und sein literarhistorischer Ort
im 15. und 16. Jahrhundert

von RALF G. PÄSLER

1. PROBLEMSTELLUNG

Das 16. Jahrhundert ist sowohl in der Literatur- als auch in der Wissenschaftsgeschichte – mehr noch als das 15. Jahrhundert – ein Jahrhundert des Übergangs. Die Anfänge waren trotz aller Neuerungen noch mittelalterlich, am Ende aber hatten diese hundert Jahre in die Neuzeit geführt. Was als Bruch zwischen Mittelalter und Neuzeit beschrieben wird, um diese Epochenzäsur deutlich zu markieren – z.B. die Entdeckung Amerikas, die Reformation oder Kopernikus' Neuberechnung des Himmels – markiert eher einen Übergang mit Vorgeschichte und langer Nachwirkung. Dies zeugt von einem sich über einen längeren Zeitraum hinziehenden Wandel in der Wahrnehmung und also auch im Umgang mit der Welt.

Unter der Bezeichnung 'Seebuch' sind sowohl spezifische Texte[1] als auch eine Textsorte[2] zu verstehen. Die Textsorte erfährt ihre erste Ausfaltung noch im Spätmittelalter und wird dann vor allem im Lauf des 16. Jahrhunderts verändert

---

1 Texte, die unter diesem Titel firmieren, sind: Das Seebuch. Mit einer nautischen Einleitung von ARTHUR BREUSING, hg. von KARL KOPPMANN (Niederdeutsche Denkmäler 1), Bremen 1876, neuere Ausgabe: ARTHUR WISE, Das Seebuch der Hanse (Diss. London 1955), Kiel 1998; 'Het Zeeboek'. Handschrift van de Stedelijke Boekerij te Antwerpen (Nr. B.29166), uitgeven en beschreven door J. DENUCÉ EN D. GERNEZ (Academie der Marine van België 1), Antwerpen 1936. – Zu weiteren Texten vgl. RALF G. PÄSLER, Wissen – Planung – Orientierung. Zur Überlieferung des mnd. 'Seebuchs' und anderer Seebücher und Seekarten, in: Deutsch-russische Arbeitsgespräche zu mittelalterlichen Handschriften und Drucken in russischen Bibliotheken. Beiträge zur Tagung des deutsch-russischen Arbeitskreises vom 14.–16. September 2011 an der Lomonossov-Universität Moskau aus Anlass des 300. Geburtstages des Universitätsgründers Michael Lomonossov, hg. von NATALIJA GANINA [u.a.] (Akademie Gemeinnütziger Wissenschaften zu Erfurt, Sonderschriften 45), Erfurt 2014, S. 237–254, bes. S. 248–253.

2 Eher implizit wird die Textsorte bestimmt bei IRMTRAUD RÖSLER, Was liegt hinter dem Horizont? Zur nautischen Fachliteratur hansischer Seefahrer, in: Historische Soziolinguistik des Deutschen II: Sprachgebrauch in soziofunktionalen Gruppen und in Textsorten. Internationale Fachtagung Frankfurt/Oder 12.–14.09.1994, hg. von GISELA BRANDT (Stuttgarter Arbeiten zur Germanistik 324), Stuttgart 1995, S. 123–144 und dies., *Navigare necesse est.* – Texte der späten Hansezeit: Navigation, in: Textarten im Sprachwandel – nach der Erfindung des Buchdrucks, hg. von RUDOLF GROSSE und HANS WELLMANN (Sprache – Literatur und Geschichte 13), Heidelberg 1996, S. 251–268.

und moderneren Bedürfnissen angepasst.[3] In schriftlicher Form liegen hier differenzierte Informationen für bestimmte Segelrouten an den westeuropäischen Atlantikküsten vom spanischen Cartagena über die Britischen Inseln und der Nord- und Ostsee bis zum livländischen Reval vor. Die Routen bezeugen so den internationalen Charakter des 'Seebuchs', sei es als Einzeltext oder als Textsorte.

Im 13. Jahrhundert steigen die Schiffsgrößen deutlich an[4] und umfasst der Schiffsverkehr immer größere Regionen; Hanseschiffe fahren in die 'Baie' oder nach Portugal und Spanien.[5] In diesem Zusammenhang sind Informationen über vor allem fremde und unbekannte Segelrouten, Hafenanfahrten und Tideverhältnisse von besonderem Wert, um die Routen abzufahren oder für den Notfall, denn Notfälle können auf See leicht eintreten.[6] Dazu ist auf See das Problem der Orientierung[7] besonders groß. Seebücher haben jedoch eine längere Tradition. Bereits aus der Antike sind Periploi bekannt, und in Mittelalter und früher Neuzeit gibt es im Mittelmeerraum die sogenannten Portolane. Letztere können sowohl als Portolanbücher[8] als auch als Portolankarten[9] existieren. Zu den Portolanbüchern zählt

---

3   Vgl. PETER ASSION, Seebuch, in: ²VL 8 (1992), Sp. 1013–1017.
4   Vgl. PHILIPPE DOLLINGER, Die Hanse. Neu bearbeitet von VOLKER HENN und NILS JÖRN. Mit sechs Karten und einer Zeittafel, 6., vollständig überarbeitete und aktualisierte Auflage (Kröners Taschenausgabe 371), Stuttgart 2012, S. 182–184; THOMAS FÖRSTER, Große Handelsschiffe des Spätmittelalters. Untersuchungen an zwei Wrackfunden des 14. Jahrhunderts vor der Insel Hiddensee und der Insel Poel (Schriften des Deutschen Schiffahrtsmuseums 67), Bremerhaven/Kuden 2009.
5   Vgl. A. H. DE OLIVEIRA MARQUES, Navigation entre la Prusse et le Portugal au début du XVe siècle, in: Vierteljahrschrift für Sozial- und Wirtschaftsgeschichte 46 (1959), S. 477–490; WERNER PARAVICINI, Jenseits von Brügge. Norddeutsche Schiffer und Kaufleute an der Atlantikküste und im Mittelmeer in Mittelalter und Früher Neuzeit, in: Konzeptionelle Ansätze der Hanse-Historiographie, hg. von ECKHARD MÜLLER-MERTENS und HEIDELORE BÖCKER (Hansische Studien 14), Trier 2003, S. 69–114.
6   Wie entsprechende Rechtsfälle zeigen; vgl. u.a. EDDA FRANKOT, 'Of Laws of Ships and Shipmen'. Medieval Maritime Law and its Practice in Urban Northern Europe (Scottish Historical Review Monographs Series 20), Edinburgh 2012, S. 27–52 oder GÖTZ LANDWEHR, Die Haverei in den mittelalterlichen deutschen Seerechtsquellen, Hamburg 1985.
7   Vgl. u.a. ALBRECHT SAUER, Das 'Seebuch'. Das älteste erhaltene Seehandbuch und die spätmittelalterliche Navigation in Nordwesteuropa (Schriften des Deutschen Schiffahrtsmuseums 44), Hamburg ²1997, S. 159–167. – Orientierung nach bereits angetretener Fahrt ist nach den Seebüchern besonders schwierig; dies konnte sicherlich mithilfe der später in den Text aufgenommenen Vertonungen (dazu unten) gemildert werden, das Problem blieb jedoch prinzipiell bestehen.
8   KONRAD KRETSCHMER, Die italienischen Portolane des Mittelalters. Ein Beitrag zur Geschichte der Kartographie und Nautik (Veröffentlichungen des Instituts für Meereskunde und des Geographischen Instituts an der Universität Berlin 13), Berlin 1909.
9   Vgl. IVAN KUPČÍK, Münchner Portolankarten 'Kunstmann I–XIII' und zehn weitere Portolankarten. Überarbeitete und ergänzte Neuausgabe des Originalwerkes von FRIEDRICH KUNSTMANN aus dem Jahr 1859 mit 13 erneuerten Farbtafeln sowie zehn weiteren Seekarten vom Anfang des 16. Jahrhunderts, einschließlich der seit 1945 verschollenen Seekarten aus Münchner Sammlungen, München/Berlin 2000.

der als ältester Vertreter dieser Textsorte geltende 'Compasso de navegare'[10] von ca. 1250.

Die ältere Forschung versuchte nachzuweisen, dass von den Portolanen ein direkter Weg zu den Seebüchern führt.[11] Zwar finden sich Überschneidungen in den behandelten Regionen von Gibraltar bis zu den Niederlanden, doch klare Abhängigkeiten (im Sinne von Textübernahmen) haben sich nicht mit letzter Sicherheit nachweisen lassen. Möglich ist jedoch die Vorbildwirkung der Portolanbücher. Karten für die Küsten des Ostatlantiks und der Nordsee sind vermutlich schwieriger herzustellen, da diese Informationen enthalten müssen, die kartographisch nur schwer darstellbar sind, namentlich Tide- und Strömungsverhältnisse.[12] Doch scheinen die italienischen Seefahrer – folgt man der Beschreibung Konrad Grünembergs von 1486[13] – die Portolanbücher und -karten simultan benutzt zu haben.

Das mittelniederdeutsche 'Seebuch' wird als "die älteste nautische Fachschrift des mnd. Sprachraumes bzw. des ganzen europäischen Nordens bezeichnet"[14]. Sicher gehört es zu den ältesten Aufzeichnungen seiner Art, zumal seine Struktur und die Wahl der Fachtermini auf eine deutlich ältere Herkunft, die bis ins 14. Jahrhundert zurückreicht, schließen lässt. Wahrscheinlich sind französische Ursprünge, ähnlich denen, die zur Aufzeichnung der damals international anerkannten Seerechtsregeln, den 'Rôles d'Oléron',[15] geführt haben. Die 'Rôles d'Oléron' werden im Französischen zusammengetragen, wandern dann nach Osten, werden ins Mittelniederländische übersetzt und um Bestimmungen für die Ost(see)fahrt erweitert. Unter Hinzufügung einiger Artikel aus dem Lübischen

---

10 Lo compasso de navegare. Edizione del codice Hamilton 396 con commento linguistico e glossario, hg. von ALESSANDRA DEBANNE (Destini incrociati 5), Bruxelles [u.a.] 2011. – Ich beziehe mich auf: Compasso de Navegare. Erstes Seehandbuch Mittelmeer aus dem 13. Jahrhundert aus der altitalienischen in die deutsche Sprache übertragen und mit einer Einführung versehen von CHRISTIAN WEITEMEYER, Nienburg 1996. Vgl. aber auch Carte marine et Portulan au XIIe siècle. Le 'Liber de existencia riveriarum et forma maris Nostri Mediterranei' (Pise, circa 1200), hg. von PATRICK GAUTIER DALCHÉ (Collection de l'Ecole Française de Rome 203), Rom 1995.

11 Vgl. Sammlung mittelalterlicher Welt- und Seekarten italienischen Ursprungs und aus italienischen Bibliotheken und Archiven, hg. und erläutert von THEOBALD FISCHER, Venedig 1886; KRETSCHMER [Anm. 8]; WALTER BEHRMANN, Über die niederdeutschen Seebücher des fünfzehnten und sechzehnten Jahrhunderts, in: Mitteilungen der Geographischen Gesellschaft in Hamburg 21 (1906), S. 63–176 (alle drei kennen den 'Compasso de navegare' nicht); vgl. dazu den Forschungsbericht von WISE [Anm. 1], S. 12–39; SAUER [Anm. 7], S. 73–82.

12 Zu diesen Gegebenheiten erscheinen später Spezialhandbücher wie die des Guillaume Brouscon (dazu unten).

13 Vgl. ANDREA DENKE, Konrad Grünembergs Pilgerreise ins Heilige Land 1486. Untersuchung, Edition, Kommentar, Köln/Weimar/Wien 2011, S. 312–314.

14 ASSION [Anm. 3], Sp. 1013; so auch HANS-ULRICH SCHMID, Historische deutsche Fachsprachen von den Anfängen bis zum Beginn der Neuzeit. Eine Einführung (Grundlagen der Germanistik 57), Berlin 2015, S. 104.

15 KARL-FRIEDRICH KRIEGER, Ursprung und Wurzeln der Rôles d'Oléron (Quellen und Darstellungen zur hansischen Geschichte N.F. 15), Köln/Wien 1970.

Seerecht werden sie schließlich zum 'Waterrecht von Wisby'[16]. Dieses Recht wird im 16. Jahrhundert zeitweise mit einigen Seebüchern zu einer Art Seehandbuch verbunden,[17] so dass hier auch direkte Verbindungen zu sehen sind. Diese zeitliche Nähe von der Aufzeichnung der 'Rôles d'Oléron' und den Vorläufern des 'Seebuchs', sowie deren Weg nach Osten mit den Übersetzungen und Ergänzungen ist immerhin bemerkenswert. Aus demselben Zeitraum wie die Handschriften des mittelniederdeutschen 'Seebuchs' (nach SAUER zwischen 1469 und 1473[18] entstanden) stammen auch die ältesten englischen Aufzeichnungen, die 'Sailing Directions for the Circumnavigation of England'[19], die ebenfalls auf ältere Vorlagen zurückgehen. Somit wäre die Sonderstellung des mittelniederdeutschen 'Seebuchs' für Nordeuropa zu relativieren. Neben der Bedeutung für die niederdeutsche Literatur ist es vor allem als Textzeuge wichtig, denn es belegt aufgrund seiner Textgeschichte eine zumindest seit dem 14. Jahrhundert andauernde Tradition dieser Textsorte in den nordwesteuropäischen Küstenregionen.[20] Ist in der englischen Literatur diese Textsorte jedoch weitergepflegt und ausgeweitet worden, so zeigt sich für den niederdeutschen Sprachbereich mit ALBRECHT SAUER ein anderer, irritierender Sachverhalt: Obwohl es sich beim mittelniederdeutschen 'Seebuch' um "eine navigationsgeschichtliche Quelle ersten Ranges handelt", ist es

> außerordentlich erstaunlich, daß vom 'Seebuch' keine niederdeutsche hydrographische Tradition begründet wurde, sondern daß es ebenso unvermittelt wieder von der nautischen Bühne verschwand, wie es erschienen war.[21]

Eben diesem Phänomen der Nicht-Weiterentwicklung, des Fremdbleibens in der mittelniederdeutschen Literatur soll im Folgenden nachgegangen und versucht werden, seine Stellung innerhalb der navigatorischen Literatur des 15. und 16. Jahrhunderts genauer zu bestimmen.

---

16 Erstdruck: Dat gotlandsche Waterrecht, Kopenhagen bei Gotfred af Ghemen 1505. Bibliographisch nachgewiesen in den Annales Typographici ab anno MDI ad annvm MDXXXVI continvati [...] cura Georgii VVolfgangi Panzer, Vol. 7, Nürnberg 1799, S. 65, Nr. 3, sowie im Universal Short Title Catalogue Nr. 302704 (*http://www.ustc.ac.uk/editions/302704* [31.05.2019]); KAY W. SÖRENSEN, 'De Seekarte, Ost und west tho segelen' (Hamburg 1577) und 'Dat Godtlandische Waterrecht' (Hamburg 1589). Untersuchungen zur maritimen Textkultur der Hansezeit, Magisterarbeit Hamburg 1991, S. 69–71. Ein digitales Faksimile findet sich unter *https://archive.org/details/den-kbd-pil-130018097827-001* (12.12.2018).
17 SÖRENSEN [Anm. 16].
18 SAUER [Anm. 7], S. 106.
19 Editionen nach verschiedenen Handschriften: Sailing Directions for the Circumnavigation of England and for a Voyage to the Straits of Gibraltar, ed. by JAMES GAIRDNER and a Glossary by E. DELMAR MORGAN (Hakluyt Society 79), London 1889 und GEOFFREY A. LESTER, The Earliest English Sailing Directions, in: Popular and Practical Science of Medieval England, hg. von LISTER M. MATHESON (Medieval Texts and Studies 11), East Lansing 1994, S. 331–367. Zur Überlieferung vgl. PÄSLER [Anm. 1], S. 248f.
20 Vgl. die Übersichten bei PÄSLER [Anm. 1], S. 247–254 und GÜNTER SCHILDER / MARCO VAN EGMONT, Maritime Cartography in the Low Countries during the Renaissance, in: The History of Cartography, Vol. 3, Part 2, ed. by DAVID WOODWARD, Chicago/London 2007, S. 1384–1432, hier S. 1385–1396 und 1429f.
21 SAUER [Anm. 7], S. 104.

2. SEEBÜCHER UND IHRE MUTATIONEN

Um eine Antwort zu finden, müssen gewissermaßen mehrere Fäden aufgenommen und zusammengeführt werden. Die aufzunehmenden Enden sind:

1. der Hanse-Kontext,
2. neue geographische Studien sowie die Nutzung astronomischer Erkenntnisse für die Seefahrt und
3. Verschränkungen mit Marktmechanismen.

2.1. Der Hanse-Kontext

Üblicherweise wird das mittelniederdeutsche 'Seebuch' in einem wenig spezifizierten Hanse-Kontext gesehen.[22] Dies ist sicherlich nicht falsch, bietet bei genauerer Betrachtung aber keine Erklärung. Es entsteht der Eindruck, dass 'die Hanse' als Institution für Übersetzung und Verbreitung des Textes gesorgt hätte. Dafür jedoch gibt es keine Belege – wenngleich ebenso wenig für das Gegenteil.

Ein solcher Text wird weder ohne Anlass noch ohne Zweckbestimmung hergestellt bzw. in Auftrag gegeben, denn seine Erstellung verlangt finanzielle Mittel und spezielle Kenntnisse. Ob die Hanse als Organisation diese Mittel bereitstellen wollte? Zuallererst dürfte es im Einzelinteresse des Schiffers gelegen haben, ob ein solches Werk anzuschaffen ist oder nicht; ein übergeordnetes Interesse dürfte eher von einer Stadt oder Städtegruppe – vornehmlich jener Städte mit Hafen und Meereszugang – ausgegangen sein: neue Routen oder spezifisches Wissen über bereits bekannte Routen im Konfliktfall.[23] Speziell für die Benutzung des 'Seebuchs' in der Ostsee, dem wichtigsten Schifffahrtsraum der Hanse, sind jedoch erhebliche Zweifel geltend gemacht worden.[24] Sollte die Hanse – in welcher Form auch immer – für die Übersetzung verantwortlich zeichnen, käme als Ort

---

22 So z.B. in den Quellen zur Hanse-Geschichte. Mit Beiträgen von JÜRGEN BOHMBACH und JOCHEN GÖTZE. Zusammengestellt und hg. von ROLF SPRANDEL (Ausgewählte Quellen zur deutschen Geschichte des Mittelalters 36), Darmstadt 1982, S. 420–426. Vgl. auch die Arbeiten von RÖSLER [Anm. 2] und den Titel der Ausgabe von WISE [Anm. 1]; zum Problem der Hanse als Auftraggeberin von Literatur vgl. RALF G. PÄSLER, Niederdeutsch – Hanse – Literatur. Zur Diskussion des Begriffs 'Hanseliteratur', in: Deutsch-russische Kulturbeziehungen in Mittelalter und Neuzeit. Aus abendländischen Beständen in Russland. Ergebnisse der Tagung des deutsch-russischen Arbeitskreises vom 7. bis 9. April 2016 an der Philipps-Universität Marburg, hg. von NATALIJA GANINA [u.a.] (Akademie gemeinnütziger Wissenschaften zu Erfurt. Sonderschriften 49), Erfurt/Stuttgart 2017, S. 115–128.

23 Wie wichtig solches war, zeigt eindrücklich ANDREAS KAMMLER, Die Hamburger Expedition von 1433 nach Emden und gegen die Sibetsburg vor dem Hintergrund der Ausstattungsliste, in: Deutsches Schiffahrtsarchiv 25 (2002), S. 223–237.

24 Zum Beispiel UWE SCHNALL, Bemerkungen zur Navigation auf Koggen, in: Jahrbuch der Wittheit zu Bremen 21 (1977), S. 137–148. SAUER [Anm. 7], S. 179, hält die Handschriften des 'Seebuchs' zweifelsfrei für "hansische Schriften", ohne jedoch den Konnex klar darstellen zu können.

der Übersetzung am ehesten das Kontor in Brügge in Betracht; doch auch das ist nicht gesichert. Und weiterhin bleibt die Frage der Motivation.

Sollte es aufgrund von Wünschen aus der Schifffahrt entstanden sein, so hätte dies einen Markt begründet und zu "fabrikmäßig angefertigten Abschriften"[25] geführt. Dies ist durchaus möglich, anhand der Überlieferung jedoch nicht zu beweisen. Sichtbar werden solche Mechanismen erst, als um 1500 gedruckte Seebücher erscheinen.[26] Die Häufigkeit von Nachdrucken und verbesserten Neuauflagen bestimmter Texte, die sich erhalten haben, dürfte den Bedarf belegen, da Herstellung und Erwerb dieser Bücher Kapitaleinsatz verlangen. Zudem setzen sie eine spezifische Bildung voraus, die in die Lage versetzt, diese Texte zu verstehen und anzuwenden. Inwiefern diese Umstände des 16. Jahrhunderts auf die des 15. Jahrhunderts zurückprojiziert werden können, bedarf erst noch der Klärung,[27] doch anhand des vorhandenen Materials dürfte sich eine Lösung schwierig gestalten.

Die Hanse als Organisation wird also eine Verbreitung kaum getragen haben. Ob sie sich eine Übersetzung herstellen ließ, erscheint fraglich, denn die Frage bleibt: Wozu? So tritt die Hanse sowohl als auslösender als auch als konsumierender Faktor für Seebücher weiter in den Hintergrund, weil sie keine dazu passende Organisationsstruktur besaß. Auch konnten die einst erteilten Privilegien im 15. und 16. Jahrhundert nicht mehr verteidigt werden, so dass nicht-hansischer Schiffsverkehr in der Ostsee weiter zunahm.

Ein Blick auf die politischen Konstellationen zeigt, dass die deutschen Territorialstaaten im 15. und 16. Jahrhundert zwar den hansischen Aktionsradius einschränken können, dagegen aber nicht in der Lage sind, eine eigene Flottenpolitik – weder zu Handels- noch zu Militärzwecken – zu betreiben; die Kosten sind schlicht zu hoch. Im 16. Jahrhundert aber wird eine 'Politik zur See' bedeutend: Im Atlantik und Pazifik geht es letztlich um die Verteilung der Welt, in der Ostsee immerhin um die Machtverteilung unter den Anrainerstaaten. Diese Auseinandersetzung findet zwischen Schweden und Dänemark-Norwegen statt. Die deutschen Fürstentümer mit Küste sind landwärts orientiert. Allein Preußen versucht mehrfach, eine zumindest kleine Flotte aufzustellen, was jedoch immer nur von kurzer Dauer ist.[28]

Überseeische Handelsbeziehungen, also die Einrichtung von Kolonien, werden von deutscher Seite erst 1682 aufgenommen und bleiben Episode, da sie bereits 1717 wieder aufgegeben werden.[29] Es besteht somit keine Notwendigkeit für eine Navigationsakademie nach spanischem oder portugiesischem Vorbild. Die

---

25 KOPPMANN [Anm. 1], S. XII.
26 Vgl. die Zusammenstellung bei PÄSLER [Anm. 1]. S. 249–253.
27 SAUER [Anm. 7], S. 99–106; PÄSLER [Anm. 1], S. 240–245.
28 KURT FORSTREUTER, Die preußische Kriegsflotte im 16. Jahrhundert, in: ders., Beiträge zur preußischen Geschichte im 15. und 16. Jahrhundert (Studien zur Geschichte Preußens 7), Heidelberg 1960, S. 73–164 (zuerst 1940).
29 Vgl. WILFRIED WESTPHAL, Ein Weltreich für den Kaiser. Geschichte der deutschen Kolonien, Köln 2001, S. 11–13.

erste deutsche Navigationsschule entsteht aus regionalen Bedürfnissen und wird erst 1749 in Hamburg gegründet.[30]

Große Veränderungen hinsichtlich navigatorischer Fähigkeiten fallen in der Ostsee nicht an. Allein die dort nicht beheimateten Schiffer aus England oder den Niederlanden dürften Hilfen, wie sie die Seebücher boten, gerne angenommen haben. Die großen Veränderungen finden anderswo statt, nämlich auf den Ozeanen; dort wird eine andere Form der Navigation nötig. Dies aber führt zu neuen Seebüchern und zu anderen Formen von deren Distribution.

2.2. Neue geographische Studien sowie die Nutzung astronomischer Erkenntnisse für die Seefahrt

Navigatorische Neuerungen werden eingeführt, als Heinrich der Seefahrer († 1460) den Auftrag erteilt, die afrikanische Küste abzufahren und diese kartographisch aufzunehmen. Zwar wird Seefahrt weiterhin vornehmlich als Küstenfahrt betrieben, doch kommt es zunehmend zu Fahrten hinaus aufs offene Meer. Dabei werden auch Breitengrade abgesegelt und Methoden entwickelt, diese zuverlässig aus dem Stand der Sonne abzuleiten.

Völlig anders gestaltet sich das Problem, als die neue Welt entdeckt wird. Nun müssen größere Abschnitte über die offene See gesegelt und neue Küsten erkundet werden. Dies stellt neue Anforderungen an die Standortbestimmung. So werden in Portugal und Spanien Institutionen eingerichtet, in denen navigatorisches Wissen gesammelt und zu neuen Werken, in der Regel Karten, aber auch Handbüchern verarbeitet und in denen Navigation für die Überseefahrt gelehrt wird. 1503 kommt es in Sevilla zur Gründung der *Casa de la Contratación*[31] und 1504 in Lissabon durch Zusammenlegung von Vorgängerinstitutionen zur Einrichtung der *Casa da India*. Anders als die spanische Institution hat die portugiesische keine Abteilung für Navigation; diese befindet sich mit denselben Aufgaben im *Armazém de Guiné*.[32] Beide Institutionen sind sowohl für die Ausbildung der Navigatoren auf Überseefahrt zuständig als auch für die Sammlung und Ordnung neuen geographischen Wissens, insbesondere aus den Überseegebieten. Die hierbei auftauchenden Probleme sind von sehr unterschiedlicher Art, zumal das geographische Wissen nicht nur navigatorischen Zwecken zugeführt, sondern auch in einen Herrschaftsdiskurs eingebracht wird.

---

30 CHRISTINA DEGGIM, Hafenleben in Mittelalter und Früher Neuzeit. Seehandel und Arbeitsregelungen in Hamburg und Kopenhagen vom 13. bis zum 17. Jahrhundert (Schriften des Deutschen Schiffahrtsmuseums 62), Bremerhaven/Hamburg 2005, S. 315; JÜRGEN KOCH, Die Gründung der Hamburger Sternwarte und der Navigationsschule auf der Henricus-Bastion am Wall, in: Navigare necesse est. Geschichte der Navigation. Begleitbuch zur Ausstellung in Hamburg und Nürnberg, hg. von GUDRUN WOLFSCHMIDT (Nuncius Hamburgensis – Beiträge zur Geschichte der Naturwissenschaften 14), Norderstedt 2008, S. 367–385, hier S. 368.

31 Vgl. ARNDT BRENDECKE, Imperium und Empirie. Funktionen des Wissens in der spanischen Kolonialherrschaft, Köln [u.a.] 2009, S. 109–158.

32 Vgl. BRENDECKE [Anm. 31], S. 119f.

Für die Bestimmung von Segelrouten werden zunehmend Karten verwendet. Hierbei bildet die 1554 entwickelte Mercator-Projektion einen bedeutenden Fortschritt. Zwar werden auch weiterhin noch Routenbeschreibungen im alten Stil verfasst, doch treten daneben nun auch Beschreibungen und Anweisungen zum Gebrauch alter und neuer Navigationsinstrumente, Tabellen zur Berechnung des Breitengrades aus dem Sonnenstand und anderes mehr, so dass regelrechte Navigationshandbücher entstehen. Eines dieser neuen Handbücher ist das 1546 erschienene 'Breve compendio de la sphera y de la arte de navegar' des Martín Cortés, das 1561 übersetzt von Richard Eden unter dem Titel 'The Arte of Navigation' auch in London herausgegeben wird. In der Folge erscheinen dann auch originär englische Texte.[33] Der bedeutendste ist 'A Regiment for the Sea' von William Bourne, das erstmals 1574 erscheint und bis 1631 mindestens zehn Auflagen erlebt.

Die großen Fortschritte in der Navigationstechnik und deren Darstellung werden im 16. Jahrhundert vor allem auf der Iberischen Halbinsel und in England gemacht, um damit den neuen Bedürfnissen hinsichtlich der Ozeanfahrten und ihrer Folgen gerecht zu werden. Dies sollte sich als komplexer erweisen als erahnt, denn für die Navigation wurde es zunehmend wichtiger, neben dem Breitengrad auch den Längengrad zu bestimmen; ein Problem, das bekanntlich erst im 18. Jahrhundert seine Lösung fand.

Die über die *Casa de la Contratación* erfolgende Ausbildung der Navigatoren wird stark verwissenschaftlicht. Ziel dieser Ausbildung ist nicht allein, dass die Fähigkeiten der Schiffsführung verbessert werden, sondern auch, dass die Aufnahme neuer Küsten möglichst standardisiert wird. Doch auch hier sind die Probleme größer als erwartet, zumal die Seeleute gegen eine allzu theorielastige Ausbildung protestieren, da die bislang geübte Praxis für sie zielführender ist.[34]

Der oben bereits angesprochene Wissenstransfer von Spanien nach England hat neben der Übersetzungspraxis auch eine personelle Komponente. Der von 1518 bis 1548 oberste Navigator, der *piloto mayor* und Leiter der Navigationsabteilung der *Casa de la Contratación*, Sebastiano Caboto, tritt anschließend als Sebastian Cabot in englische Dienste.[35]

Zusätzlich entstehen um 1500 an der bretonischen Küste Spezialbücher: die Tidehandbücher des Guillaume Brouscon mit Karten und Tabellen; sie liegen sowohl handschriftlich als auch gedruckt zahlreich vor.[36] Sie umfassen vorwiegend die Atlantik- und Kanalküsten Frankreichs und Englands, da hier die Häfen lie-

---

33 Übersicht bei DAVID W. WATERS, English Navigational Books, Charts and Globes Printed down to 1600, in: Revista da Universidade de Coimbra 32 (1986), S. 239–257.

34 Es ging vor allem um ein "System doppelter Breitengradangaben" (BRENDECKE [Anm. 31], S. 136); dieses war für Praktiker unter Seeleuten sehr hilfreich, um ihre Schiffe richtig zu führen; wissenschaftstheoretisch war es allerdings nicht zu rechtfertigen (vgl. ebd., S. 137–140).

35 Vgl. DAVID WATERS, The Iberian Bases of the English Art of Navigation in the Sixteenth Century, in: Agrupamento de Estudos de Cartografia antiga 37 (1970), S. 1–19.

36 Vgl. LOUIS DUJARDIN-TROADEC, Les Cartographes Bretons du Conquet. La Navigation en Images 1543–1650, Brest 1950, S. 19–27; H. DEREK HOWSE, Some Early Tidal Diagrams, in: Revista da Universidade de Coimbra 33 (1985), S. 365–385.

gen, für die der Tidestand bei der Ein- und Ausfahrt eine essentielle Information ist. Transfers dieser Texte ins Mittelniederdeutsche gibt es nicht. Erst mit dem kleinen Werk von Jacob Alday[37] wird ein Anschluss an diese Entwicklung er-reicht (s.u.).

Eine Entwicklung besonderer Art findet dagegen in den Niederlanden statt. Werden die bekannten französischen Seebücher des 15. Jahrhunderts, der 'Rout-tier de la mer' und der 'Grand routtier'[38] sowie der englische 'Rutter of the Sea'[39] nunmehr gedruckt und regelmäßig neu aufgelegt, so werden diese in den Nieder-landen neu geordnet, aktualisiert und erweitert.[40] Hier bildet sich ein gewisserma-ßen diversifizierter Markt,[41] und einige der niederländischen Texte werden ins Mittelniederdeutsche, Englische oder Dänische übersetzt. Als das am weitesten verbreitete Seebuch gilt 'Die caerte vander see om oost ende west te seylen', das nachweisbar erstmals 1561 bei Jan Ewoutzoon in Amsterdam erscheint, allerdings in der 'Kaert van der zee' von 1532 und 1540 einen direkten Vorgänger und mit diesem auch die textliche Verbindung zum mittelniederdeutschen 'Seebuch' hat.[42]

Die Erweiterungen bestehen nicht allein darin, dass die Artikelzahl erhöht sowie Ergänzungen und Aktualisierungen angebracht, sondern dass auch Abbil-dungen hinzugefügt werden. Dabei handelt es sich jedoch nicht um Karten, son-dern um Aufrisse von Küstenlinien von der Seeseite, die sogenannten Vertonun-gen. Solche finden sich im 'Grand routtier' (1521), der 'Kaert van der zee' (1532) und den davon abhängigen 'De Seekarte ost vnd west te seghelen' (1571), der 'Søkarte' (1568) oder dem 'Safegard of sailors' (1587).

Zudem entstehen in den Niederlanden Seebücher, die stärker regional ausge-richtet sind, also besonderes Augenmerk auf die schwierigen, sich z.T. erheblich verändernden heimischen Gewässer legen. Gegen Ende des 16. Jahrhunderts wer-den in den Niederlanden dann vermehrt Atlanten hergestellt, in die vor allem überseeische Gewässer einbezogen werden, denn auch die Niederlande schicken sich an, ein Kolonialreich zu errichten.

Hingewiesen sei an dieser Stelle auf Werke, die zwar die Kombination von Text und Vertonung aufweisen, bei denen die Vertonungen aber zusätzlich mit Kartendarstellungen verbunden sind. Zu nennen sind das um 1580 entstandene und nur handschriftlich überlieferte mittelniederländische 'Zeeboek'[43] und 'Die

---

37 WOLFGANG KÖBERER, Das älteste niederdeutsche Navigationshandbuch von Jacob Alday aus dem Jahr 1578 (Raritäten der Seefahrtsgeschichte aus dem Deutschen Schiffahrtsmuseum 1), Wiefelstede 2009.
38 Vgl. PÄSLER [Anm. 1], S. 249 (Nr. A.3) und S. 250 (Nr. B.1).
39 Vgl. ebd., S. 250 (Nr. A.6).
40 Vgl. die Übersicht bei PETER VAN DER KROGT, Commercial Cartography in the Netherlands with Particular Reference to Atlas Production (16th–18th centuries), in: Cicle de confèrencies sobre Història de la Cartografia, 4rt curs: La Cartografia dels Països Baixos (Collecció mono-grafies 13), Barcelona 1995, S. 71–140, hier S. 118–121; SCHILDER/VAN EGMONT [Anm. 20], S. 1385–1396 und 1429f.
41 Vgl. die schematische Übersicht bei SCHILDER/VAN EGMONT [Anm. 20], S. 1386.
42 Vgl. die Artikelkonkordanz bei SÖRENSEN [Anm. 16], S. 359–372.
43 'Het Zeeboek' [Anm. 1].

Kaerte vande Oost ende West Zee' von 1587[44]. Diese Werke können als Zwischenschritt auf dem Weg vom Seebuch zur modernen Seekarte interpretiert werden.

Der niederdeutsche Bereich partizipiert hier nur insofern, als mit 'De Seekarte ost vnd west the seghelen' erneut ein niederländischer Text übersetzt wird. Eigenständige niederdeutsche Texte werden nicht produziert.

2.3. Verschränkungen mit Marktmechanismen

Wie bereits dargelegt, wird ein 'Seebuch' nicht ohne spezifisches Interesse angefertigt. Dazu wird ein Ziel definiert, z.B. die Beschreibung eines bestimmten Streckenabschnitts über See. Anschließend müssen die dazu nötigen Informationen besorgt werden, was in der Regel ohne den Einsatz von Kapital kaum zu bewerkstelligen ist.

Die Gründe der Zieldefinition können zudem divergieren. Sie können herrschaftlich-staatlicher, aber auch merkantiler Art sein. Sind sie merkantiler Art, so ist die Amortisation impliziter Teil der Zieldefinition. Das heißt, das Werk muss sich verkaufen, weshalb Informationen zusammengestellt werden, die auf einen aufnahmewilligen Markt treffen.

Herrschaftlich-staatlich motivierte Segelanweisungen sind in ihrer Zielsetzung zumeist klarer, d.h. enger, definiert, denn sie dienen der Exploration und in der Regel auch Exploitation fremder Länder oder militärischen Zwecken. Sie werden, wenn überhaupt, nur in sehr begrenztem Umfang vervielfältigt und gelangen nicht auf den Markt, sondern werden archiviert. Letzteres erklärt, weshalb speziell sie die Zeiten wesentlich besser überstanden haben.[45]

In den Niederlanden ist es gelungen, für diese Art Seebücher einen besonders aktiven Markt mit einer Vielzahl an Texten zu schaffen. Einige dieser Texte werden, wie bereits angesprochen, sogar übersetzt. Doch erfolgen die Übersetzungen nicht allein dazu, weitere Märkte zu eröffnen, sondern – so im Falle Dänemarks – auch auf herrschaftliche Anweisung. In diesem Fall erhalten Seebücher den Charakter von Lehrbüchern; hier wird versucht, an neue Entwicklungen anzuknüpfen.

Die Situation in England zeigt sich wiederum anders: Hier werden zunehmend Texte geschaffen, die einen unterweisenden Charakter haben, aber zugleich auch als Handbücher auf See dienen. Der unterweisende Charakter liegt vor allem darin, dass sie erläutern, wie die neuen Instrumente und die dazu nötigen und in diesen Werken abgedruckten Tabellen zur Positionsbestimmung zu gebrauchen

---

44 PÄSLER [Anm. 1], Nr. B.9 (S. 253).

45 Als Beispiel sei auf den 'Seaman's Rutter and Pilot's Chart' von 1539 hingewiesen; vgl. ALWYN RUDDOCK, The Earliest Original English Seaman's Rutter and Pilot's Chart, in: The Journal of the Institute of Navigation 14 (1961), S. 409–431. – Die beiden vollständigen Handschriften des mittelniederdeutschen 'Seebuchs' haben vermutlich die Zeiten nur deshalb überstanden, weil sie ebenfalls archiviert wurden; die genauen Umstände sind jedoch nicht mehr rekonstruierbar. Ähnlich verhält es sich mit den 'Sailing Directions' [Anm. 19], die sich in Handschriften finden, deren Inhalt ansonsten mit Seefahrt nichts zu tun hat.

sind. Segelanweisungen in der Art des 'Seebuchs' werden immer seltener aufgelegt, da der weitere Kurs nun in Verbindung mit Kartenwerken festgelegt werden kann.

Anschluss an diese Entwicklung gewinnt das Niederdeutsche erst sehr spät, nämlich am Ende des 16. Jahrhunderts. 1578 verlegt Johann Balhorn in Lübeck in erster Auflage 'Dat Instrument vnde Declinatie der Sünnen' von dem Engländer Jacob Alday.[46] Erst Mitte des 17. Jahrhunderts erscheint in Hamburg der 'Wechwyser Tho de Kunst der Seevaert'[47], in dem alle Aspekte der Seefahrt vereint sind.

3. FAZIT

Das 'Seebuch' ist als Übersetzung in die mittelniederdeutsche Literatur gekommen. Zu diesem Zeitpunkt hat es bereits eine lange Geschichte, aber außerhalb der mittelniederdeutschen Sprache und ebendort wird seine Geschichte fortgesetzt. Aus dem 'Seebuch' ist kein eigenständiges niederdeutsches Werk erwachsen, stattdessen wurde ein anderes, das als sein Nachfolgeprodukt gilt, ebenfalls aus dem Niederländischen übersetzt und liegt in vier Auflagen[48] vor. Dass es zu dieser weiteren Übersetzung mit einer zumindest in Ansätzen erfassbaren Verbreitung kommt, lässt auf einen gewissen Bedarf an dieser Literatur schließen. Wie groß, wie weitreichend und welchen Benutzungsumständen er unterlegen ist, kann daraus kaum entnommen werden. Weitestgehend wird man auf die Texte selbst zurückgeworfen.

Auf der einen Seite findet ein Anschluss und eine Weiterführung der mittelniederdeutschen Literatur an diese Traditionslinie nautischer Texte nicht statt. Neuere Texte werden im 15. Jahrhundert nicht, im 16. Jahrhundert erst spät feststellbar. Auch die Einrichtung von Navigationsschulen erfolgt im niederdeutschen Sprachgebiet erst spät. Dass andererseits die Handelstätigkeit zur See nachgelassen hätte, lässt sich nicht nachweisen. Im Schiffbau ist man auf der Höhe der Zeit.

In einer Übersicht zu kartographischen Tätigkeiten des untersuchten Zeitraums stellt SAUER fest:

> Nahezu alle hiesigen [= deutschen] nautischen Lehrbücher vor 1800 kommen aus den Niederlanden bzw. sind in niederländischer Sprache verfasst, selbst wenn sie aus deutscher Feder stammen.[49]

---

46 KÖBERER [Anm. 37]. Die zweite und letzte Auflage davon erscheint 1592.

47 Wechwyser Tho de Kunst der Seevaert. Allen Seevaerenden sehr nütte und Deenlick. Mit grohtem Flyte gestellet alcuseret und im Druck gegeven Dorch Hanß Tangermann, Hamburg o.J. (ca. 1656).

48 VD16, S 5268–5271.

49 ALBRECHT SAUER, Kartographie und Seefahrt in den deutschen Territorien der Frühen Neuzeit, in: Kartographie der Frühen Neuzeit. Weltbilder und Wirkungen. Ergebnisse des in Kooperation mit der Kartenabteilung der Staatsbibliothek zu Berlin durchgeführten internationalen Symposiums am Weserrenaissance-Museum Schloss Brake (04.–06. April 2014), hg. von

Dies deutet darauf hin, dass die Sogkraft des niederländischen Marktes ungleich größer war als die des (nieder)deutschen.

Daraus darf geschlossen werden, dass ein Bedarf an solcher Literatur auf deutscher Seite begrenzt war – sowohl an Seebüchern als auch an allgemeiner navigatorischer Fachliteratur. Erklären lässt sich dieses Phänomen zum einen dadurch, dass Schifffahrt weitgehend in den alten Regionen und auf bekannten Routen betrieben wurde. Anders als in Spanien, Portugal, England und dann in den Niederlanden und Frankreich gab es im Reich wegen dessen territorialer Zersplitterung keine zentrale Institution, die wegweisend hätte eingreifen können. Die sich ausbildenden Territorien an den Küsten aber hatten nicht das Kapital und vermutlich auch nicht das Interesse an kolonialem Territorialgewinn, der Seefahrt in diesem Ausmaß notwendig gemacht hätte. Wenn sich deutsche Händler an überseeischen Kampagnen beteiligten, so taten sie es u.a. über portugiesische, spanische oder niederländische Institutionen. Auch der kurze Ausflug in den Kolonialismus zu Ende des 17. Jahrhunderts erfolgte mit wesentlicher Unterstützung niederländischer Seeleute. Eine Notwendigkeit zur Seefahrt bestand für das Reich und seine Territorien anscheinend nicht, dies blieb weiterhin privater Initiative überlassen. Zum anderen setzte die Anwendung von Literatur, insbesondere der nautischen, auf astronomische Berechnungen beruhenden "einen Mentalitätswandel der Steuerleute voraus[...]"[50], der so erst sehr viel später vollzogen wurde.

Apl. Prof. Dr. Ralf G. Päsler, Institut für Deutsche Philologie des Mittelalters im Fachbereich 09 der Philipps-Universität Marburg, Wilhelm-Röpke-Straße 6A, D–35032 Marburg
E-Mail: paesler@staff.uni-marburg.de

MICHAEL BISCHOFF, VERA LÜPKES und WOLFGANG CROM (Studien zur Kultur der Renaissance 5), Marburg 2015, S. 44–50, hier S. 45.
50 BRENDECKE [Anm. 31], S. 154.

THE ICONOGRAPHY OF BIRGITTA OF SWEDEN
IN INCUNABLES OF THE LÜBECK PRESSES

by ELIZABETH A. ANDERSEN

INTRODUCTION

It is well recognised that through the visions she experienced in the Holy Land, Birgitta of Sweden (1303–1373) had a decisive impact on the iconography of the Crucifixion and, even more so, of the Nativity. The detail of her 'eye-witness' accounts brought about a radical change in the way these events were depicted.[1] What has been less recognised is the significance of the iconography of herself in the depiction of her as a saint. This offers insight into shifts in the understanding of her life and work, nuanced according to regional context. Northern Germany is the regional context for the case study that follows. In the iconography of the woodcuts of the Lübeck presses Birgitta emerges as a saint with a clearly defined identity.

Birgitta, the most important saint of northern Europe, exercised a profound influence on the spirituality of the late Middle Ages through the 'Revelationes Sanctae Birgittae' which record her prophetic visions.[2] In the 'Revelationes' Birgitta emerges as a charismatic and political visionary whose contemplative mysticism was interwoven with social engagement and a commitment to the salvation of the world. That her vocation only became clear after the death of her husband Ulf Gudmarsson in c. 1345 is reflected in the highlighting of her widowhood in the iconography. There are few biographical facts recorded before Birgitta received her 'calling vision' in which she was directed to become the *sponsa et canale*, the bride and mouthpiece of Christ. It can be inferred that she came from a well-connected family, since her mother's family was related to the royal Folkung dynasty. This fact is sometimes reflected in the iconography, most particularly in

---

1   ELIZABETH ANDERSEN, Das Kind sehen. Die Visualisierung der Geburt Christi in Mystik und Meditation, in: Sehen und Sichtbarkeit in der Literatur des deutschen Mittelalters. XXI. Anglo-German Colloquium London 2009, ed. by RICARDA BAUSCHKE, SEBASTIAN COXON and MARTIN H. JONES, Berlin 2011, pp. 290–310.

2   Cf. ELIZABETH ANDERSEN, Birgitta of Sweden in Northern Germany. Translation, Transmission and Reception, in: A Companion to Mysticism and Devotion in Northern Germany in the Late Middle Ages, ed. by ELIZABETH ANDERSEN, HENRIKE LÄHNEMANN and ANNE SIMON (Brill's Companions to the Christian Tradition 44), Leiden 2013, pp. 205–230, at pp. 212–215; BRIDGET MORRIS, St Birgitta of Sweden (Studies in Medieval Mysticism 1), Woodbridge 1999; CLAIRE SAHLIN, Birgitta of Sweden and the Voice of Prophecy (Studies in Medieval Mysticism 3), Woodbridge 2001.

southern Germany where Birgitta is a less local figure. Here she is more readily cast in the standard patterns of a saint's life, as, for example, in the rejection of the comfort of a royal life in favour of a humble one (cf. Alexius, and closer to home, Elisabeth of Thuringia). The starting point for Birgitta's fame and her regular visions is 1349 when she was directed by Christ to go to Rome. Accompanied by three of her eight children, Karl, Birger and Katarina, she spent the rest of her life there, making a pilgrimage to the Holy Land during which she received her most notable vision, that of the Nativity. It was this 'eye-witness' account that was to result in the later depiction of her in the authoritative guise of a Church Father.

Birgitta has impressive credentials as a saint. Work on the application for canonisation began in the year following her death. The process was initiated in 1377 under Pope Gregory XI. It stalled on Gregory's death in 1378 but was renewed under his successor Pope Urban VI and then completed with spectacular speed in 1391 under Pope Boniface IX, just eighteen years after Birgitta's death. She has the distinction of being Sweden's first canonised saint and was declared patron saint of Sweden in 1396.[3] She has the further distinction of being the only woman to be canonised in the fourteenth century. Among saints of the second millennium she is unique as the mother of a saint, her daughter Katarina. These distinguishing features gave Birgitta a wide appeal and made her a very attractive saint for northern Europe with its paucity of more widely known saints. Within the hierarchy of the Church, from the Virgin Mary and the Apostles via the Martyrs and Confessors to the Holy Virgins and Holy Widows, Birgitta is counted amongst both the Confessors and the Holy Widows, indeed she is a patron saint of widows, closely aligned with St Anne, the apocryphal grandmother of Christ. The keen interest in the Holy Kinship in the fifteenth century generated by the figure of Anne is reflected in the Mohnkopf 'Sunte Birgitten Openbaringe' through the highlighting of the mother and daughter relationship of Birgitta and Katarina.[4] Birgitta is also a patron saint of pilgrims, reflecting the three pilgrimages she made in her life: along the way of St James to the shrine of Santiago de Compostela in Spain, to the Holy City of Rome and to the Holy Land.

The rich iconography associated with Birgitta reflects her multi-facetted identity with shifts of significance achieved through the foregrounding of various par-

---

3   Cf. ORTRUD REBER, Die Gestaltung des Kultes weiblicher Heiliger im Spätmittelalter. Die Verehrung der Heiligen Elisabeth, Klara, Hedwig und Birgitta, Hersbruck 1963, p. 90. In 1999, John Paul II named Birgitta, alongside Benedict of Nursia, Cyril and Methodius, Catherine of Siena and Edith Stein, as one of the patron saints of Europe.

4   Cf. ELIZABETH ANDERSEN, Heiligkeit auf Niederdeutsch: Birgitta und Katharina von Schweden in Lübecker Frühdrucken, in: NdJb 136 (2013), pp. 37–58. This aspect of Birgitta's identity does not, however, emerge in the woodcuts of the texts which are the focus of this article. MERETH LINDGREN, Bilden av Birgitta, Höganäs 1991, p. 31, draws attention to a small woodcut, probably made in Vadstena, from the end of the fifteenth century, in which Birgitta is depicted seated, writing down her revelations, while a family tree issues from her, with her eight children sitting in the branches. LINDGREN sees this as a "paraphrase" of a German copperplate by the 'Meister mit dem Dächlein' portraying St Anne and the Holy Family. A similar visual image of the family tree of the Holy Family, headed by St Anne, is employed in the 'Schedelsche Weltchronik' [Nuremberg Chronicle], fol. XCV^r.

ticular aspects. This concerns her dress as well as her attributes and, most importantly, the position and context in which she is depicted. From the earliest illustrations of Birgitta, she is identified as a matron and as a widow by the manner of her dress. Typically, she is portrayed wearing a full-length habit, when coloured in then black or dark blue, and on her head, as a widow, she wears a wimple and a veil, both white in colour. Her sanctity is represented by a halo around her head. The eagerness to adopt her as a saint is evident in the illuminations of the Neapolitan manuscripts (see below) where, even before her canonisation, her head is surrounded by an effulgence of golden rays.[5] Occasionally, she is depicted in the habit of her order with the distinctive headdress of the Birgittines. This has two bands which form a cross over the head, the arms of which are connected by a circular band. Set in this cross-band crown, one at each joint, are five red stones recalling the five wounds Christ suffered on the Cross. The anachronistic depiction of Birgitta as a Birgittine nun may be seen as the desire of the Birgittine Order to claim credit for her in much the same way as a ruling house liked to have an ancestor of their own as a saint. Alongside the physical representation of Birgitta, her variegated identity as visionary prophet, devout laywoman, pilgrim and as the founder of a monastic order is recognised through the depiction of a range of saint's attributes. Most typically these include a pilgrim's staff, wide-brimmed hat and satchel; a writing desk, pen and inkstand; a book and a crown.[6]

Research into the iconography of Birgitta of Sweden in medieval texts has been principally concerned with manuscript illustration of the fifteenth century, most notably the Neapolitan manuscripts of the 'Revelationes Sanctae Birgittae'.[7] Images of Birgitta feature, of course, in ALBERT SCHRAMM's comprehensive survey of incunable woodcuts,[8] but otherwise there has been limited research focused on Birgittine iconography in early printed texts. This chapter takes as its primary focus the woodcut representations of Birgitta of Sweden in four incunable texts printed in Lübeck in the late fifteenth century.

---

5   "This effulgence was used in late medieval Italian art to denote someone with a reputation for sanctity, before they were declared to be saints", HANS AILI / JAN SVANBERG, Imagines Sanctae Birgittae. The Earliest Illuminated Manuscripts and Panel Paintings Related to the Revelations of St Birgitta of Sweden, 2 vols, Stockholm 2003, p. 62.

6   Cf. HILTGART L. KELLER, Birgitta von Schweden, in: Reclams Lexikon der Heiligen und der biblischen Gestalten. Legende und Darstellung in der bildenden Kunst, 8th edn., Stuttgart 1996, pp. 88s.

7   ISAK COLLIJN, Iconographia Birgittina Typographica. Birgitta och Katherina i Medeltida Bildtryck, Uppsala/Stockholm 1915 (*https://archive.org/details/iconographiabir1v2coll* [12.12.2018]); CARL NORDENFALK, Saint Bridget of Sweden as Represented in Illuminated Manuscripts, in: De Artibus Opuscula XL. Essays in Honor of Erwin Panofsky, ed. by MILLARD MEISS, New York 1961, pp. 371–393; illustrations pp. 122–127 (*www.mgh-bibliothek.de/dokumente/b/b042377.pdf* [12.12.2018]); LINDGREN [fn. 4]; AILI/SVANBERG [fn. 5].

8   ALBERT SCHRAMM, Der Bilderschmuck der Frühdrucke, 20 vols, Leipzig 1922–1937 (*http://digi.ub.uni-heidelberg.de/diglit/schramm1920ga* [12.12.2018]).

These are:

- From the printing house of Bartholomäus Ghotan: 'Revelationes Sanctae Birgittae' (1492); 'Sunte Birgitten Openbaringe' (c. 1484–1496), a compilation in Low German of extracts from the 'Revelationes' combined with pseudo-Birgittine material on the subject of Christ's Passion.[9]
- From the Mohnkopf Press: an adaptation and reframing of the 'Revelationes' in Low German for a devout lay readership, also entitled 'Sunte Birgitten Openbaringe' (1496).[10]
- From the printing house of Steffen Arndes: a Low German version of the German legendary, 'Passionael efte dat Levent der hyllighen to dude' (1492).[11]

The significance of the woodcuts of Birgitta in these volumes is contextualised through comparison with a range of matching and contrastive incunable texts printed in Nuremberg, principally by Anton Koberger, namely:

- From the printing house of Konrad Zeninger: 'Bürde der Welt' (1481).[12]
- From the printing house of Anton Koberger: the 'Revelationes Sanctae Birgittae' (1500) and the translation of this into High German, 'Das puch der himlischen offenbarung der heiligen wittiben Birgitte von dem künigraich Sweden' (1502); a High German edition of the German legendary, 'Passional, das ist der Heyligen Leben' (1488); Hartmann Schedel's 'Liber chronicarum' [Book of Chronicles] (1493) and the translation of this into German, 'Die Schedelsche Weltchronik' [Nuremberg Chronicle] (1493).[13]

Lübeck and Nuremberg were both leading centres of printing in the late fifteenth century. Although geographically far apart, they had much in common as imperial free cities; the economic, political and social composition of these cities created environments which were favourable to the development of a progressive and

---

9   'Revelationes Sanctae Birgittae' (Lübeck: Bartholomäus Ghotan, 1492) [GW 4391]; The Revelations of St Birgitta of Sweden, trans. by DENIS SEARBY, Introduction and Notes by BRIDGET MORRIS, 4 vols, Oxford 2006–2015; 'Sunte Birgitten Openbaringe' (Lübeck: Bartholomäus Ghotan, c. 1484–1496) [GW 4394].
10 'Sunte Birgitten Openbaringe' (Lübeck, 1496) [GW 4395].
11 'Passionael efte dat Levent der hyllighen to dude' (Lübeck: Steffen Arndes, 1492) [GW M11134].
12 'Dis buchlein wirt genant die burde der welt und die weissagung und offenbarung von den zukunftigen betrubnissen die dise welt uber gen werdent' (Nuremberg: Konrad Zeninger, 1481) [GW 4400].
13 'Revelationes Sanctae Birgittae' (Nuremberg: Anton Koberger, 1500) [GW 4392]; 'Das puch der himlischen offenbarung der heiligen wittiben Birgitte von dem kuenigreich Sweden' (Nuremberg: Anton Koberger, 1502) [VD16 B 5596]; 'Passional, das ist der Heyligen Leben' (Nuremberg: Anton Koberger, 1488) [GW M11407]; 'Liber chronicarum' (Nuremberg: Anton Koberger, 1493) [GW M40784]; 'Die Schedelsche Weltchronik' (Nuremberg: Anton Koberger, 1493) [GW M40796].

coherent urban literary culture in the new age of printing.[14] Furthermore, it is known that there was direct contact amongst the printing houses of the North and the South. Anton Koberger had contact with the printers from Lübeck around the mid-1480s, becoming a regular annual visitor of the book fairs held in Lübeck.[15]

THE TEXTUAL HISTORY OF THE 'REVELATIONES SANCTAE BIRGITTAE' IN THE GERMAN-SPEAKING LANDS

The *editio princeps* of the authorised text of the 'Revelationes Sanctae Birgittae', printed by Bartholomäus Ghotan in 1492 as a commission from the motherhouse of the Birgittine Order at Vadstena, is the result of a complex editorial process which shows how northern Germany actively participated in shaping the intellectual landscape of medieval Europe. This process was initiated and supported in Sweden by three confessors to Birgitta: Master Mathias Ovidi, canon of Linköping; Prior Petrus Olavi of the Cistercian Abbey of Alvastra; and his namesake Master Petrus Olavi of Skänninge, both of whom were involved with the translation of Birgitta's revelations from Swedish into Latin. Birgitta's fourth confessor, Alfonso Pecha, a former bishop of Jaén whom Birgitta met in Rome in 1367, edited and shaped some 700 revelations into eight books, providing the chapters with titles. Birgitta's revelations range from private devotion to public and political messages; she meditates on the human condition, domestic affairs in Sweden and ecclesiastical matters in Rome; she expresses devotion to the Virgin Mary and praise of the Incarnation. This considerable range is reflected in the book illustrations, as will become clear below. After the establishment of the Birgittine Order in the 1380s, the canonisation of Birgitta in 1391, and the spread of the Birgittine cult throughout Europe, interest in the 'Revelationes' grew rapidly.[16] This was particularly marked in Italy, where Birgitta had spent the last two decades of her life after her 'calling vision'.

BRIDGET MORRIS estimates that some ten copies of the 'Revelationes' were made in preparation for the first papal commission under Gregory XI and fifteen for the second under Urban VI.[17] She conjectures that around 1380 there were probably about fifty copies in circulation, most of these in royal or ecclesiastical hands in southern or central Europe. The foremost scriptorium in this early period of transmission was to be found in Naples where the Birgittine cult had been quick to develop. There are three extant Neapolitan manuscripts: the oldest, writ-

---

14 Cf. ELIZABETH ANDERSEN, Religious Devotion and Business. The Pre-Reformation Enterprise of the Lübeck Presses, in: Ons Geestelijk Erf 87 (2016), pp. 200–223.

15 HEINRICH GRIMM, Die Buchführer des deutschen Kulturbereichs und ihre Niederlassungsorte in der Zeitspanne 1490 bis um 1550, in: Archiv für Geschichte des Buchwesens 7 (1965–67), col. 1153–1932, at 1569s.

16 Cf. The Translation of the Works of St Birgitta of Sweden into the Medieval European Vernaculars, ed. by BRIDGET MORRIS and VERONICA O'MARA (The Medieval Translator 7), Turnhout 2000.

17 SEARBY/MORRIS [fn. 9], vol. 1, pp. 19–21.

ten in 1377 and based on Alfonso's earliest redaction, is to be found in the Biblioteka Narodowa in Warsaw (MS 3310); the other two, representing Alfonso's
second redaction, are held in the Pierpont Morgan Library in New York (MS
M.498) and in the Biblioteca centrale della Regione Siciliana in Palermo (MS
IV.G2), both from c. 1378. These three manuscripts are illuminated with images
of Birgitta, providing evidence of the early iconography associated with her as a
saint.[18] For the purposes of this study they provide a point of comparison for the
visual representation of Birgitta in the Lübeck incunables a century later, serving
to highlight the particular aspects of Birgitta's identity as a saint that are most
prominent in the northern German context.

The Latin text of the 'Revelationes' circulated throughout the German-
speaking lands. However, the impact of the 'Revelationes' is perhaps most evident in the degree to which they were translated into the vernacular. The translation of extracts into German began as early as the late fourteenth century, although the majority are from the fifteenth. In his survey of translations into Upper
German, ULRICH MONTAG notes that the earliest translation activity starts in Central German but becomes most prolific in Upper German, centring on the Birgittine monasteries of Gnadenberg (near Nuremberg), Maihingen (near Nördlingen)
and Altomünster (between Munich and Augsburg) as well as the Dominican convent of St Catharine in Nuremberg.[19] From the evidence of extant manuscripts,
there is less translation activity in the Low German-speaking area, reflecting the
general pattern of later translation into the vernacular in northern Germany, which
is attributable to the high level of Latin learning in women's convents.[20] However,
here too the authority and impact of Birgitta is recognised in extracts from the
'Revelationes' included in selections from the Gospels, sermons and florilegia.[21]
The first full translation, into the Upper German vernacular, was executed in
c. 1470 by Nicolaus Koch, a monk from Gnadenberg.[22]

With the advent of print, the apparent dominance of southern Germany in the
dissemination of Birgitta's 'Revelationes' yields to the supremacy of Lübeck with
the commission of the *editio princeps* by Vadstena from Ghotan. A priest, Petrus
Ingemari, later Confessor General to the convent, and a lay brother, Gerardus, a
German by birth *qui novit sculpere et depingere* [who knew how to engrave and
draw], went to Lübeck in September 1491 to see the edition through the presses.[23]

---

18 Cf. NORDENFALK [fn. 7]; AILI/SVANBERG [fn. 5].
19 ULRICH MONTAG, Das Werk der heiligen Birgitta von Schweden in oberdeutscher Überliefe-
     rung (MTU 18), Munich 1968.
20 Cf. HENRIKE LÄHNEMANN, Bilingual Devotion in Northern Germany. Prayer Books from the
     Lüneburg Convents, and EVA SCHLOTHEUBER, Intellectual Horizons: Letters from a Northern
     German Convent, in: ANDERSEN/LÄHNEMANN/SIMON [fn. 2], pp. 317–342 and pp. 343–372.
21 Cf. JAMES HOGG, Sunte Birgitten openbaringe (Spiritualität heute und gestern 7 = Analecta
     Cartusiana 35), Salzburg 1990, p. 153.
22 Extant in two folio volumes: Augsburg, University Library, III.1.2° 17 and III.1.2° 18.
23 Diarium Vadstenense. Latinsk text med översättning och kommentar, ed. by CLAES GEJROT,
     Stockholm 1996, 868 (p. 364). Gerardus is also described as a *bonus pictor* [a skilled artist],
     1036 (p. 428).

Although not made explicit in the memorial book of Vadstena, it is possible that Petrus Ingemari acted as copyeditor and Gerardus as the artist of the woodcuts.[24] The relevant entry in the memorial book on the printing of the 'Revelationes' records the magnitude and the significance of this commission: 800 paper copies and a further sixteen copies on vellum.[25]

The Ghotan edition of the 'Revelationes Sanctae Birgittae' comprises Books I to VII (the 'Liber caelestis'), followed by Book VIII, the 'Liber caelestis Imperatoris ad reges' [The Heavenly Emperor's Book to Kings], which is prefaced by the 'Epistola Solitarii ad reges' [The Hermit's Letter to Kings] (a defence of the revelations by Alfonso), and supplemented by four further 'books', the 'Regula Salvatoris' (the Rule of the Birgittine Order), 'Sermo angelicus' (the Matins readings for use by the Birgittine nuns), 'Quattuor orationes' (four prayers composed by Birgitta), and finally the 'Revelationes extravagantes' (a collection of some 116 additional revelations, gathered by Prior Petrus of Alvastra, that were not included in the canonisation edition). The Ghotan 'Revelationes' are accompanied by various paratexts: The volume opens with the 'Epistola domini Johannis Cardinalis de Turrecremata', an abbreviated version of the defence put up by the Spanish Dominican Cardinal Juan de Torquemada in connection with the controversy generated by the 'Revelationes' at the Council of Basel in the 1400s. Included in Torquemada's 'Epistola' is the Bull 'Canonizationis beatae Birgittae', issued by Pope Boniface IX on 7 October 1391, and Martin V's 'Confirmatio canonizationis beatae Birgittae', 1 July 1419. The text of the 'Revelationes' is immediately prefaced by Master Mathias's 'Stupor et mirabilia' [Amazement and wonders] (a prologue in defence of Birgitta's revelations). The work closes with the 'Vita abbreviata sanctae Birgittae', followed by an extensive alphabetical index and a prayer to St Birgitta. The volume is large folio in format, has 422 leaves, with forty-six lines to the page in double columns and includes fifteen woodcuts as a series of full page and smaller illustrations. These imposing dimensions indicate the intended representational function this volume was to have for the Birgittine Order, while also ensuring the Order's control over the legacy of their founding saint. The sheer size of the volume endows it with an air of authority, intended no doubt to quash the intense controversy that surrounded Birgitta's claim to divine inspiration and the orthodoxy of her revelations.[26]

THE DEVELOPMENT OF A BIRGITTINE ICONOGRAPHY

The three Neapolitan manuscripts, referred to above, would have been copied and illuminated before Birgitta's canonisation, at some point between 1377 and 1381. The pictorial cycle contained in these manuscripts comprises three full-page illuminations and thirteen historiated initials. These images are prototypical in the

---

24 COLLIJN [fn. 7], p. viii.
25 GEJROT [fn. 23], 889 (p. 378).
26 Cf. SAHLIN [fn. 2], pp. 221–229.

development of a dominant paradigm in Birgittine iconography. It is generally not the individual visions granted to Birgitta that are the focal point of the illustrations but rather the process of the generation and dissemination of the book of her revelations. AILI and SVANBERG identify three aspects in the visual realisation of this process.[27]

Firstly, the illuminator affirms the authenticity of the divine inspiration which Birgitta receives through the deployment of white rays of light that connect her with Christ and Mary. This is a striking feature in two of the three whole-page illustrations. In the frontispiece to Book I (cf. plate 4), in the bottom register of the illustration, Birgitta is depicted sitting by her desk on which a pen case, inkhorn and two notebooks can be seen. She holds a quill in her right hand, ready to record her revelation in the book open on her knee. Two beams of light connect Birgitta directly to Christ and Mary in the heavenly upper register. In the frontispiece to Book V, the 'Book of Questions', we see how Birgitta, on her way to Vadstena on horseback, receives the vision of the monk on the ladder who is putting questions to Christ. Her hands and face are raised to receive the vision which is being streamed down to her in a shaft of bright light emanating from Mary who sits with Christ in a mandorla in Heaven.

Secondly, another and more frequent way of depicting the divine origin of Birgitta's revelations was to show Christ handing over the book of revelations to Birgitta. In the frontispiece to Book VIII (cf. plate 5) we see Christ leaning out of the mandorla, where he is accompanied by Mary, giving the book of revelations to Birgitta. She immediately hands it on to Alfonso, who is accompanied by Prior Petrus Olavi, kneeling before her. Behind the two monks we see Birgitta's writing desk again, with notebook, inkhorn and pen case. Further down in the image, Alfonso, in turn, hands the book to the kings and queens to whom it is addressed.

Thirdly, and this device is most common in the historiated initials, we see Birgitta kneeling on the ground with her hands outstretched in prayer, while Christ or Mary or indeed both of them look down on her from Heaven, dictating the revelation which begins with the historiated initial.

The illumination of the Neapolitan manuscripts thus established a repertoire of visual cues which shaped the representation of Birgitta as the recipient and as the author of the revelations bestowed upon her by Christ and Mary. Most significantly in this visual context, Birgitta's identity is defined by her authorship as it is expressed through the rays of light, the writing desk and the book itself. Only once do we find in the Neapolitan pictorial cycle reference to Birgitta as a pilgrim. This comes in the full-page frontispiece to Book I (cf. plate 4) where in the bottom register alongside Birgitta, we see below the angel the attributes of Birgitta as a pilgrim: her staff and hat, on which a pilgrim's badge can be glimpsed. Elsewhere these attributes were to become prevalent and iconic, not least in woodcuts from the late fifteenth century.

Given the widespread adaptation of Birgitta's 'Revelationes' into the vernacular in southern Germany, it is not surprising that the majority of the Birgittine im-

---

27   AILI/SVANBERG [fn. 5], I, pp. 113s.

ages which feature in ISAK COLLIJN's study of Birgittine iconography originate in the south: from Ulm, Nuremberg and, most particularly, Augsburg. These images are woodcuts executed in the second half of the fifteenth century, in particular between 1480 and 1500, so about a century later than the Neapolitan manuscripts. They may be stand-alone devotional images or integrated into the text of books. As in the Neapolitan manuscripts, in many of the woodcuts Birgitta is depicted seated at her desk, writing in her book. What is striking though is that another aspect of her identity is included beside the image of her writing. Without exception, in the woodcuts that are the subject of COLLIJN's study, the attributes of Birgitta as a pilgrim are set alongside the depiction of her recording her revelations. Typically, her wide-brimmed hat, often adorned with a pilgrim's badge, and her satchel hang from her pilgrim's staff, which is stood upright. Other aspects of her identity are also included around the central image of the desk and book. Frequently, a crown is placed at Birgitta's feet, a reference to her royal lineage and the fact that she chose to renounce the life of a noblewoman at court. Another detail of social status introduced into some of these woodcuts is the inclusion of coats of arms.

In COLLIJN's study there are two matching woodcuts that reveal particularly well the development of a wider interest in Birgitta's identity. These are the frontispiece to Johannes Tortsch's 'Bürde der Welt' [Burden of the World] and a tripartite woodcut of Birgitta handing out copies of the Birgittine Rule to nuns and monks of the order, executed in Augsburg (cf. plate 6).[28]

'Bürde der Welt' is a translation of Tortsch's 'Onus mundi', the first version of which appeared around 1424. The fourth redaction of 1433 was the source text for the translation into German, a shortened and condensed version of the original Latin. 'Onus mundi' is a compilation of prophetic writings in which Birgitta is listed as a prophet alongside a sibyl, Gregory the Great, Hildegard of Bingen and Joachim of Fiore.[29] A third of the work is made up of quotations from Birgitta's 'Revelationes', in particular from her comminatory revelations. Tortsch invokes Birgitta's prophetic authority to admonish Christian apostasy and to issue apocalyptic warnings. It was the German version of Tortsch's work that was printed first, in 1481 by Konrad Zeninger of Nuremberg.[30] The woodcut which opens the work as the frontispiece depicts Birgitta in the centre of the composition and in a larger scale than the other figures.[31] She is seated at her writing desk, quill in her right hand to record the 21 lessons of the 'Sermo angelicus' that the angel at her left shoulder is whispering into her ear. Before her kneels a Birgittine monk with a cross on his habit, indicating that he is a priest monk. A banderole comes out of his mouth with the words: *O pater de celis miserere nobis* [O Father in Heaven

---

28   COLLIJN [fn. 7], Plates IV and XIII, p. 15, 54.

29   Cf. JONATHAN GREEN, Printing and Prophecy. Prognostication and Media Change 1450–1550, Ann Arbor 2012, p. 62.

30   Johannes Tortsch, 'Bürde der Welt' (Nuremberg: Zeninger, 1481) [GW 4400]. The Latin version, 'Onus mundi', appeared in print in 1485.

31   COLLIJN [fn. 7], p. 13, suggests that this woodcut could be the work of the 'Meister der Meinradlegende'.

have mercy on us]. Directly above Birgitta's head there is a dove, the Holy Spirit, with outstretched wings surrounded by rays of light emanating from Heaven. To the right of the dove we see God the Father holding His crucified son and to the left the Virgin Mother with the Christ Child. Behind Birgitta we see her pilgrim's attributes with a crown at the base of the staff. In the four corners of the image there are four coats of arms: top left we see an escutcheon with a lion rampant, Birgitta's own heraldic device as a result of her marriage to Ulf Gudmarsson; top right the escutcheon has the letters *SPQR* denoting the time Birgitta spent in Rome; bottom left the escutcheon has the oblique fusils of the House of Wittels-bach and bottom right the arms of the Oettingen family. These last two localise the context in which this work was produced, pointing to the foundation of the monastery at Maihingen in 1481 by the counts of Oettingen.

The composition of this woodcut is focused on Birgitta. She is positioned at the centre. The visionary inspiration is present in the figures of the Trinity and Mary, as well as the angel, but attention is drawn primarily to the act of Birgitta recording what the angel is whispering in her ear. Nonetheless, we are made aware of Birgitta's personal and social identity through the depiction of her pilgrim's attributes and the escutcheons. The latter make reference to the establishment and patronage of the Birgittine Order while also identifying the coats of arms of the Wittelsbach and Oettingen houses with Birgitta's own aristocratic identity.

The tripartite woodcut of Birgitta handing out copies of the Birgittine Rule was executed in Augsburg in c. 1480 (cf. plate 6). The subject of the image is the same as that of the frontispiece to 'Bürde der Welt'; it too depicts the angel whispering the 21 lessons for Matins to Birgitta as recorded in the 'Sermo angelicus'. The arrangement of the composition is altered slightly to allow Birgitta to emerge even more strongly as the focus of the image. Here, particular attention is drawn to her marital status as a widow. The double halo round her head bears the inscription *Sancta Birgitta witib* [Saint Birgitta widow]. She is sitting at her writing desk once more but rather than writing, she sits frontally, holding out a copy of her book to the Birgittine nuns and monks who flank the central panel to left and to right. Birgitta is again larger in scale than the other figures and the way she looks directly out of the woodcut with outstretched hands conveys a sense of magisterial presence. Above her, just as in the frontispiece to the 'Bürde der Welt', we see God the Father with the crucified Christ, the Virgin Mother with the Christ Child and the Holy Spirit as a dove surrounded by rays of light. The pilgrim's attributes are to be seen to the left of the writing desk and Birgitta's worldly crown is placed centrally at her feet, balancing the halo round her head. The escutcheons, identical to those in Zeninger's frontispiece, are arranged at the bottom of the image to the left and right. In the panel to the left we see eight Birgittine nuns, all wearing the distinctive Birgittine cross-band headdress, hands clasped before them in prayer. The foremost nun, who has a double halo round her head, is probably to be interpreted as Katarina, Birgitta's daughter and the first abbess of Vadstena. A bande-role above the nuns' heads reads in Latin and German: *o birgita sponsa ihesus Bitt gott für uns* [o Birgitta bride of Jesus pray for us]. To the right, eight Birgittine monks are in balanced proportion to the nuns of this double order. On their habits are crosses, the various designs of which distinguish their status in the monastery as priests, deacons and laybrothers. A banderole above their heads, this time in Latin, no doubt to indicate their greater learning,[32] reads, as in the scroll above the head of the praying monk in Zeninger's frontispiece: *O pater de celis miserere nobis* [O Father in Heaven have mercy on us].

THE WOODCUTS IN THE EDITIO PRINCEPS

A decade after the printing of the frontispiece to 'Bürde der Welt' and the elaboration of the same scene in the Augsburg woodcut, Ghotan received the commission from Vadstena to print the *editio princeps*. The woodcuts of this authoritative and representational text draw on the Birgittine iconography that had become conventional while at the same time developing a distinctive focus in the depiction of Birgitta. In terms of dress Birgitta is presented, as was now customary, in the habit of a widowed matron. However, the pilgrim's attributes and the symbols of worldly status that had become prevalent in the woodcuts of the late fifteenth century of southern Germany are stripped away in Ghotan's edition. Here there is no focus on Birgitta's royal lineage, nor her identity as a pilgrim nor explicitly on her marital status as a widow, although all this biographical information is recorded in the text. Attention is trained instead on the identification of her person with and through her book of revelations.

With the exception of the woodcut preceding Book V, which depicts the vision of the monk ascending the ladder to ask questions of Christ,[33] the full-page woodcuts fall into three groupings according to their primary focus: the authorship of the 'Revelationes', the intended audience and the dissemination of Birgitta's book. In the illustrations of the first two groupings, unlike the two images just discussed, woodcut and typography are integrated, the visual and the textual are interdependent and complementary. In the third grouping, the visual dominates in the absence of text.

Three full-page illustrations are inserted in sequence between the preliminary supplemental material attesting Birgitta's canonical status and the prologue to the 'Revelationes'.[34] In the layout of these three woodcuts, text and image are brought together in a composition that demonstrates the genesis and generation of the book. In the central panel we see Christ and Mary at the top in Heaven. Below them the Holy Spirit as a dove hovers above Birgitta's head with outstretched wings. The communication from Christ and Mary via the Holy Spirit is indicated by multiple rays of light. In the copy of the 'Revelationes' held by the Bayerische

---

32   See below the comments about the use of Latin in the captions to the Mohnkopf 'Sunte birgitten openbaringe' woodcuts.

33   This illustration is calqued closely on the illustration of this vision in the Neapolitan manuscripts, as discussed above.

34   'Revelationes', fol. 12ᵛ, 13ʳ, 13ᵛ.

Staatsbibliothek, the woodcuts are coloured. The same pattern of colours used for the rays shooting down from Heaven is repeated and echoed in the halo around Birgitta's head, reinforcing the divine nature of her inspiration. The two panels of text which surround the central column with the dove are filled with Christ's words, explaining to Birgitta how He has chosen her to be His bride and channel of communication. Birgitta is central in the bottom panel with her hands raised in prayer and kneeling before the open book. In the following two woodcuts the layout of the composition remains the same except that Birgitta is displaced to the left and an image of Petrus Olavi of Alvastra is inserted to the right. Petrus is seen at his desk, quill in hand, recording Birgitta's revelations. The text is again in Christ's voice, instructing Petrus to believe in what Birgitta says and to translate her words into Latin.[35] The third woodcut in this sequence has the same format, but this time it is Mathias, theologian and canon of Linköping, who is depicted. Christ's words in the left panel address Birgitta, telling her how Mathias, her confessor, is a wise theologian, how she should be obedient to him and how he has the insight of John the Evangelist. The layout of these three opening woodcuts is repeated as the frontispiece to the 'Epistola Solitarii ad reges' [The Hermit's Letter to Kings], in which Alfonso sets out to defend the divine inspiration and authenticity of the revelations against potential voices of opposition.[36] Here in the bottom strip of the woodcut, we see Birgitta rising from her chair to hand over her book of revelations to a bishop, Alfonso. As before, the text is in Christ's voice. He compares Himself to a carpenter who makes a fine picture. He tells Birgitta how He has placed His words in her heart and how His friends have collected them into books, according to the grace granted them. He instructs Birgitta to hand over all her revelations to the bishop who will shape them and draw out the meaning of them clearly and He tells her to tell Alfonso that his role is that of an evangelist. In this first grouping of woodcuts, care is taken to demonstrate Birgitta's dependency on her confessors and the endorsement she receives from them, as those ordained by Christ's words. As a reinforcement of this message they are depicted according to the iconographic convention of the Evangelists writing their Gospels.

In the second grouping of illustrations, woodcut and typography are again interdependent. However, in these images Birgitta is lifted from the bottom strip to become the central focus of the image. In the frontispiece to Book I she is depicted sitting in an imposing chair, facing out of the image.[37] Above her is Heaven, framed by puffy clouds. An angel hovers directly over her, indicating Birgitta's immediate access to the divine. Christ and Mary are positioned in a direct line with Birgitta, above the angel. Here there is no image, as in the opening woodcuts,

35   SCHRAMM [fn. 8], vol. 12, Plate 5: 17
     (*http://digi.ub.uni-heidelberg.de/diglit/schramm1929bd12/0027* [12.12.2018]).
36   SCHRAMM [fn. 8], vol. 12, Plate 10: 27
     (*http://digi.ub.uni-heidelberg.de/diglit/schramm1929bd12/0032* [12.12.2018]).
37   SCHRAMM [fn. 8], vol 12, Plate 7: 20
     (*http://digi.ub.uni-heidelberg.de/diglit/schramm1929bd12/0029* [12.12.2018]).

of the act of writing or the composition of the book, whether on the part of Birgitta or her confessors. Birgitta, as the focus, is the channel of communication for divine revelation. She holds a scroll horizontally, extending across the width of the image. The words are those of Christ as He addresses all mankind, listing in turn priests, archbishops, bishops, all those in holy orders, kings, princes, judges, queens, princesses, servants, both men and women. The ecclesiastics are depicted to the left of Birgitta and the secular dignitaries to the right. Below her kneel men and women. Christ laments how these people have drifted away from Him. He reminds them of His sacrifice and urges them to return in humility.

The layout of this image is essentially the same for the frontispieces to Books II, III, IV, VI and VII, with variation principally in the text and those figures addressed in the bottom strip.[38] Thus in the frontispiece to Book II, Christ addresses the chivalric orders specifically, explaining that the purpose of the knights is to strengthen and extend the Christian faith. He upbraids the knights for having strayed from their original purpose, warning them to seek His mercy. In the image that opens Book III, the knights are replaced by prelates, bishops and cardinals, whose laxity Christ rails against. Rather than particular groups of people, the frontispiece to Book IV is concerned with the portal to Hell via Purgatory, in a grisly depiction of what awaits the sinner in the afterlife. The text, in the third person, is descriptive. Hell features again in the frontispiece to Book VI but here rather than swathes of mankind, a mother and daughter provide a specific focus. The text, this time in the voice of the Virgin Mary, warns against pride taken in dress, in unseemly head decoration and tight-fitting clothes. The mother laments the bad example she set her daughter who is depicted in Hell. The message of the frontispiece to Book VII is once more universal, and to reinforce this, the image is identical to the one used for Book I, with a slightly different arrangement of the text. Christ laments again how the Church has strayed from Him. As a result of the prayers of Mary and the saints, He declares that He is inclined to be merciful, if the body of the church receives His words.

In the illuminations of the Neapolitan manuscripts, the archetypical image of Birgitta was of her sitting at her desk, as the recipient and author of the book of revelations. This iconography continues in Ghotan's *editio princeps* in the historiated initials with which the text of the Books open. In all but one of these, where Birgitta kneels before Mary (fol. 187^r), we see Birgitta at her desk. In four of them Birgitta sits writing (fol. 17^r, 169^v, 267^r, 297^v),[39] in one she sits at her desk before an open book (99^r) while in another she hands over a book to a kneeling cleric (fol. 289^r), and in one she sits at her desk while the devil is at her ear (fol. 52^r).[40] However, in the frontispieces to the Books II, III, IV, VI and VII of the 'Revela-

---

38   There are minor changes in the positioning and gesturing of Christ and Mary in Heaven, most significantly in the frontispiece to Book VIII where Mary is absent.

39   SCHRAMM [fn. 8], vol. 12, Plate 12: 30, 33, 35, 36, 38
     (*http://digi.ub.uni-heidelberg.de/diglit/schramm1929bd12/0034* [12.12.2018]).

40   SCHRAMM [fn. 8], vol. 12, Plate 12: 34
     (*http://digi.ub.uni-heidelberg.de/diglit/schramm1929bd12/0034* [12.12.2018]).

tiones', the depiction of Birgitta has been transmuted into the portrayal of her as a mouthpiece for Christ and, to a lesser extent, for Mary. Stripped of her attributes as author and pilgrim and of the accoutrements of royal lineage, Birgitta becomes a metonym for her book of revelations.

In the third grouping of illustrations, the final two frontispieces, to Books VIII and the 'Regula Salvatoris', are distinguished from the preceding ones by an absence of text. In these Birgitta continues to occupy the central position in the composition but her presence is magnified. We see her whole figure, where before text obscured her lower half, and she is larger in scale than any of the other figures. In the frontispiece to Book VIII,[41] the 'Liber Imperatoris ad Reges' [The Heavenly Emperor's Book to Kings], Heaven, as before, occupies the top third of the image. However, there are no angels. Rather we see representatives of the various estates on earth, distinguished by their headdress, who have ascended into Heaven. In the mandorla we see just Christ, where before He had always been accompanied by Mary. Christ is portrayed as the heavenly Emperor, his feet on an orb, a sword in his right hand and an open book in his left. Birgitta sits magisterially, bestowing a book, presumably her book of revelations, from either hand to a group of secular rulers kneeling before her. At the bottom of the image we see to the left the heads of secular lords in Purgatory and, to the right, in the maw of Hell. An angel carrying a sword flies in from the left and a devil with a hooked stick from the right. This image is a powerful statement about the significance of Birgitta's book, shown as it is at the centre of the cosmos with Heaven above and Hell below. The three books in the woodcut, the one held aloft by God and the two extended by Birgitta "form a triad, with Birgitta as the mediator of God's word to political rulers".[42]

The final frontispiece, to the 'Regula Salvatoris', magnifies the already large-scale central figure of Birgitta on her throne-like chair. Above her we see Heaven, framed by puffy clouds, with only Christ and Mary depicted. Birgitta sits in the same position as in the previous frontispiece, handing out copies of her book. This time, however, the recipients are the nuns and monks of the double Birgittine Order, kneeling to left and right of her. This is the same composition as in the frontispiece to Zeninger's 'Bürde der Welt', discussed above, but simplified in execution and thereby creating a yet stronger sense of corporate identity. The features of the different crosses on the habits of monks, indicating their rank in the order, is maintained but the identification of one of the nuns as Birgitta's daughter Katarina, the first abbess of the order, has been omitted. The Tirolean knight Florian Waldauf of Waldenstein, a strong devotee of the Birgittine Order, seems to have wanted to match the magnificence of Ghotan's edition. Not only that, he wanted

---

41 SCHRAMM [fn. 8], vol. 12, Plate 11: 28
    (*http://digi.ub.uni-heidelberg.de/diglit/schramm1929bd12/0033* [12.12.2018]).
42 GREEN [fn. 29], p. 6, draws an analogy between Birgitta and the printing press: "Birgitta has assumed an additional role in this woodcut that is not made explicit in the text: she is not merely the transmitter, like a manuscript copyist, but also the broadcaster, multiplier, and distributor, like the operator of a family press".

to make the entire 'Revelationes' accessible to a wider audience. As secretary to Maximilian I (1459–1519), Florian persuaded the King to commission a Latin edition of the 'Revelationes' (1500), together with a complete translation of it into the vernacular (1502).[43] The commission was given to Koberger, the leading printer in Nuremberg. His Latin edition matches Ghotan's in its dimensions (312 leaves, 57 lines to the page in double column, together with a headline and 18 woodcuts). Indeed, Koberger used Ghotan's edition as copy text and includes the same cycle of woodcuts described above that preface the books of the 'Revelationes', although the historiated initials of the *editio princeps* are not taken over. However, the frontispiece to the 'Regula Salvatoris', of Birgitta bestowing the rule of the order on the Birgittine nuns and monks, is repeated as the frontispiece to the entire volume, thus reminding the reader forcibly of the ownership of Birgitta's legacy by the Birgittine Order.[44] Inserted after the opening prologue are, full-page, the imperial coat of arms followed by the coat of arms of Florian. The opening additional title page fronting the authority of the Birgittine Order is thus matched by the imprimatur of the Holy Roman Emperor. The sequence of these two woodcuts highlights the dual focus in the cycle of woodcuts of both a secular and an ecclesiastical audience. At the same time, in the insertion of the coats of arms of the Emperor and Florian there is a sense of a competitive appropriation of the Birgittine legacy. The woodcuts in Koberger's edition are calqued closely on the Lübeck ones but they are finer in detail and execution; they employ a more sophisticated sense of perspective and they use shading to draw out individual expression. Thus in the frontispiece to the 'Regula Salvatoris', where in the Ghotan edition there were neat rows of almost identical nuns and monks, in the Koberger edition we have two sets of individually portrayed groups. For a while it was thought that the Koberger woodcuts might have been the work of Albrecht Dürer. However, the consensus now is that they were probably produced in Dürer's workshop.[45] The translation into Upper German, 'Das puch der himlischen offenbarung der heiligen wittiben Birgitte von dem kŭnigraich Sweden', though set out in running text rather than in columns, includes the same sequence of woodblocks. The elaborated title, however, draws attention to Birgitta's marital status as a widow as well as reminding the reader of her foreign origin, distancing her for a German-speaking readership.

A glance at how Birgitta is featured in works of other genres printed again in both Lübeck and Nuremberg will serve to illustrate both common and divergent

---

43 Maximilian's patronage enhanced the cities of Augsburg and Nuremberg as centres of German printing during the first quarter of the sixteenth century with commissions for woodcut illustrations executed by renowned artists from all over Germany, including Albrecht Dürer, Hans Burgkmair, Albrecht Altdorfer and Lucas Cranach.

44 SCHRAMM [fn. 8], vol. 17, Plate 298: 616
    (*http://digi.ub.uni-heidelberg.de/diglit/schramm1934bd17/0283* [12.12.2018]).

45 The additional woodcuts of the Emperor's coats of arms and those of Florian Waldauf which are included in the volume are still often attributed to Albrecht Dürer himself. Cf. HILDEGARD ZIMMERMANN, Der 'Birgitten-Meister' = Peter Vischer? in: Nordisk Tidskrift för Bok- och Biblioteksväsen 15 (1927), pp. 7–16.

trends in her portrayal. The very popular German legendary 'Der Heiligen Leben' [Lives of the Saints], based on Jacobus de Voragine's 'Legenda aurea' [Golden Legend], compiled by a Dominican friar from Nuremberg around 1400, was quickly taken up by the printing houses in the late fifteenth century. All thirty-three High German and eight Low German printed editions contain the legend of St Birgitta.[46] In the edition printed by Koberger in 1488, 'Passional, das ist Der Heyligen Leben', the account of the life of Birgitta is headed by a woodcut, or rather a pair of woodcuts.[47] The woodcut to the left depicts Birgitta typically dressed as a matron, with a halo round her head. She sits before her desk with a book open on it. She holds a cross in her right hand and points to the book with her left. In the image to the right we see the attributes of Birgitta as a pilgrim: the broad-brimmed hat with a cross on and the satchel hanging from the staff. Kneeling before these, we see secular and ecclesiastical dignitaries. In the fourth edition of the Low German 'Passionael efte dat Levent der hyllighen to dude' printed by Steffen Arndes in 1507 just one image of Birgitta heads the account of her life.[48] It is in keeping with the Birgittine iconography as developed in the printing house of Ghotan. In this rather spare image we see Birgitta once more seated at her desk before her book, holding a quill in her right hand, gazing out of the window. The image is reminiscent of the woodcut in Ghotan's edition of the 'Sunte Birgitten Openbaringe' but the iconography of divine inspiration in rays of light is absent (see below). The agency in this image belongs to Birgitta alone.

Birgitta features in another major publication from Koberger's printing house, the 'Liber chronicarum' [Nuremberg Chronicle] that was published in 1493, just one year after Ghotan's edition of the 'Revelationes'. Later in that same year the 'Liber chronicarum' was published in a German translation, with the same illustrative woodcuts as in the Latin original, another example of the strong drive in southern Germany to translate seminal texts into the vernacular. This work is the universal history, compiled by the Nuremberg doctor, humanist and bibliophile Hartmann Schedel (1440–1514). It is one of the most densely illustrated and technically advanced works of early printing. Michael Wolgemut and his son-in-law Wilhelm Pleydenwurff executed the illustrations around 1490, at a time when their workshop was at its artistic peak and the young Albrecht Dürer was complet-

---

46 Cf. WERNER WILLIAMS-KRAPP, Die deutschen und niederländischen Legendare des Mittelalters. Studien zu ihrer Überlieferungs-, Text- und Wirkungsgeschichte (Texte und Textgeschichte 20), Tübingen 1986. The legend of Birgitta has played an important role in the study of the extant 197 manuscripts of the German legendary, since it is used to distinguish the original so-called X-redaction (where it does not occur) from the somewhat younger Y-redaction (where it does occur).

47 'Passional, das ist Der Heyligen Leben' (Nuremberg: Koberger, 1488) [GW M11407], fol. 68ᵛ. Library of Congress *https://www.loc.gov/item/48043511* (12.12.2018). SCHRAMM [fn. 8], vol. 17, Plate 40: 112 (*http://digi.ub.uni-heidelberg.de/diglit/schramm1934bd17/0056* [12.12.2018]).

48 'Passionael efte dat Levent der hyllighen to dude' (Lübeck: Arndes, 1507) [VD16 H 1483], fol. 72ʳ. Bayerische Staatsbibliothek Munich *http://nbn-resolving.de/urn/resolver.pl?urn= urn:nbn:de:bvb:12-bsb00019910-0* (12.12.2018).

ing his apprenticeship there. The entry on Birgitta in Book VI (232ʳ) constitutes a brief biography. It opens with a statement about her devout rather than her visionary or prophetic identity: *Brigida oder Brigitta die andechtig cristenlich fraw teutscher nation* [Brigida or Brigitta the devout Christian woman of the German nation]. In contrast to the elaborated title of the translation into High German where Birgitta's Swedish origin is foregrounded, here Birgitta is identified as belonging to the *teutsche nation*. An account follows of her parentage, her royal lineage, her marriage, her widowhood and subsequent chaste life, her pilgrimages and her political interventions, in particular with Pope Urban and Pope Gregory. Although this account concludes with a summary statement that God had granted Birgitta *vil offenbarung kůnftiger ding* [many revelations of future things], the emphasis falls on Birgitta's identity as a historical personage. The cameo image which heads the entry depicts Birgitta in typical widow's clothing and above the image we read: *Brigitta ein wittib* [Brigitta a widow].[49] A halo round her head verifies her sanctity and she is further defined by the attributes of a pilgrim: she wears a pilgrim's hat, carries a pilgrim's satchel and holds a processional cross in her hand. There is no reference to her book and the act of writing it. This image corresponds then to that aspect of her identity which was included in the illuminations of the Neapolitan manuscripts and which was the subject of many single woodcuts circulating in southern Germany.[50] It forms, as it were, a pendant to the focalization of Birgitta's identity in the 'Revelationes' as a channel of communication for Christ. A brief account of the founding of the Birgittine Order follows the biography of Birgitta, concluding with an explanation of the nature of the order as a double monastery, a description of the Birgittine habit and a note that the Birgittines followed the rule of St Augustine, supplemented by the *Ordo salvatoris* [Rule of the Saviour] revealed to Birgitta by God. An inserted image of Vadstena functions as an extended iconographic device to stress her legacy within the context of historical narrative.

BIRGITTA IN LOW GERMAN PRINTS

The earliest adaptation of the 'Revelationes' into Low German comes from the Lübeck press of Lucas Brandis in c. 1478, extant only in fragments. However, two copies survive of a work entitled 'Sunte Birgitten Openbaringe', printed by Ghotan's press sometime between 1484 and 1494, so roughly contemporaneous with the printing of the 'Revelationes'. This work of modest dimensions (in octavo, 126 leaves, 18 lines to a page) is a relatively short compilation of extracts, selected for devotional purposes and combined with pseudo-Birgittine material on

---

49 Hartmann Schedel, 'Nuremberg Chronicle' (Nuremberg: Anton Koberger, 1493), Book VI, fol. 232ʳ.

50 Cf. COLLIJN [fn. 7], p. viii; PETER SCHMIDT, Gedruckte Bilder in handgeschriebenen Büchern: Zum Gebrauch von Druckgraphik im 15. Jahrhundert (Pictura et Poesis 16), Cologne 2003.

Christ's Passion. It contains just one, rather striking, woodcut.[51] The woodcut depicts Birgitta dressed conventionally as a matron but this time without a halo. She sits writing at her desk, quill in hand. Her gaze, however, is not directed at the book before her but rather at the dense rays of light that are penetrating the room through the window, signifying divine communication. These rays may have been the prototype for the rays of light that are such a prominent feature in the opening woodcuts of Ghotan's 1492 'Revelationes', as described above, which express divine inspiration. They evoke Birgitta's identity as a prophet, that aspect of her identity which Tortsch highlights in the 'Bürde der Welt', when he sets Birgitta alongside a sibyl, Gregory the Great, Joachim of Fiore and, of course, Hildegard of Bingen. The woodcut in the Ghotan 'Openbaringe' draws on an iconographic tradition exemplified by images of Hildegard of Bingen receiving a vision, in which Hildegard's head is touched from above by fiery tongues of light.[52]

A third adaptation of the 'Revelationes' into Low German, also entitled 'Sunte Birgitten Openbaringe', was printed by the Mohnkopf Press of Lübeck in 1496. This was a more substantial work than Ghotan's 'Openbaringe'; it is in quarto with 204 leaves, 29 lines to the page and illustrated with eleven woodcuts, four of which are dedicated to Birgitta. The Mohnkopf 'Openbaringe' is radically different from the earlier adaptations into Low German. Rather than an anthology of extracts, it is a carefully crafted book. Although the interval of time between the printing of Ghotan's 'Revelationes' (1492) and the Mohnkopf 'Openbaringe' (1496) is only four years, these texts represent different stages in the cult of Birgitta of Sweden. The 'Revelationes', as edited by Alfonso, was intended to support the case for Birgitta's canonisation. The Mohnkopf 'Openbaringe' was composed a century later by which time Birgitta was a well-established saint and her daughter Katarina recently canonised (1484). By the late fifteenth century, the political and ecclesiastical landscape was quite different, and the contemporary concerns of Birgitta no longer relevant in detail. Thus the Mohnkopf adaptation of 1496, just four years after the printing of the 'Revelationes', omits references to contemporary politics, as well as the attacks on and warnings to the Pope and ecclesiastical hierarchy. Unlike the 'Revelationes' where we know the identity of the confessors who translated and edited Birgitta's revelations, the Mohnkopf adapter leaves no trace of his identity in the 'Openbaringe'. Given the significance of the Birgittine foundation at Marienwold, according to the 'Openbaringe' more than 600 miracles attributable to Birgitta were performed there, and its given proximity to Lübeck, it is possible that the adapter might have been a monk from there.

One of the structural principles in the recasting and supplementing of the material was the development of a saint's life. The manner in which the Mohnkopf adapter translated, edited and reshaped the 'Revelationes' altered the character of the work decisively, accommodating it to the tastes and sentiments of a late fif-

---

51   SCHRAMM [fn. 8], vol. 12, Plate 15: 63
      (*http://digi.ub.uni-heidelberg.de/diglit/schramm1929bd12/0037* [12.12.2018]).
52   Cf. 'Liber divinorum operum', Biblioteca Statale Lucca, ms. 1942, fol. 1ᵛ.

teenth century lay readership. In terms of genre, the 'Revelationes' is pre-eminently a visionary work. This visionary profile is modified in the Mohnkopf 'Openbaringe' where the adapter introduces biographical material to create the framework of a saint's life while also developing the moral and didactic aspects of the 'Revelationes'. In this way the 'Openbaringe' becomes additionally a book of devotion and an instruction manual on how to lead a good Christian life. Nonetheless, the adapter does not obscure the essential visionary nature of the 'Revelationes'. On the contrary, he is at pains to ensure that his readers understand the nature of the visions and how they are received, suggesting that he is writing for an audience for whom a visionary culture is not wholly familiar.[53]

The volume is prefaced with an image of Birgitta (cf. plate 7). Above the image we read: *Sunte Birgitte bydde vor uns* [St Birgitta pray for us] and below there is a quotation from the 'Revelationes':

> Maria loquebatur ad sponsam filii dicens. Sic audi fuerunt inimici filii mei in sanguinem eius. Ut eciam eo mortuo vulnaverunt eum. Prepara ergo te quia filius meus cum exercitu magno venit loqui tibi. Li. iiii. ca. cxxxiii

> [Mary spoke to the son's bride: "The enemies of my Son were so eager for his blood that they even inflicted wounds on him when he was dead. Get yourself ready, for my Son is coming with his great host to speak to you!"[54] Book IV, Ch. 133]

Throughout the 'Openbaringe', the adapter regularly gives precise references, as above, to where in the 'Revelationes' his material has been drawn from. This habit of referencing, unusual for non-biblical material, emphasises the authority of the 'Revelationes' as a divinely inspired text. It also suggests a reader who might want recourse to the original passage in the 'Revelationes'.[55] Each of the five books of the Mohnkopf 'Openbaringe' is opened by a woodcut: the first four by the same image of Birgitta but with different captions and the fifth by her daughter Katarina (cf. plate 8).[56]

The captions for the Birgitta woodcuts are all in Latin, establishing again a close link with the original text:[57]

- Book I: *Sancta Birgitta sponsa Cristi. Ora pro nobis* [St Birgitta bride of Christ. Pray for us.]
- Book II: *Verba domini Ihesu Cristi ad sponsam* [The words of our Lord Jesus Christ to his bride.]

---

53 ANDERSEN [fn. 2], pp. 215–219.
54 Translation from SEARBY/MORRIS [fn. 9].
55 Cf. ANDERSEN [fn. 2], pp. 212–215.
56 The woodcut of Katarina is recycled from the 'Dodes Dantz' [Danse macabre] print (1489) where the figure is representative of a nun. It is taken out of a pairing with Death which appeared in a separate woodcut on the right-hand side. See ANDERSEN [fn. 2], p. 221.
57 The caption to the woodcut of Katarina, however, is in Low German: *Sunte Katherina van watzsteyn*.

–   Book III: *Li. Celestis Imperatoris Ad reges* [The Heavenly Emperor's Book to
    Kings.][58]
–   Book IV: *Nichil quero nisi animas vestras* [I want nothing but your souls.]

Apart from the first prefatory woodcut, the four with Birgitta as the subject have a
decorative border, made up of stylised flowers, leaves and stems. This is identical
for the frontispieces to Books II, III and IV,[59] but the border to Book I has a different pattern of intertwined leaves and a bird, and in the bottom two figures, the
Apostles Peter and Paul, holding in their hands respectively a key and a sword.
Unlike in Ghotan's edition, the images do not function as a pictorial cycle. Rather,
the woodcut of Birgitta as the sole figure set in a decorative border is reminiscent
of woodcuts that were in wide circulation in the fifteenth century as stand-alone
images of devotion. These might be pasted into a book in private ownership or
might have been used as independent images to stimulate contemplation. The iconography here thus reinforces the adaptation of the 'Revelationes' into a work that
is primarily devotional in character. In the woodcuts depicting Birgitta the focus is
on her as an individual, as an author rather than on her role as a channel for Christ
to address mankind. She sits in the conventional pose of the author, familiar from
depictions of the Gospel writers and the Church Fathers. Birgitta's eyes are
trained on the book as she writes. She fills the frame. Nonetheless, the visionary
aspect of the work is not entirely absent; it is represented by the depiction in min-
iature of the heads of Christ and Mary, in the top left and right-hand corners respectively. The reduction in scale of these two heads reinforces the shift in emphasis that the adapter has made in his abridgement and shaping of the 'Revelationes' from a pre-eminently visionary work to one which is in equal measure a
work of devotion, a saint's life and a book of private revelations.

CONCLUSION

The late medieval woodblock artist had a number of established features to draw
on in the portrayal of St Birgitta. A rich range of extant stand-alone woodcuts,
largely from southern Germany, portray her variously as widow, mother, pilgrim,
prophet, visionary and author. However, certain aspects that had been highlighted
at an early stage in the process of her canonisation through the Neapolitan manuscripts were to have a seminal influence on the development of Birgittine iconography, particularly in northern Germany. It was not so much the graphic visionary content of the 'Revelationes' that the illustrator took as his focus but rather the
generation and dissemination of the book itself. The images of divine inspiration,
as expressed through rays of light, through Christ dictating to Birgitta, through

---

58   The 'Liber caelestis Imperatoris ad reges' is Book VIII of the 'Revelationes'. Interestingly,
     the adapter does not draw specifically on this book, concerned as it is with contemporary po-
     litical figures.
59   It is also used for the woodcut of Katarina.

His handing her the book and she, in turn, handing it to her confessors became prototypical. The depiction of the compositional and editorial process found its fullest and most focused expression in the woodcuts of Ghotan's *editio princeps*. The elaboration of this process through the integration of text and image to delineate Birgitta's divine inspiration, the endorsement and editorial assistance of her confessors, and her role as a mouthpiece for Christ finally culminates in a metonymic apotheosis of Birgitta. The scale and impact of the images of Birgitta bestowing her book on both the secular and the ecclesiastical world are commensurate with the Birgittine Order's intention to secure the legacy of their founder.

In southern Germany the adoption and, to some extent, appropriation of Ghotan's *editio princeps* is effected through the secular patronage of no less a person than the Emperor. In the printing house of Koberger the 'Revelationes' are included in a programme of making some Latin texts with wider appeal more accessible through translation into High German. The vernacular version of the 'Revelationes' sits alongside the translation of Schedel's 'Liber chronicarum'. These works demonstrate that Koberger drew on different traditions of Birgittine iconography, no doubt determined by genre. The woodcut in the 'Nuremberg Chronicle' that heads the entry on Birgitta depicts her as a pilgrim. It also identifies her explicitly as a widow. It is perhaps an example of cross-fertilisation that the translation of the 'Revelationes' also draws attention to Birgitta's widowhood: 'Das puch der himlischen offenbarung der heiligen wittiben Birgitte von dem künigraich Sweden'. In another work from Koberger's press, 'Passional, das ist der Heyligen Leben', the iconographic traditions are brought together in a pair of woodcuts which illustrate the account of Birgitta's life. Here Birgitta is seen at her desk in one image and represented in the other by her attributes as a pilgrim.

In the woodcuts of the Low German texts included in this study, as in those of Ghotan's 'Revelationes', Birgitta is depicted exclusively as an author. In Arndes' Low German version of the German legendary, 'Passionael efte dat Levent der hyllighen to dude', she is seen alone, writing at her desk, with no representation of divine agency. However, in both the 'Sunte Birgitten Openbaringe' texts, divine agency is evoked, most strikingly in the Ghotan version where the depiction of Birgitta is aligned with the iconographic tradition of rays of light that indicate the inspiration of the prophet, as in the images of Hildegard of Bingen. The woodcuts of the Mohnkopf 'Openbaringe' offer two aspects of Birgitta's profile which reflect the purpose of the adaptation and reframing of the 'Revelationes' as a work of devotion, of private revelations and as a saint's life. Only a few years separate the printing of Ghotan's *editio princeps* (1492) and the Mohnkopf 'Openbaringe' (1496) but they mark sharply different stages in the development of the Birgittine cult. The *editio princeps* functions in part as a memorial for the Birgittine Order to the effort involved in the application for the canonisation of Birgitta and the quashing of the controversies surrounding it. The careful documentation in the woodcuts of the agency of Birgitta as the author of the 'Revelationes' falls away in the Mohnkopf 'Openbaringe'. Where in the 'Revelationes' Christ compares Birgitta's confessors to the Evangelists, in the Mohnkopf 'Openbaringe' she is presented in her own right in the typical pose of a Church Father. At the same time, the border of the woodcut, so typical of stand-alone devotional images, reminds us of her agency as a saint: *Sunte Birgitte bydde vor uns*.

What emerges from this case study is the striking consistency and coherence of the depiction of Birgitta in the woodcuts that accompany the northern German texts. They are not much concerned with the content of Birgitta's revelations. Rather, they focus on the nature of her agency as author. The focus is on female literacy, where Birgitta becomes a role model, one of the female authorities to be invoked.

Dr. Elizabeth A. Andersen, Visiting Fellow, School of Modern Languages, Newcastle University, Newcastle upon Tyne, NE1 7RU, United Kingdom
E-Mail: elizabeth.andersen@ncl.ac.uk

STERBEVORBEREITUNG UND GUTER TOD
IM FRÜHEN LÜBECKER BUCHDRUCK: DER 'VORSMAK
UNDE VROKOST DES HEMMELISCHEN PARADISES'

von MAI-BRITT WIECHMANN

1. EINLEITUNG

Is de ende gud . so is alle ding gud, so beschließt der Verfasser des 'Vorsmak unde vrokost des hemmelischen paradises' das zweite Buch seines dreiteiligen Werkes.[1] Das 'Ende', das ist der Tod, und 'alle Dinge', das ist das ewige Schicksal des Menschen nach dem Tod. Hinter dem verheißungsvollen, aber wenig spezifischen Titel – 'Vorgeschmack auf das himmlische Paradies' – verbirgt sich eine religiöse Unterweisungs- und Seelsorgeschrift, die 1481 bei dem zweiten Lübecker Drucker, Johann Snell, erschien. Der 'Vorsmak' gliedert sich in eine Passionsmeditation, eine Ars moriendi und einen Beichtspiegel. Sein erklärtes Ziel ist es, den Leser darin zu unterrichten, wie er gut sterben könne – *wo de mynsche wol sterven moghe* (2ʳ).

Der 'Vorsmak' gehört dem vielfältigen und populären Genus der Sterbeliteratur an. Die literarische Auseinandersetzung mit dem Tod fand im späten Mittelalter vor dem Hintergrund einer wachsenden Angst um das Seelenheil und der zunehmenden religiösen Mündigkeit der Laien zahlreiche neue Ausdrucksformen.[2] Neben Totentänzen und Dialogen zwischen dem Tod und der Seele spielen insbesondere die Artes moriendi oder Sterbelehren eine wesentliche Rolle. Ihre Anleitungen für ein gutes Sterben spiegeln das Bedürfnis wider, das eigene Schicksal im Jenseits bestmöglich vorzubereiten. Die ursprünglich lateinisch verfassten Texte fanden bald zahlreiche volkssprachige Übertragungen, die auch von Laien rezipiert werden konnten.

---

1   Dieser Beitrag beruht auf meiner im Juni 2017 an der Georg-August-Universität Göttingen im Fach Mittelalter- und Renaissance-Studien eingereichten Masterarbeit 'Textbiographie und Inkunabel. Aussage und Funktion spätmittelalterlicher religiöser Texte am Beispiel der Sterbevorbereitung im mittelniederdeutschen *Vorsmak unde vrokost des hemmelischen paradises*'. Der 'Vorsmak' ist im Gesamtkatalog der Wiegendrucke unter der Nummer M29642 verzeichnet (*www.gesamtkatalogderwiegendrucke.de* [12.12.2018]), im Folgenden: GW.

2   Zur Heilsangst vgl. allgemein SVEN GROSSE, Heilsungewißheit und Scrupulositas im späten Mittelalter. Studien zu Johannes Gerson und Gattungen der Frömmigkeitstheologie seiner Zeit (Beiträge zur historischen Theologie 85), Tübingen 1994. Zur zunehmenden Mündigkeit im laikalen Publikum vgl. CHRISTOPH BURGER,Theologische Unterweisung im Spätmittelalter, in: Theologie und Bildung im Mittelalter, hg. von PETER GEMEINHARDT und TOBIAS GEORGES (Archa verbi Subsidia 13), Münster 2015, S. 151–176, bes. S. 157.

Diese Sterbelehren sind bis jetzt nur teilweise untersucht, der Forschungs-
stand variiert stark, je nach dem betreffenden Raum. Allgemein ist die volkssprachige religiöse Literatur des späten Mittelalters ein weites Feld, das aufgrund seiner Fülle und der regen Kompilationstätigkeit der Verfasser nur schwer systematisch zu erfassen ist. Das gilt auch für die Artes moriendi. Während die süddeutschen Sterbelehren aber durch die noch immer grundlegende Arbeit von RAINER
RUDOLF verhältnismäßig gut erschlossen sind, wurden die niederdeutschen Beispiele bisher nur oberflächlich untersucht. Der Grund dafür liegt in der Wahrnehmung der mittelniederdeutschen Literatur, die lange Zeit nur als schwaches dia-
lektales Abbild der hochdeutschen Überlieferung angesehen und dementsprechend stiefmütterlich behandelt wurde.[3] Wie wenig haltbar das auch in Bezug auf
die Sterbelehren ist, soll in diesem Beitrag deutlich werden.

Der 'Vorsmak' bietet eine dieser niederdeutschen Artes moriendi. Er ist heute
nur noch in einem einzigen Exemplar in der Göttinger Universitätsbibliothek
überliefert, wo er den Schluss eines Sammelbandes aus vier mittelniederdeutschen
Lübecker Frühdrucken bildet.[4] Dabei hebt er sich deutlich von den drei anderen
Schriften ab, die aufgrund ihres medizinischen Inhalts, ihres Druckdatums und
ihres Druckers eine Einheit zu bilden scheinen.[5]

Die schlechte Überlieferungslage des 'Vorsmak' mag der Grund dafür sein,
dass der Text von der Forschung bisher weitgehend unbeachtet blieb;[6] zu Unrecht,

---

3   Vgl. RAINER RUDOLF, Ars moriendi. Von der Kunst des heilsamen Lebens und Sterbens
    (Forschungen zur Volkskunde 39), Köln 1957. Diese Arbeit bietet erstmals eine systemati-
    sche Erschließung der überlieferten Texte und konzentriert sich dabei auf den Südosten des
    deutschsprachigen Raums. Die wenigen niederdeutschen Artes, die RUDOLF nennt, werden
    durchweg als Bearbeitungen süddeutscher Vorläufer wahrgenommen. Die Situation der mit-
    telniederdeutschen Literaturforschung wird auch deutlich in den einschlägigen Literaturge-
    schichten, die bis in die 1980er Jahre weitestgehend die immer gleichen Werke behandeln,
    vgl. GERHARD CORDES, Alt- und Mittelniederdeutsche Literatur, in: Deutsche Philologie im
    Aufriß 2, hg. von WOLFGANG STAMMLER, Berlin ²1960, Sp. 2473–2520; GERHARD CORDES,
    Mittelniederdeutsche Dichtung und Gebrauchsliteratur, in: Handbuch zur niederdeutschen
    Sprach- und Literaturwissenschaft, hg. von GERHARD CORDES und DIETER MÖHN, Berlin
    1983, S. 351–390; WILLY KROGMANN, Mittelniederdeutsche Literatur, in: Kurzer Grundriß
    der germanischen Philologie bis 1500. 2: Literaturgeschichte, hg. von LUDWIG SCHMITT, Ber-
    lin 1971, S. 263–350. Vgl. auch WOLFGANG STAMMLER, Die Bedeutung der mittelnieder-
    deutschen Literatur in der deutschen Geistesgeschichte. Zuerst erschienen in der Germanisch-
    Romanischen Monatsschrift 13 (1925), in: ders., Kleine Schriften zur Literaturgeschichte des
    Mittelalters, Berlin/Bielefeld/München 1953, S. 202–217 sowie den Beitrag von BOSTEL-
    MANN und HOLZNAGEL in diesem Band.
4   Göttingen, Staats- und Universitätsbibliothek, 8° Med. Pract. 80/57 Inc.
5   Es handelt sich hierbei um das 'Bock der arstedien van allen krankheyden' des Ortolf von
    Baierland (GW M28465), eine niederdeutsche Fassung des Traktats 'Von den ausgebrannten
    Wassern' Michael Puffs von Schrick (GW M36515) und eine niederdeutsche Übersetzung
    von 'De epidemia sive peste' des Valascus de Taranta (GW M49054). Sie erschienen alle-
    samt 1484 bei Bartholomäus Ghotan.
6   So nimmt der 'Vorsmak' auch in den einschlägigen Nachschlagewerken und Datenbanken
    nur einen randständigen Platz ein. Im GW ist er verzeichnet, wird dort aber unter 'Passio
    Christi' gelistet. Die niederdeutsche Bibliographie von BORCHLING und CLAUSSEN verzeich-
    net den 'Vorsmak' nur im Ergänzungsteil, vgl. CONRAD BORCHLING / BRUNO CLAUSSEN,

muss man sagen, denn der 'Vorsmak' spielt für die mittelniederdeutsche Literaturgeschichte eine durchaus bedeutende Rolle: Bei ihm handelt es sich um eine der ältesten mittelniederdeutschen Sterbelehren überhaupt und die erste originär mittelniederdeutsche Sterbelehre, die im Druck erschien.

Die Schlüsselrolle, die der 'Vorsmak' für die mittelniederdeutsche Literaturgeschichte spielt, wird dadurch augenfällig, dass der Erstdruck selbst zwar nur in einem einzigen Exemplar erhalten ist, der Text darüber hinaus aber eine erstaunlich breite Überlieferung zeigt. So lassen sich insgesamt 32 Textzeugen aus diversen Neuauflagen und Neubearbeitungen ausmachen, die nicht nur im Druck, sondern auch handschriftlich überliefert sind. Das lässt vermuten, dass das Werk bald große Popularität erlangte – aber so wenig bekannt der 'Vorsmak' selbst ist, so wenig wusste man bisher auch über sein bewegtes Fortleben.

Dies soll Grund genug dafür sein, den 'Vorsmak' in den Mittelpunkt dieses Beitrags zu stellen, um das Werk einerseits einem größeren Publikum bekannt zu machen und andererseits mit ihm als Beispiel für die niederdeutsche Ars moriendi-Literatur einen ersten Zugriff auf das Verhältnis der nord- zur weit besser bekannten süddeutschen Tradition zu wagen.

2. URSPRUNG UND ENTWICKLUNG DER ARS MORIENDI

Artes moriendi entstehen im 15. Jahrhundert vor dem Hintergrund einer wachsenden Heilsangst. Die Sorge um das eigene Seelenheil prägt die mittelalterliche Lebensvorstellung, denn von der Gottgefälligkeit des diesseitigen Lebens hängt ab, ob man nach dem Tod der ewigen Verdammnis anheimfiele oder ins ewige Leben einginge. Schon die lateinische Literatur des Hochmittelalters gemahnt daher an die Vergänglichkeit des Irdischen und ruft zur Weltentsagung auf.

Im späten Mittelalter manifestiert sich diese Heilsangst im Moment des eigenen Todes, denn hier soll über die Seele zu Gericht gesessen werden. Wie sie dabei beurteilt wird, hängt wesentlich von der Einstellung und Geistesstärke des Menschen in seiner Todesstunde ab; durch Fehlverhalten kann er sich die Aussicht auf das Seelenheil für immer zerstören. Mit diesem zunehmenden Druck auf den Einzelnen wachsen auch die Ansprüche an die geistliche Sterbeseelsorge, denen man mit Anleitungen und Handbüchern für einen guten Tod gerecht werden will. Diese Artes moriendi gelten als eine der charakteristischsten Literaturformen des 15. Jahrhunderts.[7]

Nach RAINER RUDOLF, der die deutschen Sterbelehren erstmals systematisch untersucht hat, gibt es drei Grundformen, die alle eng miteinander verwandt sind.[8]

Niederdeutsche Bibliographie. Gesamtverzeichnis der niederdeutschen Drucke bis zum Jahre 1800, Neumünster 1936, Nr. 53A. Einen Eintrag im ²VL gibt es nicht.

7   Vgl. dazu PHILIPPE ARIÈS, Geschichte des Todes, München 1980; zur Rolle der Ars moriendi vgl. PETER NEHER, Ars moriendi – Sterbebeistand durch Laien. Eine historisch-pastoraltheologische Analyse (Dissertationen Theologische Reihe 34), St. Ottilien 1989, S. 5.

8   RUDOLF [Anm. 3], S. 61–82, S. 113f.

Den Anfang machte der Pariser Kanzler Jean Gerson mit seinem 1408 entstandenen 'Opus tripartitum', das neben einer Dekalogauslegung und einer Beichtanlei-
tung die Sterbelehre 'De arte moriendi' enthält. Sein Werk sollte ein Seelsorgehandbuch für Geistliche sein, wurde aber bald auch zur direkten Unterweisung
von Laien verwendet.[9] Darauf folgt um 1430 das 'Speculum artis bene moriendi',
das im Umkreis der Wiener Universität verfasst wurde. Das 'Speculum' verbreitete sich schnell und fand zahlreiche Bearbeitungen.[10] Auf dessen Grundlage entstand um die Mitte des Jahrhunderts "die wirkungsmächtigste 'ars moriendi'", die
'Bilder-Ars', die den Namen ihren reichen Holzschnittillustrationen verdankt und
über Jahrzehnte hinweg unverändert populär blieb. Dieses knappe Werk ist besonders geprägt von den neuen Möglichkeiten des Buchdrucks und fand durch ihn
schnell weite Verbreitung.[11] Alle drei Schriften wurden zeitnah in die Volkssprache übersetzt.[12]

Diese drei Werke waren konstituierend für alle nachfolgenden Sterbelehren.
In ihnen lassen sich verschiedene 'Versatzstücke' ausmachen, die in den Bearbeitungen aufgegriffen und lediglich in ihrer Zusammenstellung und Gewichtung
variiert wurden. Die meisten davon bietet bereits Gerson: Es handelt sich um Fragen und Mahnungen, die der Seelsorger an den Sterbenden richten soll, um seine
Glaubensstärke zu prüfen, Gebete sowie praktische Handlungsanweisungen für
den Geistlichen. Der Fragenkatalog ist fester Bestandteil der Sterbeseelsorge und
geht bereits auf Anselm von Canterbury zurück. Im 'Speculum' werden diese Inhalte um die fünf Anfechtungen durch den Teufel und das Predigtmärlein vom
Papst und Kaplan ergänzt, das die Wirksamkeit der Fürbitte für die Verstorbenen
verdeutlicht. Die Anfechtungen sind böse Gedanken, die der Teufel dem Menschen einflüstert, damit er noch im Moment des Todes vom Glauben abkommt
und sein Seelenheil für immer verliert. Diesen muss der Mensch mithilfe der Heiligen zu widerstehen versuchen. In der 'Bilder-Ars' rücken diese Anfechtungen in
den Fokus und werden zum Kernstück des Werkes.[13] In der Entwicklung der Ar-

---

9   Edition mit deutscher Übersetzung bei FIDEL RÄDLE, Johannes Gerson, De arte moriendi.
    Lateinisch ediert, kommentiert und deutsch übersetzt, in: Literatur – Geschichte – Literatur-
    geschichte. Beiträge zur mediävistischen Literaturwissenschaft; Festschrift für Volker Hone-
    mann zum 60. Geburtstag, hg. von NINE MIEDEMA und RUDOLF SUNTRUP, Frankfurt a. M.
    2003, S. 721–738, hier S. 728–738. Zur volkssprachigen Rezeption vgl. ebd., S. 723f. Vgl.
    außerdem RUDOLF [Anm. 3], S. 65–68.
10 RUDOLF [Anm. 3], S. 75–82.
11 RAINER RUDOLF, Bilder-Ars-moriendi, in: ²VL 1 (1978), Sp. 862–864, Zitat Sp. 862; RUDOLF
    [Anm. 3], S. 69–74. Zum zeitlichen Verhältnis der Entstehung von 'Speculum' und 'Bilder-
    Ars' vgl. MARY O'CONNOR, The Art of Dying Well. The Development of the Ars moriendi
    (Columbia University Studies in English and Comparative Literature 156), New York 1942,
    S. 11–17. Zum Text-Bild-Verhältnis in der 'Bilder-Ars' jüngst HEIKE SAHM, Mediale Forma-
    tierung. Die ars moriendi des 15. Jahrhunderts im Übergang von der Handschrift zum Druck,
    in: Daphnis 42 (2013), S. 29–91, hier S. 32.
12 Zu Gerson vgl. RUDOLF [Anm. 3], S. 68; zum 'Speculum' vgl. ebd., S. 77–80; außerdem
    KARIN SCHNEIDER, Speculum artis bene moriendi, in: ²VL 9 (1995), Sp. 40–49, bes. Sp. 41–
    45; zur 'Bilder-Ars' vgl. RUDOLF [Anm. 11], Sp. 863f.
13 Zu den Versatzstücken vgl. zusammenfassend RUDOLF [Anm. 3], S. 114–117.

tes moriendi lässt sich damit eine fortschreitende Zuspitzung auf die Sterbestunde als entscheidenden Kampf zwischen Gut und Böse beobachten.

Auch die zahlreichen Bearbeitungen der zweiten Jahrhunderthälfte, nun vermehrt in der Volkssprache verfasst, greifen diese Versatzstücke auf. Problematisch für die Einordnung dieser späteren Werke ist die Definition der Artes moriendi, insbesondere hinsichtlich ihrer Nutzung und Anwendung. Galten die Funktion als Seelsorgeanleitung und die Konzentration auf die Sterbestunde nämlich gerade bei den frühen Werken noch als die wichtigsten Gattungskriterien, so lässt sich das, wie wir am 'Vorsmak' noch sehen werden, nur bedingt auf spätere Bearbeitungen übertragen. Die Flexibilität, die solche Texte hinsichtlich ihrer Rezipientenkreise und Anwendungsmöglichkeiten zeigen können, wurde von der Forschung häufig übersehen.[14]

Im norddeutschen Raum wirken diese vor allem im Süden entstandenen Werke nur bedingt. Es gibt lediglich einen niederdeutschen Druck des 'Opus tripartitum'; das 'Speculum' und die 'Bilder-Ars' begegnen nicht. Stattdessen gibt es einige niederdeutsche Artes, die bisher aber noch nicht systematisch erschlossen wurden. Die folgende Aufzählung kann daher keinen Anspruch auf Vollständigkeit erheben: Die erste Sterbelehre ist das 'Sterfboec' des Einbecker Geistlichen Dietrich Engelhus († 1434), das als erste volkssprachige Bearbeitung des lateinischen 'Speculum' gilt.[15] Obwohl diese Sterbelehre handschriftlich relativ weite Verbreitung fand, gelangte sie nicht in den Druck. Der Buchdruck förderte stattdessen die Verbreitung neuer Artes: Neben dem 'Vorsmak' finden sich weitere Sterbelehren im niederländisch-niederdeutschen 'Kerstenspegel' des Dietrich Coelde, in 'Van dem stervende mynsschen unde dem gulden selen troste', in 'Dat testament eynes waren cristen mynschen', das später im Anhang zu Coeldes Christenspiegel überliefert wurde, sowie der im 'Speygel der Leyen' enthaltene Text 'Wo ein yslick cristen mynsche wyllighen schal sterven'.[16] Insgesamt sind

---

14　So bei RUDOLF [Anm. 3], S. 114; NEHER [Anm. 7], S. 6; sowie jüngst ULRIKE WUTTKE, Im Diesseits das Jenseits bereiten. Eschatologie, Laienbildung und Zeitkritik bei den mittelniederländischen Autoren Jan van Boendale, Lodewijk van Velthem und Jan van Leeuwen, Göttingen 2016, S. 119.

15　Der Druck des 'Opus tripartitum' erschien um 1478 in Köln (GW 10795); zu der Engelhus'schen Ars moriendi vgl. RUDOLF [Anm. 3], S. 80; CONRAD BORCHLING, Mittelniederdeutsche Handschriften. 1: Mittelniederdeutsche Handschriften in Norddeutschland und den Niederlanden, Göttingen 1898, S. 108; zur Überlieferung insbesondere HIRAM KÜMPER, Dat Sterfboec: Werkstattskizzen zur Edition der niederdeutschen Ars-moriendi-Bearbeitung des Dietrich Engelhus, in: Archiv-Nachrichten Niedersachsen 10 (2006), S. 128–132.

16　Zum Christenspiegel Coeldes (Erstdruck GW 7135, [Niederlande: Drucker von Coelde, Christenspiegel, um 1480 (?)]; erster Lübecker Druck: GW 7148, [Lübeck: Steffen Arndes, um 1498/99]). Die Sterbelehre findet sich in den Kapiteln 44–46, vgl. CLEMENS DREES, Der Christenspiegel des Dietrich Kolde von Münster 1950 (Franziskanische Forschungen 9), Werl/Westf. 1954, S. 294–311. Zu 'Van dem stervende mynsschen' (GW M43998, [Magdeburg: Simon Koch, um 1491]) vgl. KARIN SCHNEIDER, Van dem stervende mynsschen unde dem gulden selen troste, in: ²VL 9 (1995), Sp. 313f.; Teilabdruck bei ERNST MÜNZENBERGER, Das Frankfurter und Magdeburger Beichtbüchlein und das Buch "vom sterbenden Menschen". Ein Beitrag zur Kenntniß der religiösen mittelalterlichen Volksliteratur, Mainz 1880,

so, abgesehen von Engelhus' Werk, fünf originär niederdeutsche Sterbelehren auszumachen, deren Verhältnis zueinander aber noch nicht untersucht ist. Sie sind von sehr unterschiedlichem Umfang und meist Teil eines größeren Unterweisungswerkes oder werden zusammen mit einem solchen überliefert. Die immer stärkere Zuspitzung auf die Sterbestunde, wie sie in der süddeutschen Tradition begegnet, gibt es hier also nicht. Der 'Vorsmak' nimmt unter diesen Werken eine Sonderstellung ein: Er bietet – abgesehen von Coeldes nicht sicher datierbarem Text – die älteste im Druck erschienene und außerdem ausführlichste Sterbelehre der niederdeutschen Tradition.

3. DAS SETTING: ENTSTEHUNGS- UND WIRKUNGSKONTEXT DES 'VORSMAK'

Hinsichtlich seiner Entstehungsumstände hält sich der 'Vorsmak' bedeckt. Genau wie ein Großteil der volkssprachigen im 15. Jahrhundert in Lübeck gedruckten Schriften ist er anonym verfasst und nennt kein Entstehungsdatum. Textimmanente Aussagen geben uns aber eine relativ genaue Vorstellung vom Entstehungshintergrund des 'Vorsmak' und seinem Verfasser.

Der Kolophon am Ende des zweiten Buchs gibt als Druckdatum des 'Vorsmak' das Jahr 1481 an (42^v).[17] Anzunehmen ist, dass der Text nur wenig früher, frühestens 1479, ebenfalls in Lübeck entstand. Dieser terminus post ergibt sich aus dem Rosenkranzablass, den der Verfasser seinem Leser am Ende des ersten Buches für das Beten der vorgeschriebenen Gebete und 150 Ave Maria verspricht (16^v). Diesen Ablass hatte Papst Sixtus IV. zunächst 1478 der noch jungen Rosenkranzbruderschaft gewährt und ihn bereits im folgenden Jahr auf die gesamte Christenheit ausgeweitet.[18] Da der Verfasser des 'Vorsmak' seinen Leser ausdrücklich davor warnt, *in de broderschop* (16^r) einzutreten, kann er sich nur auf den zweiten Ablass von 1479 beziehen. Dies begrenzt die Abfassungszeit auf die Jahre zwischen 1479 und 1481.

Für den Entstehungsort Lübeck sprechen die allgemeinen Bedingungen des frühen Buchdrucks. Das neue Druckverfahren war in seiner Anfangszeit nur be-

hier S. 38–70. Zu 'Dat testament' (GW M43995/M43996, [Lübeck: Matthäus Brandis, um 1488] bzw. 1491; im Anhang zu Coeldes Christenspiegel erstmals in GW 7148 [wie oben] vgl. BENJAMIN D. TROEYER, Kolde, Dietrich, in: ^{2}VL 5 (1985), Sp. 19–26, hier Sp. 25: Ob Coelde auch der Verfasser dieses Textes war, ist bisher noch nicht geklärt; außerdem DREES [wie oben], S. 367–372. Zu 'Wo ein yslick cristen mynsche' (GW M43087, Lübeck: [Mohnkopf-Offizin], 1496) vgl. GUNHILD ROTH, Spiegel der Laien. II: Speygel der Leyen, in: ^{2}VL 9 (1995), Sp. 113–115; PEKKA KATARA, Speygel der Leyen (Suomalaisen Tiedeakatemian toimituksia Sarja B 77,2), Helsinki 1952, S. 72–76.

17 Vgl. BRUNO CLAUSSEN, Kleine Nachlese zu Johann Snells Leben und Schaffen, in: Nordisk tidskrift för bok- och biblioteksväsen 19 (1932), S. 221–228, hier S. 227f.

18 NIKOLAUS PAULUS, Geschichte des Ablasses am Ausgang des Mittelalters (Geschichte des Ablasses im Mittelalter vom Ursprunge bis zur Mitte des 14. Jahrhunderts 3), Darmstadt ^{2}2000, S. 251.

dingt rentabel und daher stark an die Auftragslage gebunden. In Lübeck als einem der wirtschaftlichen, politischen und geistlichen Zentren des norddeutschen Raums herrschten gute Voraussetzungen dafür, sodass dies auch die erste norddeutsche Stadt war, in der sich Buchdrucker ansiedelten.[19] Dennoch war der frühe Buchdruck ein Risikogeschäft. Da die Produktionskosten hoch waren, der Gewinn nur schwer kalkulierbar, produzierte man nur selten in größeren Mengen und beschränkte sich auf Schriften, die vor Ort sicher Absatz finden würden. Im Erfolgsfall wurden dann weitere Auflagen nachproduziert. Dies lässt sich für viele der frühen volkssprachigen Drucke beobachten.[20] Dieser ökonomische Faktor ist gerade für den 'Vorsmak'-Drucker Johann Snell nicht zu missachten, gehörte er doch eher zu den finanzschwächeren Vertretern seines Gewerbes.[21] So müssen wir auch davon ausgehen, dass der 'Vorsmak' in Lübeck für ein Lübecker Publikum verfasst wurde und speziell hier Absatz finden sollte.

Der Autor ist daher unter den Lübecker Geistlichen zu suchen. Dafür sprechen sowohl seine enge Beziehung zur Kirche, seine geistliche Ausbildung, die sich in zahlreichen Schrift- und Autoritätenzitaten äußert, als auch die seelsorgerisch-ermahnende Haltung, mit der er seinem Leser, dem *leve*[n] *sone*, entgegentritt.[22] Vieles spricht dafür, in ihm ein Mitglied der Lübecker Bettelordensklöster zu sehen. Neben den Brüdern vom gemeinsamen Leben sind es insbesondere die Mendikanten, die als Verfasser mittelniederdeutscher religiöser Literatur hervortreten. Eine Fraterherren-Niederlassung gab es in Lübeck nicht, dafür allerdings zwei bedeutende Bettelordenshäuser, nämlich das dominikanische Burgkloster und den franziskanischen Katharinenkonvent.[23] Beide Institutionen spielten eine

---

19 Wichtig für die Druckversorgung des norddeutschen Raums war auch Köln, wo sich bereits 1465 Buchdrucker angesiedelt hatten. Auch hier wurde jedoch erst 1473, also zeitgleich mit Lübeck, das erste mittelniederdeutsche Werk produziert. Lübecks Bedeutung für die Produktion mittelniederdeutscher Literatur war aber ungleich höher, machten volkssprachige Drucke hier doch schon vor 1500 etwa 40% der Gesamtproduktion aus, wohingegen in Köln bis weit ins 16. Jahrhundert vorwiegend lateinisch gedruckt wurde, vgl. CORDELIA HESS, Social Imagery in Middle Low German. Didactical Literature and Metaphorical Representation (1470–1517) (Studies in Medieval and Reformation Traditions 167), Leiden [u.a.] 2013, S. 46.

20 Vgl. DIETER LOHMEIER, Die Frühzeit des Buchdrucks in Lübeck, in: Die Lübecker Buchdrucker im 15. und 16. Jahrhundert. Buchdruck für den Ostseeraum, hg. von ALKEN BRUNS und DIETER LOHMEIER, Heide in Holstein 1994, S. 11–54, hier S. 29. Dass in der Anfangszeit des Buchdrucks die neue Technik sehr stark auf lokaler Ebene genutzt wurde, belegt der Fall des Ulmer Pestbüchleins von 1473, das sich speziell an Ulmer Bader richtete und eher unbeabsichtigt auch weit über die Stadt hinauswirkte. Vgl. hierzu MICHAEL GIESECKE, Der Buchdruck in der frühen Neuzeit. Eine historische Fallstudie über die Durchsetzung neuer Informations- und Kommunikationstechnologien, Frankfurt a. M. 1994, S. 371f.

21 DIETER LOHMEIER, Johann Snell, in: BRUNS/LOHMEIER [Anm. 20], S. 58–60.

22 *wultu saligen sterven so mostu vullenkomen loven hebben mit der hilligen romischen kerken* (21[r]), ähnlich auch: *Dar to moestu loven alle dat / dat de hilighe romesche kerke lovet . unde gheboden heft to loven* (72[r]).

23 Vgl. dazu u.a. WOLFGANG STAMMLER, Die mittelniederdeutsche geistliche Literatur, in: ders. [Anm. 3], S. 239–263, bes. S. 253–256; CORDES, Literatur [Anm. 3], dieser speziell zur Verfasserschaft des 'Reynke de vos' und des 'Narrenschyp', ebd., Sp. 2510. Zur geistlichen Topographie Lübecks im ausgehenden Mittelalter vgl. WILHELM JANNASCH, Reformationsge-

wichtige Rolle, nicht nur innerhalb ihrer jeweiligen Ordensstruktur, sondern auch für das geistliche Leben Lübecks. Sowohl das Domkapitel als auch die von ihm präsentierten Plebane und die Kleriker der Pfarrkirchen konnten den Seelsorgebedarf der Stadtbevölkerung im Spätmittelalter nicht mehr decken, sodass die Bettelorden hier zunehmend unterstützen mussten. In ihren Kirchen beherbergten sie die Kapellen der zahlreichen städtischen Gesellschaften und Bruderschaften und waren unabdingbar für die Beicht- und Predigtversorgung der Stadt – erfüllten also genau die Aufgabe, der auch der 'Vorsmak' dienen möchte.[24] Schon früher konnten einige in Lübeck gedruckte volkssprachige Seelsorgeschriften mendikantischen Verfasserkreisen zugewiesen werden, auch wenn die sehr vorschnelle Begrenzung auf eine rein franziskanische Autorenschaft später relativiert werden musste.[25] Es ist also durchaus plausibel, auch hinter dem 'Vorsmak' einen Lübecker Bettelmönch zu vermuten. Ob der Text dabei den Dominikanern oder den Franziskanern zugeordnet werden kann, muss letzten Endes ungeklärt bleiben. Weder aus den angeführten Autoritäten noch aus der Positionierung zu zentralen Streitfragen zwischen den beiden Orden gehen klare Hinweise hervor.[26]

schichte Lübecks vom Petersablaß bis zum Augsburger Reichstag. 1515–1530 (Veröffentlichungen zur Geschichte der Hansestadt Lübeck 16), Lübeck 1958; OLAF SCHWENCKE, Die Glossierung alttestamentlicher Bücher in der Lübecker Bibel von 1494. Beiträge zur Frömmigkeitsgeschichte des Spätmittelalters und zur Verfasserfrage vorlutherischer Bibeln, Berlin 1967, S. 167–172.

24 Die Dominikaner taten sich besonders durch das Beichthaus am Burgkloster hervor, die Franziskaner spielten eine wichtige Rolle durch ihre Predigttätigkeit. Vgl. JANNASCH [Anm. 23], S. 51; WILHELM SUHR, Die Lübecker Kirche im Mittelalter. Ihre Verfassung und ihr Verhältnis zur Stadt (Veröffentlichungen zur Geschichte der Hansestadt Lübeck 13), Lübeck 1938, S. 26; MONIKA ZMYSLONY, Die Bruderschaften in Lübeck bis zur Reformation (Beiträge zur Sozial- und Wirtschaftsgeschichte 6), Kiel 1977, S. 26.

25 Für die Lübecker Bibel von 1494 konnte OLAF SCHWENCKE eine überzeugende Zuweisung an die Franziskaner vornehmen, die er später auch auf weitere Lübecker Schriften ausweiten wollte, vgl. SCHWENCKE [Anm. 23]; ders., Ein Kreis spätmittelalterlicher Erbauungsschriftsteller in Lübeck, in: NdJb 88 (1965), S. 20–58. Berechtigte Kritik an der Verallgemeinerung dieses Ergebnisses äußerte DERENDORF, die aber einige andere Werke überzeugend zuweisen konnte, vgl. BRIGITTE DERENDORF, Die Lehre von der Unbefleckten Empfängnis Mariens als Kriterium für die Einordnung des in Lübeck gedruckten spätmittelalterlichen Erbauungsschrifttums. Zu einigen Drucken aus der Mohnkopf-Offizin und der Druckerei des Steffen Arndes, in: Niederdeutsches Wort. Beiträge zur niederdeutschen Philologie 29 (1989), S. 75–97.

26 Es gibt kaum geeignete Kriterien, um die Ordenszugehörigkeit des 'Vorsmak'-Verfassers eindeutig zu klären. Unter den zitierten Autoritäten finden sich Vertreter beider Orden. Die Immaculata-Frage, die SCHWENCKE und DERENDORF [Anm. 25] als probates Mittel für die Zuweisung von Literatur ausmachen konnten, wird im 'Vorsmak' nicht eingehend thematisiert. Lediglich die Ermahnung, nicht in die Rosenkranzbruderschaft einzutreten, könnte als Hinweis aufgefasst werden: Die Rosenkranzbruderschaft war – auch in Lübeck, wo sie 1496 gegründet wurde – in dominikanischer Trägerschaft, sodass es unwahrscheinlich erscheint, dass ein Dominikaner eine solche Warnung ausspricht (vgl. 'Facultas fundandi fraternitatem rosarii BMV in conventu Lubicensi', GW M44080; BJÖRN POULSEN, Die Rosenkranzbruderschaft in Schleswig als Ausdruck spätmittelalterlicher Religiosität, in: Geistliche Lebenswelten. Zur Sozial- und Mentalitätsgeschichte der Geistlichen in Spätmittelalter und Früher Neu-

Der intendierte Adressat des 'Vorsmak' kann hingegen klarer umrissen werden. Obwohl der Leser immer im Singular angesprochen wird, richtet sich das Werk dennoch nicht an einen konkreten einzelnen Adressaten, sondern an einen größeren Leserkreis. Die Anrede *leve sone* unterstreicht das enge Verhältnis zwischen Autor und Leser, Seelsorger und 'Beseelsorgtem', und grenzt beide gleichzeitig hierarchisch klar voneinander ab.

Dieses – Lübecker – Publikum kann sozial und ständisch noch weiter eingegrenzt werden. Zum einen handelt es sich um einen *werliken* Leserkreis (72[r]), was sich auch in der Themenwahl bemerkbar macht: Ehe und Unkeuschheit, Spiel und Trinkkumpane werden behandelt. Zum anderen ist dieses Publikum keineswegs ungebildet. Zwar nimmt der Verfasser aus Rücksicht auf dessen Bildungshintergrund auch klare Wissensbegrenzungen vor, setzt die Inhalte der Elementarkatechese aber voraus und scheut sich nicht, seinem Leser einige durchaus kompliziertere theologische Sachverhalte vorzusetzen.[27] Der Text richtet sich offenbar nur an ein männliches Publikum. Während andere Sterbelehren penibel genau darauf achten, auch das weibliche Geschlecht zu adressieren, spricht der Verfasser des 'Vorsmak' nur Männer an; das weibliche Wesen wird eher abwertend kommentiert.[28] Kritische Bemerkungen zur mangelnden Ehrlichkeit des einfachen Gesindes und der Habgier des Patriziats, die weit über die bekannten Topoi religiöser Literatur hinausgehen, weisen auf die städtische Mittelschicht hin.[29] So steht etwa der genannte *amptman* (16[r]), ein Handwerker, in durchaus positivem Licht da.

Das Werk richtete sich also an einen laikalen, mittelständischen Leserkreis. Die direkte Anrede des Lesers macht deutlich, dass der Text von diesem Publikum direkt rezipiert werden sollte, also nicht, wie viele andere Seelsorgeschriften und auch Sterbelehren, auf die Vermittlung durch einen Geistlichen ausgelegt

---

zeit, hg. von MANFRED JAKUBOWSKI-TIESSEN [Studien zur Wirtschafts- und Sozialgeschichte Schleswig-Holsteins 37], Neumünster 2005, S. 59–95, hier S. 61–63; ZMYSLONY [Anm. 24], S. 29 und ebd., Anm. 164). Diesem negativen Hinweis kann aber kein eindeutiger positiver zur Seite gestellt werden.

27 *Dar to moestu loven alle dat / dat de hillighe romesche kerke lovet . unde gheboden heft to loven . unde hyr ane is id eyneme werliken mynschen ghenoech* (72[r]); ähnlich auch: *Wente in disseme cleinen / is id eneme werliken mynschen ghenoech* (74[v]). Das komplizierte theologische Verhältnis der trinitarischen Personen zueinander mutet der Verfasser seinem Leser allerdings zu, vgl. 21[r]–22[r].

28 Demgegenüber spricht Jean Gerson in seinem 'Opus tripartitum' den Sterbenden bzw. die Sterbende fortwährend mit *amice dilecte aut dilecta* bzw. in der französischen Vorlage mit *Mon amy ou amie* an, vgl. RÄDLE [Anm. 9], etwa S. 729 und S. 731, hier auch Anm. 50. Im 'Vorsmak' kommt nur die männliche Anredeform vor, die Aufrichtigkeit der Frau wird angezweifelt (26[v]).

29 Kritik an der einfachen Bevölkerung beispielsweise 26v: *Hijr moghen ghans even upp trachten unde denken vrouwen . meghede unde knechte / dede meenedighen sweren . unde alle ander mynschen . dede mit eren meynen eden willen de valscheyt eres lozen herten unde de loghen eres mundes bedekken*; Kritik am städtischen Patriziat findet sich 16[r]: *Ach here got van hemmele / wo vakene unde vele / vorsumen de wolbesorgheden riken lude / erer selen salicheyt . wente se mochten wol beden / wen de arme amptman mit syner vrouwen / effte eyn ander unbesorghet arm bedrovet mynsche / moet syn sware swetighe arbeit doen*; ähnliche Äußerungen auch 4[r], 16[v], 46[v].

war. Dies wird auch dadurch unterstützt, dass der 'Vorsmak', wie wir noch sehen werden, auf eine langfristige und regelmäßige Nutzung ausgelegt ist, die im Rahmen geistlicher Vermittlung kaum möglich gewesen wäre.

4. INHALT UND AUFBAU DES 'VORSMAK'

Der 'Vorsmak' umfasst in seinem Erstdruck 74 Blatt im Oktavformat und besteht aus drei Teilen unterschiedlichen Umfangs, einem Buch *van dem lidende cristi* (2^r), einer *kunst aller künste als wol to stervende* (16^v) und schließlich einer Abhandlung *van eyneme boetsame levende / alzo von warer ruwe . lutter bicht . unde nochaftigher bote* (43^r). Sie untergliedern sich wiederum in mehrere Unterkapitel. Eine detaillierte Inhaltsübersicht nach den einzelnen Kapiteln findet sich im Anhang.

Alle drei Bücher folgen einem ähnlichen Aufbau: Der Verfasser geht immer so vor, dass er in einer kurzen Einleitung über die Notwendigkeit und den Nutzen des nachfolgenden Stoffes belehrt, darauf folgt der eigentliche Inhalt und zum Schluss eine praktische Anweisung, wie der Leser diesen Stoff zielführend anzuwenden hat. Obwohl die drei Bücher in sich geschlossene Werke bilden, wird durch die zahlreichen Querverweise zwischen ihnen doch ein enger Zusammenhang deutlich. Auch das Incipit und das Explicit des 'Vorsmak' fassen die drei Teile zu einer Einheit zusammen.

Das erste und kürzeste Buch des 'Vorsmak' handelt *van dem lidende cristi* (2^r). Basierend auf der Kreuzestheologie Bernhards von Clairvaux, der erstmals den Opfer- und Leidensaspekt der Passion ins Zentrum stellte, entwickelte sich eine mystisch-emotional geprägte Passionsfrömmigkeit, die seit dem 13. Jahrhundert auch ihren Niederschlag in literarischen Verarbeitungen fand. Passionsliteratur ist sehr formen- und variantenreich, besonders populär waren meditative Verarbeitungen des Kreuzestodes. Durch stufenweises Meditieren des Heilsereignisses sollte der Leser zur Nachfolge Christi und damit zur Vereinigung mit Gott gelangen. Neben den berühmten Werken Ludolfs von Sachsen und Thomas' von Kempen, die sich bei den monastischen und devoten Reformbewegungen des späten Mittelalters großer Beliebtheit erfreuten, gab es eine Vielzahl weniger bekannter Bearbeitungen. Ihre Form und ihr Anspruch sind vielfältig: So finden sich sowohl komplexe lateinische Anleitungen zur selbstständigen Reflexion, die sich an ein theologisch gebildetes Publikum richten, als auch vorformulierte Meditations- und Gebetstexte in der Volkssprache, die die Anforderungen an den Leser auf ein Minimum begrenzen.[30] So verfährt auch der 'Vorsmak'.

---

30 Hierzu allgemein: TOBIAS A. KEMPER, Die Kreuzigung Christi. Motivgeschichtliche Studien zu lateinischen und deutschen Passionstraktaten des Spätmittelalters (MTU 131), Tübingen 2006; ULRICH KÖPF, Die Passion Christi in der lateinischen religiösen und theologischen Literatur des Spätmittelalters, in: Die Passion Christi in Literatur und Kunst des Spätmittelalters, hg. von WALTER HAUG und BURGHART WACHINGER (Fortuna vitrea 12), Tübingen 1993, S. 21–41; FRITZ SCHUPPISSER, Schauen mit den Augen des Herzens. Zur Methodik der spätmittelalterlichen Passionsmeditation, besonders in der Devotio Moderna und bei den Au-

Der Verfasser des 'Vorsmak' beginnt das Buch mit dem Nutzen der Passionsmeditation. Das Leben Christi müsse häufig und regelmäßig betrachtet werden, denn es sei zum einen *eyne lere . eyn bilde unde eine wise wol unde doghetsam to levende* (2ʳ), gleichzeitig führe es auch zur Nachfolge und zur Sündenbefreiung:

> Wultu der werlid anich weesen mit all erer temptacien unde ghelozet werden van alle dynen
> sunden . bewint dy in dat sware bittere lident unses leven heren ihesu cristi [...] unde du
> werst dat vorware vinden . dat dy got sunderighen wil vorluchten und entvenghen dy in syner
> leve und na volginghe unde lozen dy van alle dinen sunden (4ᵛ).

Der Hauptteil des Buches besteht ausschließlich aus Gebeten. Die ersten beiden, über das Leben Jesu und an die Jungfrau, dienen der Einstimmung auf die folgende Meditation, die in sieben weiteren Gebeten abschnittsweise und nach Tagzeiten geordnet das Karfreitagsgeschehen Revue passieren lässt. Der Aufbau der Gebete richtet sich nach den Meditationsstufen.

Obwohl der Verfasser in seiner Vorrede sagt, dass die Schau des Leidens Christi eine Anleitung zum richtigen Leben geben solle, so lassen die Gebete eher auf eine Anleitung zum richtigen Sterben schließen: Der Betende tritt darin in einen Dialog mit dem leidenden Christus und rekapituliert abschnittsweise seine letzten Stunden. Die Bitte, die am Ende jedes Gebets formuliert wird, schließt inhaltlich an den Erlösertod an, schlägt aber auch gleichzeitig eine Brücke zum eigenen Sterben, so zum Beispiel am Schluss des Nongebets:

> Leve here ihesu criste beweke unde opene myn harde herte mit der krafft dines hilligen lidens
> / dat ik dy offeren moghe waerhafftighe penitencien vor alle myne sunde unde missedat . und
> myne sele sy dy leve here bevalen in ereme lesten / wen se nene stede / entholdent oder bli-
> vent meer wet / sunder dine gotliken gnade / und de vorbiddinghe diner leven moder marien /
> mit allen dynen utherkoren. Amen (13ᵛ–14ʳ).

Abschließend gibt der Verfasser eine kurze Anleitung, wie die Gebete gesprochen werden müssen, damit man des Rosenkranzablasses teilhaftig werde, und vermerkt: *Disse voerschrevene bede schal men ok vakene overlesen den kranken in ereme doetbedde . wente men kan en nicht beters overlesen* (16ᵛ). Das zweite und umfangreichere Buch ist die Sterbelehre. Sie besteht hauptsächlich aus traktatartigen Belehrungen und Gebeten. Die Bedeutung der Sterbelehre fußt für den Verfasser auf drei Grundsätzen: 1. Der Tod ist sicher; 2. seine Stunde ist ungewiss; woraus dann 3. folgt, dass es einer Vorbereitung bedarf, denn mit dem Tod kommt auch die Entscheidung über das jenseitige Schicksal:

> De doet kumpt all wisse men de stunde des dodes is to male unwisse [...] Men alzo synt wy
> alto male unweetende unses dodes . uppe dat wy alle tyt wes gudes scholen doen und vruch-
> ten alle tyt dat wy kortes moten sterven unde komen vor dat strenghe richte godes (16ᵛ).

gustinern, in: ebd., S. 169–210. Zur 'Vita Christi' des Ludolf von Sachsen und 'De imitatione Christi' Thomas' von Kempen vgl. WALTER BAIER und KURT RUH, Ludolf von Sachsen, in: ²VL 5 (1985), Sp. 967–977; PAUL VAN GEEST, ERIKA BAUER und BURGHART WACHINGER, Thomas Hemerken von Kempen, in: ²VL 9 (1995), Sp. 862–882.

Das Seelengericht im Moment des Todes, auf das die Ars moriendi-Literatur vorbereiten möchte, stellt auch für den 'Vorsmak' die zentrale *vaerlicheyt* (20^r) im Leben eines Menschen dar. Ihr muss man mit entsprechenden Maßnahmen begegnen. Hierfür arbeitet der 'Vorsmak' mit den bekannten Versatzstücken der Sterbelehren: Der Verfasser belehrt zunächst über die Eigenschaften des Todes (Kapitel 1–4) und schließt hieran einige Kapitel über die rechte Geisteshaltung im Moment des Todes an (Kapitel 5–13). Sie basieren auf den fünf Anfechtungen durch den Teufel, die seit dem 'Speculum' in den Artes moriendi auftreten. Auch hier nehmen sie breiten Raum ein, durchsetzt von kleineren Exkursen zu Themen wie Meineid und Reue.

Hieran schließt sich eine große Sammlung von Gebeten an Gott, die Jungfrau Maria und die Heiligen an (Kapitel 14–22). Gebete sind bereits seit Jean Gerson fester Bestandteil der Artes moriendi, nehmen im 'Vorsmak' aber, da sie ausformuliert sind, weit größeren Raum ein. Hiervon sind einige für jeden Tag, einige für die Zeit des Sterbens bestimmt und wiederum andere sollen nicht vom Leser selbst, sondern von denen gesprochen werden, die bei seinem Tod zugegen sind, seien es Gebete zu den Sterbesakramenten oder Fürbitten für den Moment, wenn er bereits verschieden ist. Der ursprüngliche Bezug zur priesterlichen Sterbeprovisur scheint hier noch durch. Diese Gebete sind immer wieder unterbrochen von Handlungsanweisungen, die sich zum einen an den Leser selbst richten, zum anderen auch an einen *vrund* und *truwen steden man* (33^v, 42^r) – einen Sterbehelfer, den er sich bereits frühzeitig gesucht haben soll, damit er ihn im Sterben begleite.

Obwohl sich der 'Vorsmak' in weiten Teilen eng an den Traditionen der Ars moriendi-Literatur orientiert, geht er an einigen Stellen durchaus kritisch damit um, so beispielsweise, wenn er die Fragen an den Sterbenden, die seit Anselm von Canterbury zur Sterbeseelsorge gehören und schon seit Gerson ihren Platz in den Sterbelehren haben, explizit als überflüssig ablehnt.[31]

Ein guter Tod, so betont der Verfasser immer wieder, kann nicht erst im Angesicht des Todes vorbereitet werden. Daher mahnt er seinen Leser wiederholt, sich die verschiedenen Lehren und Gebete regelmäßig zu Gemüte zu führen und tief einzuprägen:

> Du schalt ok weten myn leve sone und broder dat dy disse vorgeschreven bede nicht mogen salich maken in dinen lesten . sunder id en sy / dat du dy hebbest hyr ane gepriset in dinen sunden dagen . und in den boden godes bewiset. Hestu dat gedaen / so twivele dar nicht ane. Gott wil dy nummermeer vorlaten . in diser lesten hennevard (41^v).

Der Verfasser beschließt das Buch mit einer Zusammenfassung und betont ein weiteres Mal die Bedeutung der Ars moriendi (Kapitel 23–24). Laut der Sterbelehre wird die Entscheidung über das jenseitige Schicksal aber nicht nur anhand

---

31 *Item wen du disse bede als nageschreven is . so list aver den kranken mynschen . unde he se wol in nymt unde betrachtet . so is des neen behoeff dat du ene vragest etlike vrage als wol wonelik is in etliken iegen unde landen* (34^r). Zu den Anselm'schen Fragen vgl. RUDOLF [Anm. 3], S. 57–59.

eines guten Todes, sondern auch eines gottgefälligen Lebens gefällt.[32] Sie weist damit bereits auf das dritte und letzte Buch voraus, den Beichtspiegel, der das *boetsame levende* (43ʳ) lehren will. Er ist mit 41 Blatt das umfangreichste Buch des 'Vorsmak' und vereint vor allem katechetische Inhalte und Gebete in sich.

Beichtliteratur gehört zum ältesten volksprachigen religiösen Schrifttum überhaupt. Ihr Ziel ist es, die Wirksamkeit der Beichte zu gewährleisten, indem sie zum einen über die Formalitäten des Beichtgesprächs und zum anderen über die zu beichtenden Sünden belehrt. Ursprünglich handelte es sich um Handbücher für Geistliche, die ihnen helfen sollten, das nötige Wissen über die Sünden verfügbar zu haben und an ihre Beichtkinder zu vermitteln. Der Aufbau dieser Texte ist daher auch dem Ablauf des Beichtgesprächs nachempfunden: Den Rahmen bilden die vorgeschriebenen Eröffnungs- und Schlussformeln der Beichte, den Hauptteil machen die Sündenkataloge aus, die helfen sollen, das Sündenbekenntnis zu gliedern. Diese Kataloge werden im Laufe des Mittelalters immer zahlreicher und detaillierter. Im späten Mittelalter wurden diese Schriften vermehrt auch von Laien verwendet, die darin eine katechetische Anleitung ergänzend zu den Anweisungen des Priesters fanden. Beichtspiegel, wie auch im 'Vorsmak' zu finden, dienten der selbstständigen Gewissenserforschung des Pönitenten im Vorfeld der eigentlichen Beichte.[33]

Der Beichtspiegel des 'Vorsmak' lehrt ein bußfertiges Leben. Dies sei notwendig, damit sich der Mensch, der sich durch seine Sünden von Gott abgewandt habe, ihm wieder annähern könne.[34] Es bedürfe dafür wahrer Reue, lauterer Beichte und der Buße. Die Reue und die Beichte behandelt der Verfasser ausführlich, die Buße möchte er aber dem zuständigen Beichtvater überlassen. Reue (Kapitel 2–10) ist der wichtigste Aspekt, denn sie bildet die notwendige Grundlage für die Sündenlossprechung. Damit der Leser bereuen kann, muss er sich seiner Sünden bewusst werden. Hierfür gibt der Verfasser ihm einen ausführlichen Sündenkatalog, orientiert an den sieben Hauptsünden und ihren jeweils sieben Tochtersünden:

> Leve sone dit [= die vorbenannten Sünden] is eyn quad vorghifftich slechte der sunde . dar du alle aff ruwen und bichten moest . dar umme lis dyt vaken aver . und merke alle word . und wor du dy schuldich vinst . dar moestu besunderghen aff ruwen / unde bichten / unde boetsamheit doen (51ᵛ).

---

32 *wor umme schal de mynsche den doet nicht vruchten, men eyn quaet levent, wente na eyneme guden levende kan nummer eyn quaet doet komen […] Ok mach na eyneme quaden levende nummer eyn guet doet volghen* (17ᵛ).

33 Vgl. hierzu allgemein Ursula Schulze, Beichte, in: ³RL 1 (1997), S. 209–211; sowie insbesondere Ullrich Bruchhold, Deutschsprachige Beichten im 13. und 14. Jahrhundert. Editionen und Typologien zur Überlieferungs-, Text- und Gebrauchsgeschichte vor dem Hintergrund der älteren Tradition (MTU 138), Berlin 2010, mit ausführlicher Darstellung der einzelnen Sündenkataloge, vgl. ebd., S. 534–574. Zur Entwicklung des Publikums und der Nutzung von Beichtliteratur vgl. ebd., S. 493–495, S. 502–504.

34 *Eyn boetsam levent is noet und behoff den armen sunders . dede so sere unde vele van gode deme heren gescheden / gheveernet und gheechtert synt* (43ʳ).

Der Leser wird also zur Selbstreflexion angehalten, die gleichzeitig das Gefühl der Reue in ihm erzeugen soll.

Den zweiten Teil des Buches widmet der Verfasser der richtigen Art zu beichten (Kapitel 11–21). Er listet in 16 Einzelpunkten die Charakteristika einer wirksamen Beichte auf und schließt daran eine Anleitung für das Beichtgespräch an, das der Leser mit Gebeten für eine lautere Beichte und die nötige Reue vorbereiten soll. Formeln für die Eröffnung des Bekenntnisses sowie das Reuegeständnis und das Besserungsversprechen am Schluss rahmen eine Vielzahl kleinteiliger Sündenkataloge ein, die dem Leser vorgeben, welche Fehltritte in welcher Reihenfolge zu beichten sind, wie sie sich teilweise bereits im ersten Teil des Buchs finden. Abschließen soll der Leser sein Bekenntnis mit einem weiteren Gebet zum Reuegeständnis. Den Abschluss des Buches bildet ein kleiner Vermerk zur Buße, auf die dann aber nicht weiter eingegangen wird (Kapitel 22).

Immer wieder betont der Verfasser die Notwendigkeit, regelmäßig zu beichten. Dabei verweist er in seiner Argumentation auffallend oft auf die Inhalte des zweiten Buches, denn ein bußfertiges Leben hat großen Einfluss auf die Situation von Sterben und Tod:

> Is de bote to cleyne / so moestu dat ander beteren in deme veghewur / in der gresliken pine . dar doch grote sware pine / cleine sunde delghet. Men in disseme levende / delghet willighe cleyne bote . grote sunde (60^v–61^r).

Regelmäßige Buße im Diesseits kann das jenseitige Schicksal also in zweifacher Hinsicht positiv beeinflussen: Alles, was im Leben bereits verbüßt wird, verkürzt den Aufenthalt im Fegefeuer; gleichzeitig ist das irdische Strafmaß viel geringer und erträglicher als das jenseitige. Obwohl die drei Bücher des Gesamtwerks auf unterschiedliche literarische Traditionen zurückgehen und sowohl formal als auch inhaltlich völlig unterschiedliche Schwerpunkte setzen, folgen sie doch einem stets ähnlich konzipierten Aufbau und werden als Einheit verstanden. Dies spiegelt sich auch in der Aussage des Werkes wider: Alle drei Bücher zielen letzten Endes auf das Sterben als wichtigstem Moment im Leben eines Menschen hin. Hierauf wollen sie den Leser vorbereiten.

5. DIE FUNKTIONSWEISE DES 'VORSMAK'
VOR DEM HINTERGRUND DER ZEITGENÖSSISCHEN
GLAUBENS- UND FRÖMMIGKEITSPRAXIS

Die Frage, die sich nun stellt, ist, wie der 'Vorsmak' diese Vorbereitung leisten will und wie er dabei vorgeht. Diese Frage ist insofern interessant, als sich hierin auch die besonderen Eigenarten des Werkes auftun. Sie ist allerdings nicht zu beantworten, ohne auch einen Blick auf die religiöse Norm und Praxis des 15. Jahrhunderts zu werfen. In der Glaubensvorstellung des 15. Jahrhunderts manifestiert sich im Moment des Todes, der zunehmend als Bedrohung und Gefahr wahrgenommen wird, die Entscheidung über das jenseitige Schicksal,. Auch der 'Vorsmak' spricht in diesem Zusammenhang von *groter vaerlicheyt* (20^r). Die Ars-moriendi-Literatur reagiert hierauf, indem sie Anleitungen und Strategien entwickelt, um dieser Bedrohung zu begegnen. Kirchliches Dogma und praktizierte Frömmigkeit treffen in diesen Texten daher besonders eng aufeinander, um im Moment größter Gefahr bestmögliche Voraussetzungen für den Sterbenden zu schaffen. Um die besonderen Charakteristika des 'Vorsmak' herauszustellen, muss er also im Kontext der zeitgenössischen Glaubensvorstellung und der Funktionsweise anderer Sterbelehren betrachtet werden. Hier werden sich deutliche Abweichungen zur süddeutschen Ars-moriendi-Tradition zeigen.

Bis ins hohe Mittelalter hinein war das einzige Gericht, dem sich der Mensch für sein jenseitiges Schicksal stellen musste, das Weltgericht am Jüngsten Tag, zu dem alle Menschen auferstehen und gemeinsam gerichtet werden. Schon früh deutete sich daneben aber auch die Vorstellung einer früheren Entscheidungsinstanz an, die insbesondere dazu diente, das schwer definier- und vorstellbare Vakuum zwischen individuellem Tod und Jüngstem Gericht am Ende der Zeit zu füllen. Explizit gelehrt wurde ein doppeltes Gericht nach dem Tode aber erstmals von Thomas von Aquin: Er ging davon aus, dass nach dem Tod zunächst die Seele jedes Einzelnen individuell gerichtet und dann der Hölle, dem Himmel oder, für eine vorausgehende Sündenreinigung, dem Purgatorium überantwortet werden müsse. Das Jüngste Gericht als kollektives Gericht blieb daneben bestehen. Hier wurde das vorherige Urteil bestätigt und nun auch auf den Körper ausgedehnt. Diese Auffassung wurde 1336 von Benedikt XII. dogmatisiert. Die Gefahr rückte damit aus der abstrakten Ferne des Jüngsten Tages in die greifbare Nähe des eigenen Todes und war für den Menschen dadurch sehr viel präsenter.[35]

Während das Weltgericht am Jüngsten Tag durch die biblische und künstlerische Tradition einer relativ einheitlichen und scharf umrissenen Auffassung unterliegt, ist das Seelengericht weder schriftlich noch bildlich normiert.[36] Die bekanntesten Darstellungen finden sich in den Holzschnitten der 'Bilder-Ars', die auch unabhängig vom Text weite Verbreitung fanden und der Forschung bisher als Musterbeispiel für die Vorstellung vom Seelengericht galten. Der Fokus der 'Bilder-Ars' liegt auf dem Moment des Todes: Die Anfechtungen durch den Teufel nehmen sehr breiten Raum ein. So widmen sich auch fünf der insgesamt elf Holzschnitte diesen *temptationes*, nämlich Glaube, Verzweiflung, Ungeduld, Hochmut, indem man sich in seinen eigenen guten Taten überschätzt, und schließlich Habsucht beziehungsweise das Festhalten an irdischen Gütern. Während die Teufel

---

35 Zur Entwicklung der Gerichtsvorstellung vgl. EGON BRANDENBURGER, Gericht Gottes. III: Neues Testament, in: Theologische Realenzyklopädie 12 (1984), S. 469–483; sowie HELMUT MERKEL, Gericht Gottes. IV: Alte Kirche bis Reformationszeit, in: ebd., S. 483–492; außerdem PETER DINZELBACHER, Persönliches Gericht und Weltgericht, in: Endzeitvorstellungen, hg. von BARBARA HAUPT (Studia humaniora 33), Düsseldorf 2001, S. 96–131, bes. S. 97–99.

36 Vgl. DINZELBACHER [Anm. 35], S. 104; BERNDT HAMM, Iudicium particulare. Personale Identität des Menschen und Gedächtnis Gottes in der spätmittelalterlichen Vorstellung vom Individualgericht, in: Geschichtsentwürfe und Identitätsbildung am Übergang zur Neuzeit, hg. von LUDGER GRENZMANN, BURKHARD HASEBRINK und FRANK REXROTH (Abhandlungen der Akademie der Wissenschaften zu Göttingen Neue Folge 41,1), Berlin 2016, S. 287–319, hier S. 301.

versuchen, dem Menschen seinen Glauben zu nehmen, wollen sie ihm die anderen vier Anfechtungen einpflanzen. Ihr Ziel ist es, die Seele des Menschen noch im letzten Augenblick für sich zu gewinnen und dafür greifen sie an den Punkten an, die besonders wichtig sind, um im Gericht bestehen zu können.[37]

Den Anfechtungen sind in fünf weiteren Abbildungen ihre jeweiligen Gegenstücke als gute Zureden der Engel, die *inspirationes*, gegenübergestellt. Beide Gruppen versammeln sich in der Kammer des Sterbenden und versuchen, seine Seele durch gute und schlechte Einflüsterungen für sich zu gewinnen. Es entbrennt ein regelrechter Kampf am Sterbebett, indem die beiden Parteien in dichtem Schlagabtausch den Menschen mit Worten und Bildern zu überzeugen versuchen. Der Mensch steht zwischen Engeln und Teufeln und muss sich einer Seite anschließen; mit seiner Wahl entscheidet sich auch sein jenseitiges Schicksal. Hierbei kommt es nicht auf aktives Handeln an, sondern ganz allein auf die innere Haltung und die Standhaftigkeit des Geistes. Damit wird der Mensch gleichsam zum Richter seiner selbst.[38] Der elfte und letzte Holzschnitt zeigt, wie die Seele des Menschen den toten Körper verlässt. Text und Bild schließen hier – der entscheidende Kampf ist beendet, das Urteil gefällt und die Seele geht ihrem jenseitigen Schicksal entgegen.[39]

Die Vorstellung vom Seelengericht, wie sie in der 'Bilder-Ars' auftritt, birgt Chancen, aber auch Risiken: Sie bietet dem Sterbenden einerseits die Möglichkeit, noch in letzter Sekunde durch geistige Stärke und festen Glauben aufzuwiegen, was er im Leben an Gottgefälligkeit versäumt haben sollte. Gleichzeitig läuft er aber Gefahr, alles, was er im Leben geleistet hat, nun durch einen einzigen Fehltritt zunichte zu machen.[40] In der Sterbestunde ist er einer doppelten Belastung ausgesetzt, denn Verantwortung auf der einen Seite und Schwäche auf der anderen treffen hier hart aufeinander. Verantwortung, weil er allein die Sorge für seine innerliche Einstellung trägt und niemand ihn dabei unterstützen kann, und Schwäche angesichts der Todesqualen, die alle guten Vorsätze schnell vergehen lassen. Das Risiko ist hier also ungleich größer als die Erfolgsaussichten. Der Verfasser des 'Vorsmak' erkennt dieses Problem und benennt es recht bildhaft:

> Wente id moet io eyne sware grote suke syn bauen allen suken . dar de mynsche ane sterven moet . he en wet anders nicht . men dat em hundert dusent kloktorne up synem live liggen . unde alle syne wetenheyt is em van grother pyne grote unwetenheit (30ᵛ).

An genau dieser Stelle möchte er daher angreifen. So ist im 'Vorsmak' der Moment des Todes mit dem Gericht über die Seele der entscheidende Dreh- und Angelpunkt für das jenseitige Schicksal. Hierin liegt die zentrale Gefahr, die *grote*

---

37   Vgl. hierzu GROSSE [Anm. 2], S. 223.
38   Vgl. ARIÈS [Anm. 7], S. 140; DINZELBACHER [Anm. 35], S. 111, 115.
39   Verwendet wurde das deutsche Exemplar aus München, Bayerische Staatsbibliothek, Xylogr. 19 (Ulm, ca. 1468/69). Das Digitalisat findet sich unter: *http://daten.digitale-sammlungen. de/~db/0003/bsb00038639/images/* (12.12.2018). Zur Darstellung des Seelengerichts in der 'Bilder-Ars' vgl. auch RUDOLF [Anm. 3], S. 69–74; RUDOLF [Anm. 11].
40   Zu den Möglichkeiten und Risiken im Todesbild der 'Bilder-Ars' vgl. HAMM [Anm. 36], S. 297.

vaerlicheyt (20r), der es zu begegnen gilt. Das Seelengericht wird vor allem im zweiten Buch, der Ars moriendi, thematisiert. Die fehlenden Illustrationen werden im 'Vorsmak' durch detaillierte Beschreibungen ausgeglichen, die ein umfassendes, wenn auch nicht immer widerspruchsfreies Bild des Gerichts zeichnen.

Auch hier begegnet der Mensch im Angesicht des Todes verschiedenen Anfechtungen, die ihm als *boze gheyste* entgegentreten und mit ihren Händen nach ihm greifen (36ᵛ). Es handelt sich um die gleichen Anfechtungen wie in der 'Bilder-Ars', dort als kleine Teufel dargestellt, allerdings in anderer Reihenfolge: Glaubenszweifel, Verzweiflung, Habsucht, Ungeduld und Hochmut. Der 'Vorsmak' belehrt ausführlich über diese Anfechtungen und ermahnt seinen Leser, standhaft zu bleiben (Buch 2, Kapitel 5–12). Hilfe findet er bei Maria, den Heiligen und seinem persönlichen Schutzengel, deren Beistand er schon frühzeitig mit den vorgegebenen Gebeten erflehen soll. Mit dem Tod scheidet die Seele aus dem Körper: Sie hat *grothe* […] *anxst*, denn nun muss sie *alleyne / naket / unde bloet* ihrem Schöpfer entgegentreten und weiß nicht, wie er sie richten wird (19ᵛ). Auf dem Weg zum Gericht greifen die bösen Geister weiterhin nach ihr, die auch bei der Verhandlung selbst noch als Ankläger zugegen sind. Christus, Maria und die Heiligen stehen dagegen und halten als Verteidiger Fürsprache für den Verstorbenen. Gottvater fällt schließlich das Urteil und überantwortet die Seele dann ihrem Schicksal (36ᵛ, 39ʳ).

Diese Schilderung scheint derjenigen der 'Bilder-Ars' zunächst sehr ähnlich zu sein: Die Gefahr bündelt sich in beiden Fällen im Moment des Todes und im folgenden Gericht. Die Szenerie der kämpfenden Parteien am Sterbebett stellt sich ähnlich dar, und damit werden auch zunächst die gleichen Anforderungen an die Standhaftigkeit und innere Haltung des Verscheidenden gestellt. Dennoch begegnen im 'Vorsmak' einige kleine Abweichungen zur Vorstellung aus der 'Bilder-Ars', die wesentliche Konsequenzen für die Sterbevorbereitung und die Anforderungen an den Menschen haben.

Dies ist zum einen der Zeitpunkt des Gerichts und die Person des Richters: Die 'Bilder-Ars' schließt mit dem Tod des Menschen, wenn die Seele ihren Körper verlässt. Mit diesem Moment ist der Todeskampf zu Ende und die Gefahr gebannt. Hier hängt das jenseitige Schicksal davon ab, wie der Mensch sich zwischen den beiden an seinem Bett streitenden Parteien positioniert. Damit erfolgt die Urteilsfindung de facto durch ihn selbst und bereits während des Todeskampfes – also noch zu Lebzeiten. Gott tritt hierin lediglich noch als Verkünder und Vollstrecker des Urteils auf. Im 'Vorsmak' hingegen endet die Gefahr nicht mit dem Tod, sondern erreicht ihren Höhepunkt erst, wenn sich Körper und Seele bereits getrennt haben. Bis zum Gericht ist die Seele fortwährender Bedrohung ausgesetzt. Erst Gottvater beendet und entscheidet den Kampf. Die Urteilsfindung wird im 'Vorsmak' also über den Moment des Todes hinausgezögert, die Rolle des Richters obliegt Gott.

Hiermit in engem Zusammenhang steht die zweite augenfällige Abweichung zwischen 'Bilder-Ars' und 'Vorsmak', nämlich der Verhandlungsgegenstand des Gerichtes. In der 'Bilder-Ars' steht und fällt alles mit der Haltung des Sterbenden im Tod, sie allein ist damit urteilsentscheidend. Dies gilt zunächst einmal auch für den 'Vorsmak', denn *als dy got denne* – sprich: im Moment des Todes – *vynt . so wil he dy richten* (42^r). Daneben steht aber noch eine zweite Verhandlungssache und das ist die *rechtverdicheyt*[41] des Menschen, die sich über seine *werke gud unde quaet* (20^r) definiert. Diese Rechtschaffenheit ist also die Summe der gottgefälligen Taten, mit denen der Mensch bereits zu Lebzeiten für sein Seelenheil vorgesorgt hat, und der Sünden, mit denen er sich davon entfernt hat.

Diese beiden Abweichungen haben grundlegende Folgen für die Situation des Menschen im Sterben. So bedeutet die Entrückung des Gerichts aus der Sterbestunde hinaus in den Moment unmittelbar nach dem Tod zwar einerseits, dass der Mensch länger den bösen Geistern und ihren Anfechtungen ausgesetzt ist, doch wird das Gericht damit auch gleichzeitig des Drucks der Sterbestunde enthoben. Nicht der Mensch ist es, der hier unter größter Belastung ein Urteil fällen muss, sondern Gottvater als objektiver Richter. Das Urteil richtet sich dann nicht nur nach der Haltung im Tod, sondern auch nach der Haltung im Leben. Dies ist der Bonus für den Menschen, ist das Verhalten im Leben doch sehr viel einfacher zu kontrollieren und zu beeinflussen als das im Tod. Sollte der Mensch also im Sterben versagen, so bleibt ihm als Hoffnung immer noch sein gutes Leben. Dies betont auch der Verfasser des 'Vorsmak', wenn er sagt: *Hestu dat* [= nach den Geboten Gottes gelebt] *gedaen / so twivele dar nicht ane . Got will dy nummermeer vorlaten . in diner lesten hennevard* (41^v).

Hierbei handelt es sich also um Strategien der Entlastung, die der Verfasser auf Basis der gängigen Glaubensvorschriften entwickelt. Die undefinierte Gestalt des Seelengerichts macht es ihm möglich, einzugreifen und Änderungen vorzunehmen, um den Druck und die Anforderungen der Sterbestunde zu minimieren, indem die Konzentration von Anfechtungen, Gericht und Gefahr ins Leben und über den Tod hinaus entzerrt und die Sterbestunde damit entspannt wird. Dennoch möchte der Verfasser des 'Vorsmak' die Gefahr, die dem Sterben innewohnt, keineswegs verkannt wissen. Auch bei ihm behält das Gericht seine Bedeutung als Dreh- und Angelpunkt für das jenseitige, ewige Schicksal, dem man nur mit entsprechender Vorbereitung begegnen kann.

Diese Vorbereitung ist das eigentliche Ziel des 'Vorsmak', hierauf zielen alle drei Bücher. Dafür setzt der Verfasser an der gleichen Stelle an wie auch die Teufel mit ihren Anfechtungen, nämlich bei der inneren Haltung des Menschen. So wie die Teufel den Geist des Menschen beeinflussen wollen, so soll der Mensch mithilfe des 'Vorsmak' ebenfalls auf sein Inneres einwirken, um ihren Anfechtungen wirksam entgegentreten zu können. Unabdingbar ist ihre frühzeitige und regelmäßige Anwendung, die der Verfasser nicht müde wird, von seinem Leser einzufordern: *Darumme nym disse scrifte by dyner wolmacht stark in dyn herte .*

---

41 *rechtverdicheyt* ist in der niederdeutschen Literatur des späten 15. Jahrhunderts ein nur
    schwierig zu übersetzender Begriff, dessen Bedeutung von Fall zu Fall variiert. Vgl. dazu
    CORDELIA HESS, "Yn dyner rechtferdicheyt vorlose my". Die Semantik der Gerechtigkeit in
    den vorreformatorischen mittelniederdeutschen Bibelübersetzungen, in: Archiv für Begriffs-
    geschichte 54 (2012), S. 45–72. Im 'Vorsmak' ist er bezogen auf Gott am ehesten mit 'Ge-
    rechtigkeit' zu übersetzen, bezogen auf den Menschen meist mit 'Rechtschaffenheit' oder ad-
    jektivisch '(ge-)recht' und bezeichnet damit auch den Gnadenstatus des Menschen vor Gott.

so wil got de guden vlite betalen in diner lesten noet (30^v). Vor zu späten Maßnahmen hingegen warnt er ausdrücklich, denn diese können im Angesicht des
Todes nicht mehr wirksam werden (41^v).

Die Vorgehensweise des Verfassers wird besonders deutlich in den Nutzungsanweisungen für das erste Buch, die hier exemplarisch vorgeführt werden sollen:
Der Leser soll seine Bemühungen nicht nur auf das reine *lesen* der Gebete be-
schränken, sondern soll die Passion *bedenken* und *betrachten* (3^r, 3^v, 4^r), *andecht-
liken und hertliken* (2^r, 3^r), so als ob er *dat sulven mit* [seinen] *oghen beseen* würde (3^v). 'Betrachten' meint hier weit mehr als das rein visuelle Sehen. In seiner
mittelalterlichen Bedeutung entspricht es der lateinischen *contemplatio*, ist also
auch als meditative Betrachtung aufzufassen. Der Leser soll hier eine Form des
Sehens anwenden, die als erste Stufe der Meditation, der *imaginatio*, über die
theologische Ausdeutung des betrachteten Stoffes in der *rememoratio*, dem Mit-
leiden in der *compassio* und dem auf dieser Basis formulierten Gebet der *oratio*
schließlich zur *imitatio*, der Nachfolge Christi führen soll. Diese Vorstellung basiert auf der mittelalterlichen Bild- und Erkenntnistheorie, die dem Sehen und
Sehsinn eine besondere Rolle zuweist: Der Mensch ist, was er sieht – was er sich
einprägt, prägt wiederum ihn. Das gilt auch für das innere Sehen mit dem Auge
des Herzens.[42] Auf diese Weise erreicht auch der Leser schließlich die vom 'Vorsmak' in Aussicht gestellte Sündenfreiheit und die Vereinigung mit Gott (2^r–4^v).

Da eigenständiges Meditieren eine gewisse Übung und theologische Vorbil-
dung voraussetzte, nimmt der 'Vorsmak' seinen Leser an die Hand und führt ihn
in den vorformulierten Gebeten schrittweise von Stufe zu Stufe. Der Aufbau der
Gebete, ihre sprachliche Gestalt, die eine demütig-affektive Gebetshaltung beim
Leser evoziert, und die detaillierten Beschreibungen der Ereignisse und Eindrücke
erlauben dem Leser, 'mit allen Sinnen' am Passionsgeschehen teilzuhaben, ohne
dass es Illustrationen bedürfe. Die Verantwortung des Lesers beschränkt sich ganz
darauf, die Passion regelmäßig in seinem *herten* zu *overtrachten* (3^v). So kann er
Christus als Vorbild verinnerlichen und dessen Handeln zu seinem eigenen Handeln werden lassen. Was einerseits bereits zu Lebzeiten wirksam werden kann,
indem es von Sünde befreit und zur Vereinigung mit Gott führt, kann auch für das
Sterben angewandt werden. Zwei Aspekte stehen bei der Beschreibung von Christi Handeln besonders im Fokus: Das sind zum einen die Qualen, die Christus er-
leidet. Sie werden so bildhaft beschrieben, dass der Leser sie in all ihrer Grau-
samkeit selbst erfährt.[43] Zum anderen wird das Verhalten des Gekreuzigten genau

---

42   Vgl. hierzu THOMAS LENTES, Inneres Auge, äußerer Blick und heilige Schau. Ein Diskussi-
     onsbeitrag zur visuellen Praxis in Frömmigkeit und Moraldiaxe des späten Mittelalter, in:
     Frömmigkeit im Mittelalter. Politisch-soziale Kontexte, visuelle Praxis, körperliche Aus-
     drucksformen, hg. von KLAUS SCHREINER und MARC MÜNTZ, München 2002, S. 179–220.

43   Eindrucksvoll ist die Schilderung der Kreuzaufrichtung: *Leve here ihesu criste [du] bist
     ghebloetet in deme berghe calvarie / dyner cleidere . dar dy upp dat nighe gheopent syne alle
     dyne bescharpeden blodighen wunden . de du vor my entvanghen haddest . unde dar swarli-
     ken naket und bloet grimmighen uppe dat kruce gheworpen . unde alzo blodich unde mistal-
     dich in henden und in vothen pynliken unde swarliken / baven dyne natuerlike mate / mit
     groter walt uth gherekket mit stumpen neghelen gheslaghen in dat kruce . dar sulves up-*

dargestellt. Demütig und schicksalsergeben lässt er alles über sich ergehen; Glaube, Zuversicht, Geduld und Demut zeichnen sein Sterben aus.[44] Genau diese Eigenschaften sind es, die auch die spätmittelalterliche Ars-moriendi-Literatur für den Moment des Todes von ihren Lesern fordert, um gegen die Anfechtungen des Teufels bestehen zu können. Letztendlich findet der Leser hierin also ein Vorbild für seinen eigenen Tod, das er durch fortwährendes Verinnerlichen in sich selbst einprägt. Dieses gute, im wahrsten Sinne des Wortes 'christliche' Sterben wird dadurch auch noch im Moment größter Qualen und Anfechtungen für ihn abrufbar. Die Gefahr, den Einflüsterungen der bösen Geister zu erliegen, wird deutlich gemindert.

Dass diese Praxis von Verinnerlichen und Selbstprägung gerade im ersten Buch so deutlich hervortritt, ist kaum verwunderlich, bietet die Passion doch eine besonders gute Grundlage für das Mit'leiden' im Sinne der *compassio*. Generell wurden vor allem narrative Texte als Grundlage für meditative Verinnerlichung genutzt, da Inhalt und Ereignisse in dieser Form besonders gut vorstellbar werden. Ähnliche Nutzungsanweisungen begegnen jedoch auch in den beiden anderen Büchern des 'Vorsmak'. Auch sie bedienen sich, obwohl eher belehrendkatechetischen Charakters, ebenfalls der 'Selbstprägung durch Verinnerlichung'.[45]

So fordert die Sterbelehre immer wieder zum regelmäßigen Lesen und Verinnerlichen auf. Dies betrifft zum einen die Anfechtungen – *Leve sone / disse lere der temptacien de lys vakene aver . unde the se gansliken to herten* (30ᵛ) –, zum anderen die Gebete aus dem zweiten Teil der Sterbelehre: *Ok mach eyn iewelik mynsche die bed alle dage lesen wen he sund is . up dat em god van hemmel geve eynen saligen ende* (33ᵛ). Indem der Leser über die Anfechtungen meditiert, verinnerlicht er bereits frühzeitig, wie er ihnen begegnen muss, und kann das auch in der Sterbestunde abrufen. Dabei helfen ihm auch seine Erfahrungen aus der Passionsnachfolge. Mit den Gebeten erfleht er sich schon zu Lebzeiten den Beistand Mariens und der Heiligen. Diese Vorbereitung bietet Sicherheit, denn auch für den Fall, dass der Sterbende sich in seinen Todesqualen nicht mehr an die nötigen

---

ghehauen mit deme kruce van den quelers / de dynen swaren langhen licham settende dat kruce in dat steenhol / pyneliken hebben vorscheten laten / uth eren natuerliken wervelen unde lithmathen […] *do du ghehenget wordest mank de schekers unde rovers alzo eyn ander misdeder / de du doch ghesent werest aff to lozende de ghansen werlid van erer missedaet mit dyneme swaren bitteren lidende* (12ʳ/12ᵛ).

44 So beispielsweise im Primgebet: *Dar bystu uppe dat nighe vorclaghet mit groter smaheit / men alss eyn duldich lam hestu dyne mund ghesloten* (11ʳ); oder im Sextgebet: *Leve here ihesu criste / do sprekestu soven merklike wort / an der bitteren pine des kruces gheneghelt an henden unde an voten. Int erste vorghetende alle dyne eghene smerte unde pine / vorbedestu dyne vyende sprekende. Vader vorlaet en ere sunde . wente se weten nicht wat se doen* (13ʳ).

45 Zur Frage nach der Form von meditativen Texten vgl. die Überlegungen bei NIGEL F. PALMER, Die Letzten Dinge in Versdichtung und Prosa des späten Mittelalters, in: Deutsche Literatur des späten Mittelalters. Hamburger Colloquium 1973, hg. von WOLFGANG HARMS (Publications of the Institute of Germanic Studies 22), Berlin 1975, S. 225–239, hier S. 227–229; auch allgemein zur Meditationspraxis in der Sterbeliteratur.

Maßnahmen erinnern können sollte, werde sein Fleiß im Leben Gott gnädig stimmen (30^v, s.o.).

Eine ähnliche Aufforderung zur Verinnerlichung findet sich auch im Beichtspiegel für die Rezeption der Sündenkataloge: *dar umme lis dyt vaken aver . und merke alle word* (51^v). Die Sündenkataloge sollen 'meditiert' werden, um eine wirksame Beichte und damit letztendlich die Lossprechung von den Sünden zu erzielen. Die Wirksamkeit des Beichtgesprächs hängt laut 'Vorsmak' von mehreren Faktoren ab, von denen die wichtigsten die wahre Reue (*contritio*) und das Vertrauen auf Gottes unermessliche Gnade sind, ohne die es keine Sündenvergebung geben kann. Auch sie sind Teil der inneren Einstellung des Menschen. Die Reue entsteht aus der Betrübnis über die eigenen Sünden, die jedoch nicht zur Verzweiflung führen darf, um nicht die Hoffnung auf die göttliche Vergebung zu zerstören. Diese Eigenschaften stehen in enger Beziehung zur richtigen Haltung im Sterben: Sie sind genauso unsicher und schwer kontrollierbar wie diese, und genau wie sie können sie nur durch regelmäßige innere Einprägung erzeugt und gefestigt werden.[46] Darüber hinaus bieten sie direkte Einflussmöglichkeiten auf den Ausgang des Gerichts: Zum einen werden die Sünden, die man auf Erden bereits verbüßt hat, im Seelengericht nicht noch einmal verhandelt und entlasten den Angeklagten damit; zum anderen kann man mit der richtigen innerlichen Einstellung auch noch in letzter Sekunde von seinen Sünden losgesprochen werden – im Zweifelsfall auch ohne priesterliche Absolution: *Konde he doch nene bichtigher hebben / van vorsnellinghe des dodes . he worde nicht vorlaren . so verne he warafftighen ruwede . alle dodelike sunde bi sik* (45^v).

Die Strategie des 'Vorsmak' ist genauso einfach wie innovativ: Sie lautet 'Entlastung im Sterben durch Initiative im Leben'. Um das Risiko im Sterben zu mindern, wird die Sterbestunde entzerrt und dem Leser damit gleichzeitig die Möglichkeit zur Einflussnahme gegeben. Dafür bedient sich der Verfasser eines dreiteiligen Ansatzes: Innerlichkeit, Ganzheitlichkeit und Langfristigkeit. Die Gewissheit, sich hiermit bestmöglich auf die Anfechtungen vorbereitet zu haben, gibt dem Leser Zuversicht und Hoffnung – Eigenschaften, die im Kampf um die eigene Seele unabdingbar sind. Der 'Vorsmak' ist damit ein deutlicher Gegenentwurf zu anderen Sterbevorbereitungen, die nur im Moment des Todes wirken. Die Risiken, die im Lösungsansatz der 'Bilder-Ars' deutlich werden, werden hier umgangen.

---

46 Die Verbindung zwischen richtiger Haltung in der Beichte und richtiger Haltung im Tod wird besonders darin deutlich, dass die wesentlichen Eigenschaften, Reue und Zuversicht, sowohl in der Sterbelehre als auch im Beichtspiegel behandelt werden: Zur Bedeutung der Reue vgl. Buch 2, Kapitel 9, sowie Buch 3, Kapitel 2; zu Hoffnung und Zuversicht vgl. Buch 2, Kapitel 7, Buch 3, Kapitel 11, speziell 60^r.

6. DAS FORTLEBEN DES 'VORSMAK' –
EINE ERFOLGSGESCHICHTE?

Werfen wir zuletzt noch einen Blick auf die Überlieferung des 'Vorsmak', denn diese gibt Aufschluss darüber, ob und in welcher Weise diese neuartige Sterbelehre erfolgreich werden konnte. Der 'Vorsmak' oder Teile dessen sind gegenwärtig aus fünf Lübecker Druckauflagen und zwei Handschriften – und damit insgesamt noch 32 Textzeugen – bekannt. Dieser Befund ist für die Frühdruckzeit im norddeutschen Raum durchaus außergewöhnlich. Die Frage, wann ein Text als Bestseller gelten kann, ist insbesondere für diese Zeit überlieferungsbedingt nur schwer zu beantworten; der beste Indikator ist die Zahl der Nachdrucke. Um eine Relation zu geben, seien hier einige Vergleichsbeispiele angeführt: Zwar reicht der 'Vorsmak' nicht an die Auflagenzahl von Coeldes berühmter Unterweisungsschrift, dem 'Kerstenspegel', heran, zeigt aber eine viel breitere Überlieferung als heute so bekannte Werke wie 'Reynke de vos', um nur zwei niederdeutsche Beispiele zu nennen.[47] Als einer der größten Erfolge des süddeutschen Frühdrucks gilt Bertholds 'Zeitglöcklein', das zwischen 1491 und 1500 in zwölf Druckauflagen erschien.[48] Fünf Drucke in lediglich sieben Jahren lassen also auch für den 'Vorsmak' auf eine nicht zu missachtende Popularität schließen.

Das Zentrum der gedruckten 'Vorsmak'-Überlieferung ist Lübeck. Hier erschien der Text innerhalb weniger Jahre bei drei unterschiedlichen Druckern. Die früheste bekannte Überlieferung, die auch als *editio princeps* anzunehmen ist, stellt der Snell'sche Druck von 1481 (VS) dar, der in schlichter Form und ohne Bebilderung allein die drei Bücher des 'Vorsmak' überliefert. Eine handschriftliche Vorlage oder Vorläufer der einzelnen Bücher, auf die dieser Druck zurückgehen könnte, sind nicht bekannt. Neben dem einzigen Göttinger Exemplar finden sich auch einige wenige Blattfragmente in der Rostocker Universitätsbibliothek, die als Einbandmakulatur überliefert wurden.[49]

Die zweite Auflage des 'Vorsmak' erschien 1484 in einem Gebetbuch oder 'Bedeboek' des Bartholomäus Ghotan (BG1). Ihm folgten weitere Gebetbücher, 1485 noch einmal bei Ghotan (BG2), 1487 in der Mohnkopf-Offizin (BM).[50] Diese drei Werke sind Teil einer breiten Lübecker Gebetbuchtradition, innerhalb de-

---

47   Coeldes 'Christenspiegel' erschien bis 1550 in 45 Auflagen, davon 17 in Deutschland, vgl. DE TROEYER [Anm. 16]. Der 1498 in der Mohnkopf-Offizin in Lübeck erschienene 'Reynke de vos', der die Vorlage für zahlreiche hochdeutsche Werke darstellt, erschien lediglich in einer Auflage (GW 12733).

48   Sechs dieser Auflagen waren deutsch, sechs lateinisch. Vgl. PETER OCHSENBEIN, Handschrift und Druck in der Gebetbuchliteratur zwischen 1470 und 1520, in: Die Gleichzeitigkeit von Handschrift und Buchdruck, hg. von GERD DICKE und KLAUS GRUBMÜLLER (Wolfenbütteler Mittelalter-Studien 16), Wiesbaden 2003, S. 105–119, hier S. 111; HELMUT WECK, Berthold, in: ²VL 1 (1978), Sp. 801f.

49   BRUNO CLAUSSEN, Nicolaus Russ' boek van dren strenghen, der Calderinus-Drucker und Johann Snell, in: Nordisk tidskrift för bok- och biblioteksväsen 11 (1924), S. 117–128, hier S. 126; CLAUSSEN [Anm. 17], S. 225–228. Rostock, Universitätsbibliothek, Fa-1119(68)[63], 1914 herausgelöst aus Cq-608.

50   BG1: GW 13002; BG2: GW 13003; BM: GW 13004.

rer sie durch ihre enge Verwandtschaft aber eine geschlossene Gruppe bilden.[51] Hier ist das Werk nicht mehr alleine überliefert, sondern steht am Schluss einer größeren Textsammlung. Neben ihn treten weitere kleine Andachts- und Gebetstexte, die von BG1 bis BM im Kern weitgehend gleich bleiben, aber stetig erweitert werden. Der 'Vorsmak' wird fast unverändert in die Gebetbücher übernommen, kleinere Eingriffe in die Adressatenanrede und zusätzliche lateinische Kapitelüberschriften lassen vermuten, dass er nun einen breiteren Leserkreis ansprechen und auch Geistliche und Frauen einbeziehen sollte. Der Ursprungstext macht hier nur noch etwa 60% des Gesamtumfangs des Werkes aus, die zahlreichen Querverweise, mit dem die anderen Buchinhalte auf ihn Bezug nehmen, zeigen aber, dass er fest in das neue Textumfeld integriert wurde. BG1 ist heute noch in vier Exemplaren überliefert, BG2 und BM jeweils aus sieben Textzeugen bekannt.

Ebenfalls bei Bartholomäus Ghotan erschien nochmals 1485 eine weitere Fassung des 'Vorsmak', nun integriert in den 'Speygel der dogede' (SpDG), der seinem Leser laut Vorrede als Spiegel zur Gewissenserforschung dienen soll.[52] Der 'Vorsmak' bildet hier den letzten Teil eines umfangreichen vierteiligen Kompendiums. Genau wie dieser beruhen auch die ersten drei Bücher auf älteren Überlieferungen, die hier in neuer Kombination zusammengestellt wurden. Im Gegensatz zu den Gebetbüchern spielen die Texte aber nicht so eng zusammen, denn die Inhalte und die Adressaten der einzelnen Bücher stimmen oftmals nicht überein, sind bisweilen sogar widersprüchlich.[53] Der 'Vorsmak' macht hier nur noch etwa 20% des Werkumfangs aus, was nicht zuletzt dadurch zustande kommt, dass sein drittes und umfangreichstes Buch schlichtweg ausgelassen wurde. Trotz seiner inhaltlichen Inkonsistenz gehört der 'Speygel' zu den besser bekannten Lübecker Drucken, was zum einen auf seine prächtige Ausstattung mit aufwändigen Zierseiten und knapp dreißig Holzschnitten, zum anderen auf die gute Überlieferung von zehn Exemplaren zurückzuführen ist. Er ist damit die am breitesten überlieferte 'Vorsmak'-Verarbeitung. Seine Beziehung zum 'Vorsmak'-Druck von 1481 wurde bis dato aber noch nicht hinreichend erkannt.[54]

---

51 Zur reichen Gebetbuchtradition Lübecks vgl. HUBERTUS MENKE, Bedebok, in: Lübeck 1500 – Kunstmetropole im Ostseeraum. Ausstellung im Museumsquartier St. Annen, Lübeck. 20. September 2015 bis 10. Januar 2016, hg. von JAN RICHTER, Petersberg 2015, S. 418, Kat.-Nr. 94; BRITTA-JULIANE KRUSE, Stiftsbibliotheken und Kirchenschätze. Materielle Kultur in den Augustiner-Chorfrauenstiften Steterburg und Heiningen (Wolfenbütteler Mittelalter-Studien 28), Wiesbaden 2016, S. 183f.

52 GW M43114. SpDG, 2^r–2^v. Das verwendete Exemplar ist Göttingen, Staats- und Universitätsbibliothek, 8° Theol. Mor. 214/5 Inc.

53 Widersprüche finden sich etwa hinsichtlich der guten Art zu Sterben, die an mehreren Stellen von SpDG angesprochen wird: So verweisen einige Passagen auf die Anselm'schen Fragen, die im 'Vorsmak' explizit abgelehnt werden (SpDG, XCV^v). Während der 'Vorsmak' noch ein klar umrissenes, weltliches Publikum ansprach, waren einige der anderen Texte eher für ein geistliches Publikum bestimmt, was an den unübersetzten lateinischen Zitaten und Hinweisen auf ein klerikales Lebensumfeld deutlich wird (vgl. SpDG, CCXV^v).

54 SpDG ist der einzige der hier bearbeiteten Drucke, der einen eigenen Eintrag im ²VL hat, vgl. GUNHILD ROTH, 'Spiegel der Tugenden' ('Speygel der dogede'), in: ²VL 9 (1995), Sp. 130–

Beim Vergleich des Snell'schen Erstdrucks mit den vier späteren Drucken zeigt sich eine besondere Auffälligkeit, die Hinweise auf die Vorlage der Nachdrucke gibt. Dem Göttinger VS-Exemplar, das den Text des 'Vorsmak' weitestgehend vollständig überliefert, fehlt wegen Blattverlusts ein Teil des Primgebets in der Passionsmeditation. Ebendieser Textabschnitt ist aber auch in allen nachfolgenden Drucken nicht vorhanden. Was im Göttinger VS durch die Papierreste noch deutlich als fehlendes Blatt erkennbar ist, fällt in den späteren Überlieferungen lediglich durch den inhaltlichen Sinnbruch auf. Der Text selbst schließt dort im Satz direkt an den vorherigen Abschnitt an. Wir müssen daher davon ausgehen, dass im Göttinger VS, dem einzigen fast vollständigen Exemplar des Erstdruckes, genau das Exemplar vorliegt, das auch Ghotan als Vorlage für seine Nachdrucke diente. Bestärkt wird dies dadurch, dass das Göttinger VS-Exemplar gemeinsam mit den drei eingangs erwähnten medizinischen Drucken überliefert ist, die allesamt 1484 bei Ghotan erschienen – genau wie das erste Ghotan'sche Gebetbuch BG1. Damit ist anzunehmen, dass der Göttinger Sammelband tatsächlich Bartholomäus Ghotan selbst gehörte – sicher zu belegen ist das freilich nicht.

Betrachten wir die Drucküberlieferung des 'Vorsmak', so scheint das Werk großen Anklang gefunden zu haben; nur so erklären sich die zahlreichen Neuauflagen. Besonders erfolgreich waren offenbar die Gebetbücher, die in nur leicht abgewandelter Form drei Mal hintereinander bei zwei unterschiedlichen Druckern erschienen. Snells Erstdruck und der 'Speygel' hingegen wurden, zumindest soweit es die Überlieferung erkennen lässt, offenbar nur in jeweils einer Auflage gedruckt.

Der 'Vorsmak' wirkte aber nicht nur in Lübeck, sondern auch weit darüber hinaus. Eine stichprobenartige Untersuchung einzelner Textzeugen konnte Besitzer in Skandinavien und im ostfälischen Raum ausmachen, darunter Adlige, Bürger und Geistliche, Männer wie auch Frauen, die die Bücher bis weit ins 16. Jahrhundert hinein auch noch als Protestanten nutzten.[55]

---

133. ROTH erkennt, dass der 'Vorsmak' im SpDG verarbeitet wurde, der enthaltene Beichtspiegel ist aber entgegen ihrer Annahme nicht der des 'Vorsmak'.

55 In den einzelnen Überlieferungsträgern lassen sich erstaunlich häufig Namen oder Hinweise auf frühere Besitzer ausmachen, die aber nicht immer sicher identifiziert werden konnten. Einigermaßen eindeutig zuzuordnen waren verschiedene Exemplare der Gebetbücher, die sich im Augustiner-Chorfrauenstift Steterburg (BG1, Wolfenbüttel, Herzog August Bibliothek, M:Th202), im Besitz eines vermutlich religiosen oder semireligiosen *bruder dietryck* (?) (BG2, Berlin, Staatsbibliothek, 8° Inc 1460, fol. 136ᵛ, eingesehen über: *http://resolver. staatsbibliothek-berlin.de/SBB00015F7A00000000* [12.12.2018]) und des braunschweigischen Patriziers Bernarth von Broitzem (BM, Wolfenbüttel, Herzog August Bibliothek, H:QuH169.21) nachweisen ließen. Für Letzteren kommen drei Vertreter des Geschlechts von Broitzem in Frage, die allesamt um die Mitte des 16. Jahrhunderts, als Braunschweig bereits reformiert war, wichtige städtische Ämter bekleideten und daher selbst protestantisch gewesen sein müssen, vgl. SOPHIE REIDEMEISTER / WERNER SPIESS, Genealogien Braunschweiger Patrizier- und Ratsgeschlechter aus der Zeit der Selbständigkeit der Stadt (vor 1671) (Werkstücke aus Museum, Archiv und Bibliothek der Stadt Braunschweig 12), Braunschweig 1948, S. 32–37, spez. S. 35f. Zur Entwicklung der Braunschweiger Reformation und der Rolle des Rates bei der Einführung des Neuen Glaubens vgl. KLAUS JÜRGENS, Die Reformation in der

Zwei Handschriften, die ebenfalls auf der Drucküberlieferung beruhen, befinden sich in der Herzog August Bibliothek Wolfenbüttel. Die erste dieser Handschriften ist Cod. Guelf. 19.26.8 Aug. 4°. Es handelt sich um eine beinahe wörtliche Abschrift des Drucks von 1481 (daher VHs). Auch sie weist erstaunlicherweise die gleiche Fehlstelle im Primgebet auf wie das Göttinger VS-Exemplar und muss daher ebenfalls als eine direkte Abschrift von diesem betrachtet werden.[56] Zwei Schreiber waren hieran beteiligt. Die einzige größere Abweichung zur Vorlage ist die Jahreszahl im Kolophon am Ende der Sterbelehre: Statt 1481 heißt es hier 1487, was als Datum der Fertigstellung der Handschrift anzunehmen ist. Ihre Provenienz ist unbekannt.[57]

Die andere Handschrift, Cod. Guelf. 1067 Helmst., wurde um 1500 im Augustiner-Chorfrauenstift Steterburg bei Salzgitter angefertigt und gelangte 1572 mit großen Teilen der Steterburger Bibliothek nach Wolfenbüttel.[58] Obwohl bei einer Neubindung, die noch in Steterburg stattgefunden haben muss, vollkommen verbunden und damit inhaltlich nur noch schwer erschließbar, ist ein enger Bezug

Stadt Braunschweig von den Anfängen bis zur Annahme der Kirchenordnung, in: Die Reformation in der Stadt Braunschweig. Festschrift 1528–1978, hg. von HERMANN KUHR, Braunschweig 1978, S. 25–70. Das Wolfenbütteler BG2-Exemplar (Wolfenbüttel, Herzog August Bibliothek, M:Th203), das laut Besitzvermerk 1538 einem nicht zu identifizierenden Peter Bußeck gehörte, verortet KRUSE [Anm. 51], S. 185, Anm. 103. Ein Exemplar von SpDG gehörte der schwedischen Adligen Anna Bielke (Stockholm, Kungliga Biblioteket, Inkunabel 990), vgl. Catalogue of Books Printed in the 15th Century in Swedish Collections, hg. von WOLFGANG UNDORF, 2 Bde, Wiesbaden 2012, hier Bd. 2, S. 837f., Nr. 3640.

56 An dieser Stelle möchte ich mich herzlich bei Mona Dorn, Göttingen, und Bertram Lesser von der Herzog August Bibliothek bedanken, die die Stelle freundlicherweise noch einmal für mich überprüft haben.

57 VON HEINEMANNS Beschreibung dieser Handschrift ist äußerst knapp und gibt keine weiteren Hinweise, vgl. OTTO VON HEINEMANN, Die Augusteischen Handschriften 4. Cod. Guelf. 77.4 Aug. 2°–34 Aug. 4° (Kataloge der Herzog-August-Bibliothek Wolfenbüttel 7), Frankfurt a. M. 1966 (Nachdruck d. Ausg. 1900), S. 281.

58 Die Neubindung lässt sich auf die Zeit zwischen 1553 und 1572 eingrenzen, denn auf 1553 datiert das mitgebundene Notariatsinstrument, das neben dem Koperteinband als zusätzliche Schutzhülle um die Lagen gelegt ist, und von 1572 stammt der Wolfenbütteler Eingangsvermerk im Einband. Vgl. außerdem KRUSE [Anm. 51], S. 221; BRITTA-JULIANE KRUSE und BERTRAM LESSER, Virtuelle und erhaltene Büchersammlungen aus den Augustiner-Chorfrauenstiften Steterburg und Heiningen, in: Sammler und Bibliotheken im Wandel der Zeiten. Kongress in Hamburg am 20. und 21. Mai 2010, hg. von SABINE GRAEF, SÜNJE PRÜHLEN und HANS-WALTER STORK (Zeitschrift für Bibliothekswesen und Bibliographie, Sonderheft 100), Frankfurt a. M. 2010, S. 97–115, hier S. 102. Die Handschrift ist beschrieben bei HEINEMANN und BORCHLING, eine neuere Beschreibung liegt noch nicht vor. Während HEINEMANN nur oberflächliche Angaben macht, bemühte sich BORCHLING um eine Aufschlüsselung der Hände und Texte mit den zugehörigen Folio-Angaben. Die ursprüngliche Reihenfolge ist daraus jedoch nicht klar ersichtlich, vgl. OTTO VON HEINEMANN, Die Helmstedter Handschriften (Kataloge der Herzog-August-Bibliothek 3), Frankfurt a. M. 1965, Nr. 1169; CONRAD BORCHLING, Mittelniederdeutsche Handschriften. 2: Mittelniederdeutsche Handschriften in Wolfenbüttel und einigen benachbarten Bibliotheken, Göttingen 1902, S. 20–23.

zu den gedruckten Gebetbüchern erkennbar, die ebenfalls im Stift vorhanden waren (daher BHs).[59] Steterburg war 1452 durch die Windesheimer Kongregation reformiert worden. Der nachfolgende Neuaufbau der Bibliothek brachte viele Sammelhandschriften hervor, die nach Art devoter Rapiarien von mehreren Händen stammen.[60] Dazu gehört auch BHs, die von drei Schreiberinnen angefertigt wurde. Wie bei Rapiarien üblich, handelt es sich aber nicht um eine einfache Kopie der Vorlage, sondern um eine bewusste Sammlung von Exzerpten und Auszügen, die zu einem neuen Werk zusammengestellt wurden. So wurden einzelne Passagen der Gebetbücher ausgelassen, dafür neue Texte ergänzt. Das betrifft auch den Text des 'Vorsmak', dessen drittes Buch weitgehend wegfiel und dessen Sterbelehre neben einigen kleineren Auslassungen im letzten Teil einer umfassenden Neuordnung unterzogen wurde. Lediglich die Passionsmeditation wurde vollständig übernommen. In der Zusammenschau mit den neu hinzugekommenen Texten, die ebenfalls vor allem Passionstexte und eine weitere Sterbelehre[61] enthalten, entstand so ein neues Werk mit deutlichem Schwerpunkt auf dem Leiden Christi und dem eigenen Tod.

In der Zusammenschau der Überlieferung wird deutlich, dass der 'Vorsmak' ein vielseitiger Text war, der immer wieder neu verarbeitet wurde und somit ein ereignisreiches Fortleben führte. Auffällig ist der unterschiedliche Umgang der Verarbeiter mit dem Werk, was sowohl die Neukontextualisierung als auch die mehr oder minder großen Eingriffe in den 'Vorsmak' selbst umfasst. Dabei zeigt sich, dass der Text meistens als Einheit verarbeitet, also als Gesamtwerk wahrgenommen wurde, was seinem funktionalen Selbstverständnis entspricht. Wenn etwas entfiel, so war es der Beichtspiegel, wie in SpDG und BHs. Passion und Sterbelehre treten hingegen immer zusammen auf, ihre Verbindung wurde also offenbar als besonders eng empfunden. Dies wird besonders deutlich in BHs, wo diese Beziehung noch durch die Hinzunahme ähnlicher Texte unterstrichen wird. Der Grund dafür mag in der klaren thematischen Verknüpfung zwischen Kreuzestod und eigenem Tod liegen. Galt der Beichtspiegel aufgrund der hohen Zahl ähnlicher Werke offenbar als entbehrlich, waren Sterbeanleitungen im niederdeutschen Sprachraum kaum vorhanden. Dem 'Vorsmak' als einem der frühesten Vertreter kam damit eine besonders wichtige Rolle zu. Dieser Umstand sowie die Vielseitigkeit des 'Vorsmak', die es ihm möglich machte, sich problemlos in neue Text-

---

59 Vgl. KRUSE [Anm. 51], S. 182–187, 221f. Der Zusammenhang zwischen den Drucken und der Handschrift wurde bisher übersehen.

60 Rapiarien oder Rapilarien können in Form und Inhalt sehr unterschiedlich sein. Allgemein handelt es sich um Sammlungen "wissenschaftlicher oder moralisch-nützlicher Materien", die aus verschiedenen Vorlagen zusammengefasst wurden und stetig ergänzt werden konnten. Als persönliches *exercitium devotum* wurden sie zum besonderen Kennzeichen der Devotio moderna, vgl. NIKOLAUS STAUBACH, *Diversa raptim undique collecta*. Das Rapiarium im geistlichen Reformprogramm der Devotio moderna, in: Florilegien, Kompilationen, Kollektionen. Literarische Formen des Mittelalters, hg. von KASPAR ELM (Wolfenbütteler Mittelalter-Studien 15), Wiesbaden 2000, S. 115–147, bes. S. 117–128, 141–146, Zitat S. 117.

61 Es handelt sich hierbei wohl um eine Bearbeitung des Engelhus-Textes; vgl. die Beschreibung bei BORCHLING [Anm. 58], S. 21f.

umfelder und Werke einzupassen, mag nicht zuletzt auch für seinen zwar kurzzeitigen, aber dafür intensiven und weitreichenden Erfolg verantwortlich gewesen sein.

7. FAZIT

Der 'Vorsmak' ist die früheste unabhängige mittelniederdeutsche Sterbelehre und erfuhr vor allem durch die neue Technik des Buchdrucks weite Verbreitung. Das Werk wurde zwischen 1479 und 1481 vermutlich von einem Lübecker Mendikanten für die städtische Mittelschicht verfasst und sollte als Seelsorgeschrift zur eigenständigen Vorbereitung auf einen guten Tod dienen.

Der 'Vorsmak' besteht aus drei Büchern, die auf unterschiedliche Texttraditionen zurückgehen. Der Verfasser knüpft formal und inhaltlich eng an die jeweiligen Gattungstraditionen an, zeigt aber auch bewusste Abweichungen davon. Das wird zum einen evident in der deutlichen Ablehnung einiger 'Versatzstücke' der Ars moriendi-Tradition, insbesondere aber in der Konzeption wie auch Funktion als Gesamtwerk: Der 'Vorsmak' versteht sich als ganzheitliche Vorbereitung auf den Tod. Das ist eine wesentliche Neuerung gegenüber der süddeutschen Sterbelehrentradition. Der 'Vorsmak' ist anders als die frühen Artes moriendi kein Seelsorgehandbuch für Geistliche, sondern richtet sich direkt an denjenigen, der seinen Tod vorbereiten will. Er setzt bei der Eigenverantwortlichkeit des Lesers an und bietet ihm die Möglichkeit, aktiv Einfluss auf sein Schicksal zu nehmen. Diese Sterbevorbereitung ist außerdem stark erweitert, denn wo im Süden der Fokus auf der zentralen Gefahr der Sterbestunde und dem Kampf zwischen Engeln und Teufeln um die menschliche Seele liegt, ergänzt der 'Vorsmak' die Sterbelehre um zwei weitere Bücher, deren frühzeitige und regelmäßige Lektüre und daraus abgeleitete Anwendung er immer wieder fordert. Damit wird die Sterbestunde entzerrt und die Risiken, die eine späte Vorbereitung im Angesicht des Todes mit sich bringt, umgangen. Alle drei Bücher zielen auf eine innere Vorbereitung des Menschen im Leben, um genau dort gewappnet zu sein, wo auch die Teufel im Sterben angreifen werden. Nur zusammen bilden sie eine wirksame Ars moriendi. Es gilt: Ein guter Tod beginnt im Leben!

Dieser Ansatz fiel offenbar auf fruchtbaren Boden. Mit seinen zahlreichen Neuauflagen und unterschiedlichen Verarbeitungen konnte der 'Vorsmak' bald seinen ursprünglichen Wirkungskreis Lübeck verlassen und stand damit am Anfang einer ganzen Reihe von niederdeutschen Artes moriendi. In welchem Verhältnis diese Schriften zueinander stehen, inwieweit die Innovationen des 'Vorsmak' sich auch in ihnen wiederfinden und inwiefern der 'Vorsmak' damit als Begründer einer eigenständigen niederdeutschen Sterbelehrentradition zu gelten hat, muss Aufgabe weiterführender Untersuchungen bleiben.

8. ANHANG: ÜBERSICHT ZUM INHALT DES 'VORSMAK'

1. Buch:
Hijr hefft sik an eyn clene bok gheheten de vorsmak unde vrokost des hemmelischen paradises alzo van dem lidende cristi unde wo de mynsche wol sterven moghe (2^r)

- Vorrede: Über den Nutzen der Passionsmeditation (2^r–4^v)
- Gebete zur Passionsmeditation
    - Gebet an Maria (5^r–5^v)
    - Gebet über das Leben Christi (6^r–8^r)
    - Gebete zum Karfreitagsgeschehen:
        - Morgengebet (8^r–9^v)
        - Gebet zur Prim (9^v–11^r)
        - Gebet zur Terz (11^r–12^r)
        - Gebet zur Sext (12^r–13^v)
        - Gebet zur Non (13^v–14^r)
        - Gebet zur Vesper (14^r–15^r)
        - Abendgebet (15^r–16^r)
        - Nutzungsanweisung (16^r–16^v)

2. Buch:
Hijr betenget eyn bokelin genomet eine kunst aller künste als wol to stervende (16^v)

- Die Notwendigkeit der Sterbekunst (Vorrede, 16^v–17^r)
- Arten des Todes (1. Kapitel, 17^r–18^r)
- Vorboten des Todes
    - Der unvorhergesehene, plötzliche Tod (2. Kapitel, 18^r–19^r)
    - Der mit viel Krankheit verbundene Tod (3. Kapitel, 19^r–19^v)
    - Der Tod im hohen Alter (4. Kapitel, 19^v–20^r)
    - Abschließend: Die Notwendigkeit der Vorsorge (4. Kapitel, 20^r–20^v)
- Die fünf Anfechtungen im Sterben
    - Vom heiligen Glauben und Glaubensbekenntnis (5. Kapitel, 20^v–23^v)
    - Von der Verzweiflung (7.[!] Kapitel, 23^v–24^v)
    - *Exkurs*: Von der Schwere des Meineids und von der falschen Reue (8. Kapitel, 24^v–27^r + 9. Kapitel, 27^v–28^v)
    - Von der Habgier und Weltliebe (10. Kapitel, 28^v–29^r)
    - Von der Ungeduld (11. Kapitel, 29^r–29^v)
    - Vom Hochmut (12. Kapitel, 29^v–30^v)
    - Nutzungsanweisung für die Anfechtungen (13. Kapitel, 30^v)
- Gebete
    - Gebete in der Gegenwart des Todes
        - Dank- und Bittgebet, in dem der Sterbende sich Gottes Gnade anbefiehlt; Nutzungsanweisung (14. Kapitel, 31^r–32^r)

- – Hilferuf um Beistand in der unmittelbaren Gegenwart des Todes (14.[!] Kapitel, 32^r–33^v)
- – Nutzungsanweisung und Hinweise an den Sterbehelfer (15. Kapitel, 33^v–34^r + 16. Kapitel, 34^r–34^v)
- – Gebete für jeden Tag
  - – Drei Fürbitten (17. Kapitel, 34^v–35^v)
  - – Dankgebet + Nutzungsanweisung (18. Kapitel, 35^v–36^r)
  - – Gebet gegen die Verzweiflung (19. Kapitel, 36^v–38^r)
  - – Mariengebet + Nutzungsanweisung (20. Kapitel, 38^r–39^v)
- – Gebete zu den Sterbesakramenten
  - – Gebet vor dem Abendmahlssakrament (21. Kapitel, 39^v–40^v)
  - – Gebet nach der letzten Ölung (22. Kapitel, 40^v–41^v)
- – Hinweise an den Leser und den Sterbehelfer (23. Kapitel, 41^v–42^r)
- – Nutzen und Notwendigkeit des Buches (letztes Kapitel, 42^r)

Kolophon mit Datierung und Schlussgedicht zu den ersten beiden Büchern (42^v)

3. Buch:
Van eyneme boetsame levende / alzo van warer ruwe . lutter bicht . unde nochaf-tigher bote (43^r)

- – Die Notwendigkeit eines bußfertigen Lebens (1. Kapitel, 43^r–43^v)
- – 1. Teil: Über die Reue
  - – Was ist Reue? (2. Kapitel, 43^v–45^r)
  - – Was ist Sünde? (3. Kapitel, 45^r–46^v)
  - – Die sieben Hauptsünden und ihre Töchter (4.–10. Kapitel)
    - – Belehrung über Habgier (4. Kapitel, 46^v–47^r), Gier (5. Kapitel, 47^r–48^v), Unkeuschheit (6. Kapitel, 48^v–49^v), Völlerei (7. Kapitel, 49^v–50^r), Zorn (8. Kapitel, 50^r–50^v), Neid (9. Kapitel, 50^v–51^r), Trägheit (10. Kapitel, 51^r–51^v) und ihre jeweiligen Töchter
    - – Nutzungsanweisung, wie mit dem Wissen über die Sünden zu ver-fahren ist (10. [!] Kapitel, 51^v–53^v)
- – 2. Teil: Über die Beichte
  - – Über die 16 Aspekte einer lauteren Beichte (11. Kapitel, 53^v–61^r)
    - – 1) eindeutig, 2) demütig, 3) rein und aufrichtig, 4) treu und ehrlich, 5) oft, 6) bloß und offenbar, 7) bescheiden, 8) freiwillig, 9) voller Scham, 10) vollständig, 11) heimlich, 12) voller Schmerz und Bit-ternis, 13) bald nach der Sünde, 14) ohne Zweifel am Glauben, 15) nur selbst anklagend, 16) gehorsam
  - – Gebete vor der Beichte
    - – Ein Gebet vor der Beichte an Gott (12. Kapitel, 61^r–63^r)
    - – Ein Gebet vor der Beichte an Maria und die Heiligen (13. Kapitel, 63^r–64^r)
  - – Wie die Beichte zu eröffnen ist (14. Kapitel, 64^r)
  - – Was zu beichten ist (14.[!]–20. Kapitel, 64^v–73^v)

- 1) Vom Missbrauch der fünf Sinne, 2) Sünden gegen die sieben Werke der äußeren und inneren Barmherzigkeit (14. Kapitel, 64^r–65^r)
- 3) Sünden gegen die sieben Sakramente, 4) Sünden gegen die sieben Gaben des Hl. Geistes, 5) Die sieben Hauptsünden (15. Kapitel, 65^r–66^v)
- 6) Von den acht Stücken der Seligkeit (16. Kapitel, 66^v–67^r)
- 7) Von den neun fremden Sünden (17. Kapitel, 67^r–68^v)
- 8) Von den Zehn Geboten (18. Kapitel, 68^v–72^r)
- 9) Vom Glauben und den Sünden am Hl. Geist (19. Kapitel, 72^r–72^v)
- 10) Von den vier himmelschreienden Sünden (20. Kapitel, 72^v–73^r)
- *Einschub*: Einige Regeln für die Beichte (20. [!] Kapitel, 73^r–73^v)
- Wie die Beichte zu beenden ist (21. Kapitel, 73^v–74^r)
- 3. Teil: Von der Buße (22. Kapitel, 74^r–74^v)

Schlusssatz mit Kolophon:

In disseme cleinen boke vinstu dre bokelyn . Dat erste is ene korte dechtnisse / van deme lidende unses heren . de du herne vakene lesen schalt. Dat ander is wo du wol sterven schalt . und wo du dy dar to hebben schalt . unde wat men dy averlesen schalt. Dat drudde is wo du eyn boetsam levent vorvollen schalt . wente christus sprikt Luce in deme . xiii . capitel . Sunder id en sy dat gy warafftighe bote doen . gy werden alto male vorghande.

Eyn ave maria vor den dichter . Amen. (74^v)

Mai-Britt Wiechmann, Somerville College, Woodstock Rd, Oxford OX2 6HD, United Kingdom
E-Mail: mai-britt.wiechmann@gmx.de

BIDDET GOT VOR OLRIK JEGHER VN ABEL SYN HVSFROWEN

Mittelniederdeutsche Inschriften im Kontext
spätmittelalterlicher Tafelmalereien in Norddeutschland

von MIRIAM J. HOFFMANN

Die Erforschung Lübecker Tafelmalerei des Spätmittelalters stand bislang im Schatten der Lübecker Skulptur, obwohl Skulptur und Malerei am Retabel eine programmatische Symbiose eingehen.[1] Die Autorin dieses Beitrags hat im Rahmen ihrer Dissertation den noch erhaltenen Bestand der Lübecker Tafelmalerei von 1450 bis 1520 in Nordeuropa untersucht.[2] Von den in etwa einhundert gesichteten Werken wurden ungefähr sechzig in die abschließende Veröffentlichung aufgenommen. Innerhalb dieses Corpus weisen vier Objekte mittelniederdeutsche Inschriften auf, die in der erwähnten Dissertation beschrieben, jedoch nicht näher im Hinblick auf die Bild-Text-Beziehungen erörtert worden sind. Dieser Aspekt soll im Folgenden vertieft werden. Bei der Recherche nach erhaltenen Lübecker Werken geriet auch das Hochaltarretabel in Täby (Schweden) in den Blick, das in der Literatur als Lübecker Werk geführt worden ist.[3] Diese Einschätzung konnte nach einer stilkritischen Analyse nicht mehr aufrechterhalten werden, vielmehr kann man das Retabel nun nach Rostock verorten. Aufgrund der bemerkenswerten Darstellung einer Gregorsmesse mit mittelniederdeutschem Ablasstext wird jedoch auch dieses Werk in die Betrachtung mittelniederdeutscher Inschriften an Tafelmalereien des norddeutschen Raums aufgenommen.

Für den gewählten Untersuchungszeitraum lassen sich zwei unterschiedliche Objektgruppen mit Text-Bild-Kombinationen feststellen. Zum einen handelt es sich um Retabel, die auf Hoch- oder Nebenaltären Aufstellung im Kirchenraum

---

[1] Eine eingehende Erforschung der Lübecker Skulpturen nahmen folgende Veröffentlichungen vor: WALTER PAATZ, Bernt Notke und sein Kreis, Berlin 1939; ARON ANDERSSON, Medieval Wooden Sculpture in Sweden 3: Late Medieval Sculpture, Stockholm 1980; PETER TÅNGEBERG, Mittelalterliche Holzskulpturen und Altarschreine in Schweden. Studien zu Form, Material und Technik, Stockholm 1986. Unabhängig von der Skulptur nahmen sich andere Autoren der Erforschung der Tafelmalerei an: HARALD BUSCH, Meister des Nordens. Die Altniederdeutsche Malerei 1450–1550, 2., durchges. Aufl., Hamburg 1943; ALFRED STANGE, Kritisches Verzeichnis der deutschen Tafelbilder vor Dürer 1: Köln, Niederrhein, Westfalen, Hamburg, Lübeck und Niedersachsen (Bruckmanns Beiträge zur Kunstwissenschaft), München 1967.

[2] MIRIAM J. HOFFMANN, Studien zur Lübecker Tafelmalerei von 1450 bis 1520 (Bau + Kunst. Schleswig-Holsteinische Schriften zur Kunstgeschichte 22), Kiel 2015.

[3] SIGURD CURMAN / JOHNNY ROOSVAL, Uppland 1 (Sveriges Kyrkor 64), Stockholm 1950, S. 103–105, hier S. 105.

gefunden haben. Zum anderen sind es Epitaphien, die dem Gedenken und Seelenheil des Stifters dienen sollten.

Aus der Funktion der beiden Objektgruppen lässt sich bereits die Abhängig-
keit der Werke von einer bestimmten Räumlichkeit belegen. Sowohl Retabel als
auch Epitaphien sind ausschließlich für den Kircheninnenraum bestimmt gewesen
und fanden dort Aufstellung bzw. Aufhängung z.B. im Chor, im Chorumgang, in
Kapellen, an Säulen und Wänden usw.

Die Rezipienten der Werke waren Kirchenbesucher, zu denen im Spätmittelalter alle sozialen Schichten gehörten.[4] Dennoch war es nicht allen Gläubigen
möglich, jeden Bereich der Kirche zu betreten. Chorschranken trennten die Laien
von den Geistlichen, Privatkapellen standen nur den jeweiligen Familien zur Verfügung.[5] Nicht immer lässt sich der eigentliche Aufstellungsort von Bildwerken
rekonstruieren, da sie oft aus ihrem ursprünglichen Kontext entfernt wurden und
sich heute in einem Museum, einer Privatsammlung oder an anderer Stelle im
Kirchenraum befinden. Auch die in diesem Beitrag vorgestellten Werke sind nur
zum Teil noch am Originalstandort vorhanden.

Die vorzustellenden Beispiele aus dem norddeutschen Raum zeigen eine enge
Verknüpfung von Bild und Text. Textfunktionen und Textinhalte sind abhängig
von der bildlichen Darstellung und vom Gegenstand, auf dem sie angebracht sind.
HADUMOD BUSSMANN bemerkt zu der Textfunktion, dass sie "auf dem Zusam-
menwirken textinterner und kontextueller Faktoren" beruhe und "vom Rezipienten aus den entsprechenden Indikatoren (re-)konstruiert werden" könne. Zu diesen
Indikatoren zählen die "situativen Merkmale der Textkonstellation",[6] die in der
Tafelmalerei ein asymmetrisches Verhältnis der Kommunizierenden aufweist, da
der Auftraggeber oder Stifter des Werkes einseitig durch das Werk kommuniziert
und der Rezipient lediglich Konsument ist. Das Text-Bild-Medium kann zu einem
Dialog mit Gott oder einem Heiligen auffordern oder auch einen Heiligen bzw.
eine Heilige um Fürsprache bei Gott bitten, wie es am Beispiel der Epitaphien und
der Gregorsmesse gezeigt werden wird.

Retabel ermöglichen durch ihre Konstruktion verschiedene Ansichten im Laufe des Kirchenjahres. Die Werke des norddeutschen Raums aus der zweiten Hälfte
des 15. Jahrhunderts wurden zumeist folgendermaßen aufgeteilt: Das Retabel bestand aus einem Mittelschrein und einem oder zwei Flügelpaaren sowie einer
Predella. Der geöffnete Schrein und die angrenzenden Flügel waren mit Skulpturen versehen, die vorzugsweise mit Gold gefasst waren. Die Rückseiten der In-
nenflügel und, wenn vorhanden, das Flügelaußenpaar waren üblicherweise mit
Malereien versehen. Die Wahl der Themen und des Materials zeigt eine unterschiedliche liturgische Wertschätzung der Ansichten. Das geöffnete Retabel mit

---

4   Eine Ausnahme bildet die Gruppe der vom Kirchenbesuch ausgeschlossenen Personen. Zu
     diesem Kreis zählen z.B. Leprakranke, die durch ein besonderes Fenster (Hagioskop) an der
     Kirchenaußenwand am Gottesdienst teilnehmen konnten.
5   Vgl. beispielsweise die Kapellen der Marienkirche in Lübeck. FRITZ HIRSCH / GUSTAV
     SCHAUMANN / FRIEDRICH BRUNS, Die Bau- und Kunstdenkmäler der Freien und Hansestadt
     Lübeck 2. Petrikirche, Marienkirche, Heil.-Geist-Hospital, Lübeck 1906, S. 169–172.
6   Lexikon der Sprachwissenschaft, hg. von HADUMOD BUSSMANN, Stuttgart ⁴2008, S. 721.

seinen Skulpturen wurde nur an hohen Festtagen gezeigt; das einmal geschlossene Werk wurde den Kirchgängern an Sonntagen präsentiert, und an den restlichen Tagen waren beide Flügel verschlossen. Die Predella war zumeist bemalt, konnte aber auch Skulpturen aufweisen. In diesem Fall wurden bemalte Predellenflügel oder eine bemalte Holztafel zum Verbergen der Skulpturen angebracht.[7] Jede Ansicht war in die Messliturgie eingebunden, weshalb bestimmte Themen präferiert wurden. Die Alltagsseite zeigte häufig einzelne Heilige, die in Verbindung mit der Kirche oder dem Auftraggeber standen. Die Sonntagsseite war zumeist mit Szenen aus Heiligenviten oder den Evangelien ausgeschmückt. Die Festtagsseite führte den Gläubigen anhand zentraler Bildmotive wie der Kreuzigung, einer Vielzahl von Heiligenfiguren und deren prachtvoller Fassung die Allmacht Gottes auch materiell vor Augen.

Bei der Untersuchung von Inschriften an einer Auswahl von Retabeln des norddeutschen Raums zeigte sich folgender Befund: Auf den Feiertagsseiten ist die Verwendung von Schrift stark zurückgenommen. Sie kommt in den Nimben der Heiligen vor, wo sie meist in Form der Bittformel *Sanctus* [oder *Sancta*, danach Name des oder der Heiligen] *ora pro nobis* erscheint, wie zum Beispiel auf dem Retabel der Lukasbruderschaft (1490er Jahre) und dem Retabel der Gertrudenschaft der Träger (1509) im St. Annen-Museum in Lübeck.[8] Mittelniederdeutsche Inschriften auf dieser Ansicht konnten bislang nur an zwei Werken nachgewiesen werden. An dem Hochaltarretabel aus dem Stockholmer Dom von 1468 (Historisches Museum, Stockholm) befindet sich eine auf zwei Zeilen verteilte Inschrift, die Informationen über Herstellungsort und -jahr, Aufstellungsort und Vorsteher der Kirche bereithält:

> Desse tafele wart rede ghemaket to lub do me[n] schreff na xpi ghebort m cccc lxviii visitatio/nis marie to den tiden veren vor wesere der kerken tom stok holm tidema[n] peckowe mest[er] lawrens.[9]

Das zweite Retabel war das Hochaltarretabel der Marienkirche in Prenzlau (1512), das nach einem Brand in der Kirche nur noch in Fragmenten erhalten geblieben ist. Die einstige Inschrift gab, ebenso wie das Werk in Stockholm, Auskunft über das Herstellungsjahr und den Herstellungsort: *anno domini m ccccc un*[de] *xii do wort gemaket desse taffele to lub.*[10]

Die Predellen der Lübecker Retabel sind nicht immer erhalten geblieben oder im Laufe der Jahrhunderte stark übermalt worden. Inschriften kommen auf den

---

7   Vgl. die Predellenflügel am Hochaltarretabel der Nikolaikirche in Tallinn; HOFFMANN [Anm. 2], Abb. 234.

8   Corpus der mittelalterlichen Holzskulptur und Tafelmalerei in Schleswig-Holstein 1. Hansestadt Lübeck, St. Annen-Museum, hg. von UWE ALBRECHT, Kiel 2005, S. 248–257, hier bes. S. 248 und S. 397–405, hier bes. S. 400.

9   HOFFMANN [Anm. 2], S. 74.

10 Ebd., S. 281–283; MIRIAM J. HOFFMANN, Vom Einfluss der Druckgraphik Martin Schongauers auf die verlorenen Malereien am Prenzlauer Retabel von 1512, in: Das Hochaltarretabel in der Prenzlauer Marienkirche. Beiträge der interdisziplinären Tagung im Dominikanerkloster in Prenzlau am 1. Dezember 2012, hg. vom Brandenburgischen Landesamt für Denkmalpflege und Archäologischen Landesmuseum, Berlin 2013, S. 56–63.

Predellen stets in lateinischer Sprache vor. Ein häufiges Motiv auf den Lübecker Predellen ist Christus als Schmerzensmann umgeben von den vier Kirchenvätern, die Spruchbänder tragen.[11]

Interessanter für diese Untersuchung sind die Malereiseiten, deren z.T. ausführliche Zyklen mit mittelniederdeutschen Inschriften versehen sein können. Tatsächlich ist der Anteil an Retabeln mit mittelniederdeutschen Inschriften innerhalb des erhaltenen Bestands norddeutscher Retabel gering. Dies darf jedoch nicht darüber hinwegtäuschen, dass die Anzahl von Retabeln mit Inschriften im Allgemeinen nicht besonders hoch ist. Hierbei sind Werke gemeint, deren Inschriften über die üblichen Heiligennamen hinausgehen. Kurze Bibelzitate, wie beispielsweise der Kreuzestitulus *INRI* oder der Englische Gruß bei der Verkündigung an Maria sind gewissermaßen als feststehende Bildbestandteile zu betrachten.[12]

EPITAPHIEN

CHRISTINE WULF klassifizierte die Inschriften des Spätmittelalters nach verschiedenen Typen:[13] Eine Gruppe umfasst einfache Beschriftungen und Überschriften, wie beispielsweise Heiligennamen oder kurze Bezeichnungen von Objekten und Personen, die ihre Identifizierung ermöglichen sollen. Diese Bezeichnungen kommen im Bestand der Lübecker Retabel selten vor.[14] Häufiger ist der Name mit einer Bittformel verbunden, die WULF als Heiligenanrufung bezeichnet hat. Innerhalb des Corpus der Lübecker Retabel findet sich diese Variante vornehmlich in den bereits genannten, oft punzierten und vergoldeten Nimben von Skulpturen.

---

11 Als Beispiele seien hier die Predellen der Retabel aus Österåker, Västra Ryd und Väddö genannt. Vgl. HOFFMANN [Anm. 2], Abb. 246–248.

12 Als Beispiel für eine ungewöhnlich starke Verwendung der lateinischen Sprache auf der Feiertagsseite kann das Flügelretabel der Fronleichnamsbruderschaft (1496, St. Annen-Museum Lübeck) gelten. Die Schrift wurde auf blauem Hintergrund in goldenen Lettern unter den Bildfeldern und auf dem Retabelkamm angebracht. Damit wurde sie gleichzeitig zu einem Schmuckelement und trug zum prachtvollen Erscheinungsbild bei. Bemerkenswert ist die Leserichtung der unteren Inschrift, die auf dem linken Flügel beginnt, sich über den Schrein fortsetzt und auf dem rechten Flügel endet. Dort heißt es: *O SACRVM CONVIVVM IN QVO CRISTVS SVMITVR RECOLITVR MEMORIA PASSIONIS EIVS MENS INPLETVR GRACIA ET FVTVRE GLORIE NOBIS PINGNVS DATVR ANNO DOMINI 1496.* ALBRECHT [Anm. 8], S. 272–282, hier S. 273, Abb. 86.1.

13 CHRISTINE WULF, Bildbeischriften im frömmigkeitsgeschichtlichen Kontext. Funktionswandel von Inschriften auf kirchlichen Ausstattungsstücken vom hohen Mittelalter bis zum 16. Jahrhundert, in: Traditionen, Zäsuren, Umbrüche. Inschriften des späten Mittelalters und der frühen Neuzeit im historischen Kontext, hg. von CHRISTINE MAGIN, ULRICH SCHINDEL und CHRISTINE WULF, Wiesbaden 2008, S. 37–54.

14 Einfache Beschriftungen auf den Lübecker Retabeln wurden bevorzugt unmittelbar in bildliche Darstellungen integriert, so etwa am Lübecker Einhornretabel von 1503 im Dom zu Lübeck von der Werkgruppe des sogenannten Meisters der Marienbestattung. Maria sitzt im *Hortus Conclusus* und hat das Einhorn in ihrem Schoß empfangen. Auf ihrer Kleiderborte an der Brust befinden sich die gestickten Wörter *Maria Mater D*[EI]. Vgl. HOFFMANN [Anm. 2], S. 392.

Während die Skulptur dreidimensional aus dem Retabel hervortritt, ist der Nimbus flach an der Retabelrückwand angebracht, wie zum Beispiel auf dem Gertrudenretabel im St. Annen-Museum in Lübeck (1509)[15]. Diese Formeln in den Nimben sind durchweg in lateinischer Sprache verfasst und kommen auf drei Lübecker Epitaphien vor, deren Gattung kurz vorgestellt werden soll. Epitaphien sind Gedenktafeln für Verstorbene, die im gesamten Kirchenraum an den Wänden auch schon zu Lebzeiten ihrer Stifter angebracht werden konnten.[16] Dargestellt waren beispielsweise häufig die Kreuzigung oder eine Heiligenanbetung. Der Name des Stifters, teilweise auch sein Wappen und er oder sie selbst erschienen als kleine betende Figur im Bild. Das spätmittelalterliche Epitaph hatte im Sinne des Memoria-Gedankens die Funktion, an dessen Stifter zu erinnern und die Nachwelt zum Gebet für dessen Seele aufzufordern. Inschriften am Epitaph konnten den Namen des Verstorbenen, das Todesdatum und eine Bittformel enthalten.

Eine von einer unbekannten Witwe oder Begine 1490 gestiftete Fürbitttafel zeigt Christus als Schmerzensmann mit Geißelwerkzeugen auf einem Stein sitzend.[17] Daneben schaut die heilige Katharina von Alexandrien aus ihrem Gefängnis. Sowohl der Schmerzensmann als auch die Heilige sind als Leidende dargestellt. Die Szenen sollten den Betrachter zu einer *compassio* bewegen.

Links neben dem Schmerzensmann kniet betend eine Frau in Witwen- oder Beginentracht. Zu ihren Füßen ist ein Wappen dargestellt, das bisher nicht identifiziert werden konnte. Die Inschrift auf der Tafel lautet: *Biddet got vor alle kristen selen vn*[de] *wes gnedich my arme sunder pater noster 1490*. Die Stifterin ruft alle Gläubigen zum Gebet auf und bittet selbst um ihr Seelenheil. Die Adressierung an alle Christen in mittelniederdeutscher Sprache und die dazugehörigen Darstellungen von Christus und Katharina sollten den Betrachter zur Kontemplation vor dem Bild anregen. Der Gebetsanfang *pater noster* wird hier als eine Art Hilfestellung und Überleitung zum folgenden Gebet benutzt.

Zwei weitere Epitaphien sind aus der Werkgruppe des sogenannten Meisters des Jegher-Epitaphs überliefert. Das Jegher-Epitaph aus der Zeit um 1510 stammt aus der Maria-Magdalena-Kirche in Lauenburg und hängt heute im Landesmuseum für Kunst und Kulturgeschichte auf Schloss Gottorf in Schleswig (s. Tafelteil Abb. 9).[18] Die ca. 110 cm hohe und 75 cm breite Tafel weist einen Baldachin mit Sternen auf und wird von zwei Halbsäulen gerahmt. Dargestellt ist die Kreuzigung Christi. Auf der linken Seite haben sich Maria, Johannes und Maria Magdalena versammelt, während auf der rechten Seite der Gute Hauptmann und Soldaten zu sehen sind. Anders als auf der Lübecker Witwentafel ist hier keine Stifter-

---

15 ALBRECHT [Anm. 8], S. 398f., Abb. 157.2–157.5.

16 PAUL SCHOENEN, Epitaph, in: Reallexikon zur deutschen Kunstgeschichte 5, hg. von LUDWIG HEINRICH HEYDENREICH und KARL-AUGUST WIRTH, Stuttgart 1967, Sp. 872–921; ANDREAS ZAJIC, "zu ewiger gedächtnis aufgericht". Grabdenkmäler als Quelle für Memoria und Repräsentation von Adel und Bürgertum im Spätmittelalter und in der Frühen Neuzeit. Das Beispiel Niederösterreichs (Mitteilungen des Instituts für Österreichische Geschichtsforschung 45), Wien 2004.

17 Vgl. Abb. in ALBRECHT [Anm. 8], S. 365.

18 HOFFMANN [Anm. 2], S. 260f.

figur dargestellt; ein Wappen, das stellvertretend für den Stifter steht, ist jedoch an prominenter Stelle, d.h. am Kreuzesfuß, mittig am unteren Bildrand zu sehen. Die untere Rahmenleiste weist einen mittelniederdeutschen Text auf, der aufgrund des Platzmangels auf dem Bildfeld fortgeführt werden musste. Es heißt hier: *biddet got vor olrik Jegher vn abel syn hvsfrowe*[n] *vor al dat slechte dat em got gnedich sy.* Über das Stifterehepaar sind keine Quellen überliefert.

Das dritte Epitaph dieser Werkgruppe kommt ursprünglich aus der Kirche in Holmedal (Norwegen) und befindet sich heute im Universitätsmuseum in Bergen (s. Tafelteil Abb. 10).[19] Die kleinformatige Tafel (um 1510), die wohl ursprünglich einen Baldachin getragen hat, wie es auch bei dem Schleswiger Gemälde der Fall ist, zeigt die Heiligen Drei Könige beim Christuskind. Maria sitzt mit dem Christuskind auf dem Schoß auf einem steinernen Thron. Vor ihnen kniet einer der Könige, der dem Kind eine Schale mit Goldmünzen darbietet. Die anderen Könige stehen dahinter und halten kostbare Gefäße in den Händen. Im Hintergrund deuten Säulen sowie Ochse und Esel den Geburtsstall an. Im Vordergrund des Bildes kniet als kleine Figur ein Mann im dunklen Gewand; aus seinen zum Gebet gefalteten Händen windet sich ein Spruchband mit der lateinischen Inschrift *Miserere mei deus*, an die sich ein zeilenfüllendes Ornament anschließt. Am unteren Bildfeldrand steht die Inschrift *biddet got vor gert alant dat e*[m] *got gnedich s*[y], die von einem Wappen unterbrochen wird. Aufgrund des Wappens, ein halber schwarzer Adler auf goldenem Grund und ein gekrönter Stockfisch, kann der Stifter als Lübecker Bergenfahrer identifiziert werden. In diesem Fall hat Gert Alant kein persönliches Wappen verwendet, sondern das einer Fernhändlerkorporation, der er angehört hat. Näheres ist über die historische Person Gert Alant bisher nicht bekannt. Wie auf der Schleswiger Tafel reicht die Inschrift rechts über den Bildrahmen hinaus und endet in einer zweiten kurzen Zeile darüber.

Bemerkenswert ist der Sprachwechsel: Die Schriftzeile am Bildfeldrand wurde in mittelniederdeutscher, das Spruchband des Stifters in lateinischer Sprache ausgeführt. Hier stellt sich die Frage, warum der Stifter, der als Lübecker Bergenfahrer Kaufmann war und Mittelniederdeutsch sprach, für seine Bitte an Gott Latein als Idiom gewählt hat. Verschiedene Funktionen, die den Inschriften zukamen, sind der Grund für die hier getroffene Sprachwahl.[20] Zum einen diente die Tafel als Jenseitsabsicherung und Totengedenken in der spätmittelalterlichen Gesellschaft. Für die Anrufung Gottes, die der religiös-liturgischen Sphäre angehörte, war jedoch Latein das angemessene Idiom.

Zum anderen diente das Werk auch der Selbstdarstellung des Stifters und seiner Familie. Größe, Aufhängungsort, Materialität, Bildmotive, Wappen und auch die Inschriften eines solchen Epitaphs bezeugten sichtbar den Rang der Auftraggeber innerhalb des sozialen Gefüges einer Stadt oder Gemeinschaft. Da die intendierten Rezipienten der mittelniederdeutschen Inschrift die gläubigen Kirchgänger waren, darf die Tafel als Ausdruck von Selbstdarstellung und persönlicher

---

19 HOFFMANN [Anm. 2], S. 261–263.
20 Zur Sprachwahl vgl. auch CHRISTINE WULF, Wann und warum sind Inschriften niederdeutsch? in: NdJb 136 (2013), S. 7–20.

Verortung des Auftraggebers innerhalb dieser Gruppe gesehen werden und erklärt
die Wahl des Mittelniederdeutschen.[21]

Die Inschriften auf den drei bisher vorgestellten Epitaphien bestehen nur aus
einem Satz, der zwei verschiedene Elemente von Gebetsformeln aufweist. Zum
einen handelt es sich um die Formel *biddet got*, die eine Aufforderung zur Fürbitte
für den Verstorbenen darstellt. Zum anderen kommt stets die Schlussformel *dat
em got gnedich si* oder *wes gnedich my arme sunder* vor, die den formelhaften
Abschluss der Totenmesse aufgreift und um das Seelenheil im Jenseits bittet. In
die Bitte um Seelenheil können auch weitere Familienmitglieder, die Nachkommen oder die gesamte Christenheit eingeschlossen werden. KLAUS KRÜGER hat in
seiner Arbeit über Grabdenkmäler in Norddeutschland vergleichbare Bittformeln
vorfinden können. Eine Grabplatte im Lübecker Dom aus der Zeit um 1520 trägt
die nur teilweise erhaltene Inschrift *Anno domini m […] dem got gnedich sy unde
alle cristen selen.*[22]

Der Typus der Heiligenanrufung in der Definition nach WULF trifft für diese
Inschriften nicht zu. Vielmehr ist von einer Inschrift zum Gedenken des Toten zu
sprechen, wie sie DAGMAR HÜPPER auf der Basis der Braunschweiger Inschriften
beschrieben hat.[23] Auf den Inschriften der drei Epitaphien erfolgt keine Anrufung
eines spezifischen Heiligen, sondern Gott selbst wird angesprochen. HÜPPER
konnte für den Braunschweiger Raum nachweisen, dass sich bestimmte Fürbitt-
formeln wiederholen. Zu diesen zählen die Formulierungen "dem Gott gnad / dem
Gott gnädig sei / dem Gott gnädig und barmherzig sei"[24], wie sie auch in Lübeck
vorkommen.

Zum Typus der Todesanzeige gehört nach HÜPPER als elementarer Bestandteil
die Nennung des oder der Verstorbenen, auf den jedoch im Falle der Lübecker
Tafel mit der Stifterin von 1490 verzichtet worden ist. Für innerstädtische Rezipienten des Epitaphs mochte dabei das Wappen als Identifikationsmittel eine Hilfe
sein. Die von HÜPPER definierten Bestandteile einer Todesanzeige sind in den
Inschriften der Lübecker Malereien nur teilweise enthalten: Das Datum wird nur
im Fall der Stifterin mit dem Jahr 1490 angegeben. Weder wird das Ableben der
Stifter explizit thematisiert noch erfolgt eine Charakterisierung oder Individuali-
sierung der Verstorbenen. Die vorgestellten Lübecker Malereien komprimieren
die Todesanzeige auf einige wenige Bestandteile wie den Namen des Auftraggebers, sei er bereits verstorben oder nicht, sowie auf eine Fürbittformel.

---

21 Ebd., S. 11.
22 KLAUS KRÜGER, Corpus der mittelalterlichen Grabdenkmäler in Lübeck, Schleswig, Holstein
    und Lauenburg (1100–1600) (Kieler Historische Studien 40), Stuttgart 1999, S. 681, zu
    Schlussformeln allgemein auch ebd., S. 166–169.
23 DAGMAR HÜPPER, Gedenken und Fürbitte. Inschriften des Totengedächtnisses zwischen
    Wandel und beharrendem Zeitgeist, in: MAGIN/SCHINDEL/WULF [Anm. 13], S. 123–147, hier
    S. 127, 133.
24 Ebd., S. 127.

DAS HOCHALTARRETABEL
DER NIKOLAIKIRCHE IN TALLINN

Die zweite Objektgruppe, die einen Fundus an mittelniederdeutschen Inschriften aufweist, sind die Retabel, auf denen unterschiedliche Inschriftentypen vorkommen können. Das Hochaltarretabel in der Nikolaikirche in Tallinn ist ein Werk von großer Dimension (Maße in geöffnetem Zustand: 262 cm hoch, 632 cm breit), das durch seine zwei Flügelpaare zweifach gewandelt werden kann. Die Skulpturenseite, d.h. die Festtagsseite, weist ein umfangreiches Programm von einzelnen Heiligenfiguren auf, in deren Mittelpunkt im Corpus die Marienkrönung und Anna Selbdritt dargestellt sind. Die Malereiseiten der Sonntagsansicht zeigen Szenen aus dem Leben des heiligen Nikolaus von Myra und Victors von Marseille und die gemalten Außenflügel weisen sechs Heilige auf.[25] Aus den erhaltenen schriftlichen Quellen ist zu entnehmen, dass das Retabel 1478 in Lübeck bestellt worden ist. Auch der hohe Kaufpreis ist belegt: *Item wy leten de tafele tom hogen altare maken unde van Lubek halen kostede to samen umme trent 1250 mr.*[26] Drei Jahre später konnte das Retabel in der Nikolaikirche in Tallinn aufgestellt werden. Aufgrund der zahlreichen Wappen am Kunstwerk selbst (u.a. auf den Außenseiten der Außenflügel) können die Bruderschaft der Schwarzhäupter und die Große Gilde dieser Stadt als Auftraggeber bestimmt werden.

Die Sonntagsseite des Retabels wird von 16 Bildfeldern in zwei Reihen geschmückt. Die linke Seite mit ihren acht Bildfeldern zeigt Ereignisse aus dem Leben des heiligen Nikolaus von Myra, der im Mittelalter als Patron der Seefahrer verehrt worden ist und zugleich der Patron der Nikolaikirche war. Die rechte Seite ist Szenen aus dem Leben des Victor von Marseille vorbehalten, der der Patron der Stadt Tallinn war. Die Bildfelder werden von links nach rechts und von oben nach unten gelesen. Unterhalb jeder Szene ist eine Schriftleiste in mittelniederdeutscher Sprache platziert. Alle Tituli beginnen mit der adverbialen Bestimmung *Hir* und lassen eine kurze Beschreibung des Bildes folgen.[27]

Exemplarisch sollen zwei Szenen aus der Legende des heiligen Victor herausgegriffen und eingehend vorgestellt werden. Es handelt sich zum einen um die rechte untere Szene auf der Rückseite des rechten Innenflügels (s. Tafelteil Abb. 11). Victor befindet sich in einem gefliesten Innenraum, der sich durch mehrere Fenster nach außen öffnet. Er ist gefesselt und wird von zwei Männern festgehalten, jedoch ist er noch in der Lage, der vor ihm stehenden Säule einen Fußtritt zu verpassen, so dass die darauf stehende Götzenfigur im Begriff ist zu fallen. Ein Mann flüchtet durch die Türöffnung vor der fallenden Statue, während sich

---

25 Bei den Heiligen handelt es sich um Maria, Katharina von Alexandrien, Barbara, Victor von Marseille, Nikolaus von Myra und Georg.

26 ANU MÄND, Symbols that Bind Communities: The Tallinn Altarpieces of Rode and Notke as Expressions of the Local Saint's Cult, in: Art, Cult and Patronage. Die visuelle Kultur im Ostseeraum zur Zeit Bernt Notkes, hg. von ANU MÄND und UWE ALBRECHT, Kiel 2013, S. 119–141, hier S. 128, Anm. 18.

27 Die Transkription sämtlicher Inschriften ist bei HOFFMANN [Anm. 2], S. 449–453 nachzulesen.

im Hintergrund der Richter und ein weiterer Mann befinden. Die Bildunterschrift lautet: *Hir wart he ghebrocht vor den afgot des stotte he an den pyler myt dem vote do vyl de afgot ter erde*[n]. Dem Text kommt eine bildbeschreibende Funktion zu. Eine Interpretation des Geschehens mit beigefügten Adjektiven oder Adverbien oder gar eine theologische Ausdeutung finden nicht statt.

CHRISTINE WULF bezeichnet Inschriften, die mit *hic* oder *hir* beginnen und als eine Art "rhetorische Zeigehand" dienen, als deiktische Inschriften. "Dieser Typ der Bildbeischrift wird oft im Zusammenhang mit Bildzyklen von Heiligenlegenden verwendet".[28] Weitere Merkmale dieser Gruppe sind, dass die Inschriften weder narrativ miteinander verbunden sind noch wörtliche Zitate möglicher schriftlicher Vorlagen aufweisen. Als weiteres Beispiel aus Lübeck ist das sogenannte Schlutuper Sippenretabel aus der Zeit um 1500 zu nennen: *Hyr se*[n]*det de pawest bonave*[n]*tura de*[n] *kardanael hot.*[29] Auf Tafelmalereien mit lateinischen Inschriften wie der Antoniustafel von 1503 im Lübecker Dom lässt sich die lateinische Version *hic* feststellen.[30] Es ist wohl anzunehmen, dass die schriftlichen Legenden nicht nur als Bildvorlagen dienten, sondern auch deren Wortlaut in inschriftlicher Form rezipiert werden konnte. FRANZ SIMMLER untersuchte religiöse Textsorten aus dem Bereich der Erbauung und Wissensvermittlung.[31] Dabei unterschied er zwischen Textmerkmalen, die eine Einleitung in den Text charakterisieren, und solchen, die zum Hauptteil gehören. Entscheidend für diese Untersuchung ist das vermehrte Vorkommen des Wortes *Hie*, um einen Absatz einzuleiten und den Beginn oder das Ende eines Textes, Abschnittes oder Kapitels zu markieren. Für die 'Vita Christi' von Johann Schott von 1508 heißt es auf den Anfangsseiten beispielsweise: *Hie heb sich an die hystory und leben Ihesu christi des heilmachers und erloszers menschlichs geschlechts des waren gesalbten messie und gottes sun.*[32] Eine vergleichbare Verwendung findet sich in der 'Vita Christi' des Othmar Nachtigall (1524), wo das Wort 'Hier' als Einleitung des Kapitelabschlusses benutzt wird: *Hie endet sich die Evangelisch hystori ausz den vier Evangelien durch Othmaren Nachtgall Doctorem.*[33]

Zusammenfassend lässt sich sagen, dass das Adverb 'hier' eine initialisierende oder beschließende Funktion, im räumlichen Sinne, d.h. auf die einzelnen Bildfelder bezogen, besaß. Es markierte den Beginn oder das Ende eines Textes bzw. einer inhaltlichen Einheit. Im Falle des Tallinner Retabels zeigt es jedes Mal erneut den Beginn eines Einzelgeschehens auf dem Bildfeld und grenzt das beschriebene Ereignis zum nächsten Bildfeld ab, wo das Wort *Hir* erneut vorkommt.

---

28 Vgl. WULF [Anm. 13], S. 44f.

29 ALBRECHT [Anm. 8], S. 237–247, hier S. 246, Abb. 82.15.

30 Vgl. HOFFMANN [Anm. 2], S. 387–391; Corpus der mittelalterlichen Holzskulptur und Tafelmalerei in Schleswig-Holstein 2. Hansestadt Lübeck, Die Werke im Stadtgebiet, hg. von UWE ALBRECHT, Kiel 2012, S. 161–165.

31 FRANZ SIMMLER, Erbauende und wissensvermittelnde Textsorten, in: Textsorten und Textallianzen um 1500, 1: Literarische und religiöse Textsorten und Textallianzen um 1500, hg. von ALEXANDER SCHWARZ [u.a.], Berlin 2009, S. 623–726.

32 Ebd., S. 624.

33 Ebd., S. 629.

Die nächste Szene auf der Innenseite des rechten Außenflügels zeigt das Martyrium des Heiligen (s. Tafelteil Abb. 12). Victor liegt unter einem Mühlrad, das ihn zermahlen soll. Auch hier beobachten der Richter und ein Gehilfe das Geschehen. Über dem Heiligen schwebt ein Engel, der eine Schriftrolle trägt, auf der in fehlerhaftem Latein zu lesen ist: *vicisti victor beati vicisti*[34]. Die mittelniederdeutsche Inschrift lautet: *Hir wart su*[n]*te victor ghebrocht in ene mole*[n] *un*[de] *wart ghelecht u*[n]*der ene*[n] *sten un*[de] *wart ghekoppet.*

An dieser Stelle kommt es zu einem Wechsel der Sprache. Während alle bilderklärenden Inschriften auf Mittelniederdeutsch verfasst sind, ist der Text auf dem Schriftband des Engels in lateinischer Sprache formuliert. Die Wahl des Idioms ist ein sichtbarer Ausdruck der Unterscheidung von zwei semantischen Räumen. Die Bildbeischrift ist Teil des Raums der Rezipienten, also der Kirchgänger, und ist in Mittelniederdeutsch verfasst. Das Bildfeld mit der Legende bildet jedoch einen weiteren semantischen Raum, der ein heiliges Geschehen aus einer fernen Zeit abbildet. Die dargestellte Legende ist in einem kirchlich-liturgischen Kontext verankert, dessen angemessene Sprache nur die *lingua sacra*, d.h. das Lateinische sein konnte. Die mittelniederdeutsche Inschrift hingegen ist kein Bestandteil des Bildraums, sondern Verbindungsglied zwischen dem Bild und dem Rezipienten, wie es bereits am Beispiel der Epitaphien gezeigt werden konnte.

Mit dieser räumlichen Gebundenheit geht auch die Frage nach den Rezipienten von Bild und Text einher. Das Programm des Hochaltarretabels richtete sich prinzipiell an alle Kirchgänger, wobei es nicht nur durch das ikonographische Programm, sondern auch durch seine mittelniederdeutschen Inschriften den lesekundigen Stadtbürger ansprach. Jedoch war in der Nikolaikirche im Spätmittelalter der Chor vom Langhaus abgetrennt, Laien beteten nicht vor dem Hochaltar, sondern vor einem Laienaltar. Die Mitglieder der Bruderschaft der Schwarzhäupter und der Großen Gilde gehörten zu der wohlhabenden Schicht der Kaufleute, die ihre eigenen Gestühle im Chorbereich besaßen und somit visuell Kontakt zu ihrem Retabel hatten.[35] Es ist jedoch grundsätzlich die Frage zu stellen, ob die strenge räumliche Aufteilung auch praktisch durchgeführt worden ist. ROBERT SUCKALE bemerkt hierzu: "Auch ist die weitverbreitete Vorstellung falsch, Laien hätten den Chor- und Sanktuariumsbereich nie betreten und deshalb auch das Hochaltarretabel gar nicht sehen können."[36] Ein Indikator für eine mögliche Zugänglichkeit durch Laien kann die Wahl des Idioms sein, das beim Tallinner Retabel das Mittelniederdeutsche ist.

34 "Du hast gesiegt, heiliger Victor. Du hast gesiegt" (Übersetzung M. H.).
35 MÄND [Anm. 26], S. 120.
36 ROBERT SUCKALE, Der mittelalterliche Kirchenbau im Gebrauch und als Ort der Bilder, in:
    Goldgrund und Himmelslicht. Die Kunst des Mittelalters in Hamburg, hg. von UWE M.
    SCHNEEDE, Hamburg 1999, S. 15–25, hier S. 17.

GREGORSMESSE

Die Gregorsmesse ist seit dem 15. Jahrhundert ein beliebtes Motiv in der Malerei und Skulptur Europas.[37] In der Lübecker Tafelmalerei finden sich solche Darstellungen seit der Mitte des 15. Jahrhunderts auf Retabeln. Innerhalb des erhaltenen Bestandes an Malereien aus der Zeit von 1450 bis 1520 weist etwa ein Zehntel die Darstellung einer Gregorsmesse auf.

Die Gregorsmesse gibt eine Messfeier des Papstes Gregor des Großen (um 560–604) wieder, bei der ihm Christus als Schmerzensmann mit seinen Leidenswerkzeugen auf dem Altar erscheint. Bildlich umgesetzt kniet Gregor zumeist betend vor dem Altar, während sich um ihn herum Vertreter der Geistlichkeit versammelt haben. Als Beispiele aus dem Lübecker Raum seien das Retabel in Värmdö (Werkgruppe sogenannter B-Maler Bernt Notkes, um 1470) und das Hochaltarretabel im Dom in Århus (Bernt Notke, 1479) genannt.[38] Das Vorkommen der armen Seelen im Rahmen der Gregorsmesse hat KARSTEN KELBERG als Besonderheit im Lübecker Raum bezeichnet.[39] Keine der Lübecker Malereien weist jedoch Schrift auf.

Das Retabel in der Kirche von Täby (Schweden) aus der Zeit um 1450/60 zeigt auf einer Flügelrückseite eine Gregorsmesse mit einem ausführlichen Text. Es wurde in der Literatur bisher stets nach Lübeck verortet, doch ist eine Herkunft aus Rostock anzunehmen, da die Malereien eine stilistische Übereinstimmung mit dem Birgittenretabel aus dem Kloster Vadstena (Schweden, 1455–1457) aufweisen.[40] Das Retabel zeigt auf den geöffneten Flügeln die zwölf Apostel und im Mittelschrein die Kreuzigung sowie vier Szenen aus der Passion Christi.[41] Die Flügelrückseiten weisen vier Bildfelder mit dem Letzten Abendmahl, dem Marientod, der Marienkrönung und der Gregorsmesse auf. Im Gegensatz zu den Malereien auf dem Hochaltarretabel in Tallinn stellen diese Szenen keine narrative Folge dar, sondern sind als einzelne Motive konzipiert. Von besonderem Interesse ist das rechte untere Bildfeld mit der Gregorsmesse (s. Tafelteil Abb. 13). Der heilige

---

37 Zum Motiv der Gregorsmesse in der Kunst vgl. UWE WESTFEHLING, Die Messe Gregors des Großen. Vision, Kunst, Realität, Köln 1982; KARSTEN KELBERG, Die Darstellung der Gregorsmesse in Deutschland, Diss. masch., Münster 1983; SUSANNE WEGMANN, Auf dem Weg zum Himmel. Das Fegefeuer in der deutschen Kunst des Mittelalters, Köln/Weimar/Wien 2003; ESTHER MEIER, Die Gregorsmesse. Funktionen eines spätmittelalterlichen Bildtypus, Köln 2006; Das Bild der Erscheinung. Die Gregorsmesse im Mittelalter, hg. von ANDREAS GORMANS und THOMAS LENTES (KultBild. Visualität und Religion in der Vormoderne 3), Berlin 2007.
38 HOFFMANN [Anm. 2], S. 157–162, Abb. 271, 296.
39 KELBERG [Anm. 37], S. 78.
40 Vergleiche mit Malereien vom Birgittenretabel im Kloster Vadstena, dessen Herstellungsorte Lübeck und Rostock durch schriftliche Quellen gesichert sind, sowie mit Malereien vom Nikolairetabel in der Marienkirche in Rostock lassen eine Anfertigung der Malereien von Täby in Rostock plausibel erscheinen. HOFFMANN [Anm. 2], S. 47f.; KATHRIN WAGNER, Rostocker Retabelkunst im 15. Jahrhundert, Kiel 2011, S. 73–80.
41 CURMAN/ROOSVAL [Anm. 3], S. 105; ARON ANDERSSON, Täby kyrkas altarskåp, in: Stockholms Stiftsbok 1961–1962, S. 16–27.

Gregor kniet in einem Kirchenraum vor einem Altar, auf dem ihm der Schmerzensmann erscheint, während drei Geistliche dem Geschehen beiwohnen, ohne
Christus zu erblicken. An der Kirchenwand befindet sich eine schwarze Inschrift
auf weißem Grund, die folgenden mittelniederdeutschen Text trägt:

> Vnse leue here ihes[us] xps de openbarde sik su[n]te gregorie to rome i[n] der kerke[n] porta
> crucis up dem altare ierusale[m] van inwendigher vroud [?] ghaf he alle de[n] de en pater nos-
> ter un[de] en ave maria sprikt in de ere xps mit gheboghede[n] kne[n] vor disser figure[n] xiiii
> iar afflates van xlvi bischopen Van en islike[n] xl daghe aflates un[de] pawes clemens ghaf
> hir to vi iar aflates un[de] heft dit bestedeget.

Es handelt sich hier um eine konkrete Anweisung für den erfolgreichen Erwerb
des Ablasses, der mit diesem ikonographischen Motiv verbunden ist. Wer vor
dem Bild kniend ein Vaterunser sowie ein Ave Maria bete (*sprikt [...] mit ghebo-
ghede*[n] *kne*[n] *vor disser figure*[n]), erhalte 14 Jahre und 40 Tage Ablass, der
durch 46 Bischöfe bestätigt und abermals sechs Jahre Ablass, der durch Papst
Clemens verordnet worden sei. Bei entsprechender Anwendung wird eine rechts-
wirksame Folge impliziert, die durch mehrere kirchliche Autoritäten legitimiert
wird. Der Text ist in mittelniederdeutscher Sprache verfasst und wendet sich daher an einen großen Rezipientenkreis. WULF hat für den norddeutschen Raum
festgestellt, dass v.a. Texte, die "der religiösen Erbauung und Belehrung dienen"[42]
und einen großen Adressatenkreis im öffentlichen Raum ansprechen sollten, in
niederdeutscher Sprache verfasst sind. Bemerkenswert ist, dass das relativ kleine
Bildfeld ein nahes Herantreten der Rezipienten an das Werk erforderlich machte.
Die Flügelrückseiten des Retabels waren die Alltagsansicht. Nur an hohen Festtagen wurde das Retabel geöffnet. Daher war es den Kirchenbesuchern an den meisten Tagen des Jahrs möglich, durch Gebete vor dem Bild den inschriftlich in Aussicht gestellten Ablass zu erwerben. Als bildliche und textliche Vorlage ist ein
zeitgleicher Holzschnitt denkbar. Das Motiv der Gregorsmesse in Verbindung mit
einem Ablass in der Gestalt eines Holzschnitts war für den Gläubigen die Möglichkeit, dieses Heilsmedium ständig bei sich und sich vor Augen zu führen. Die
nach 1470 entstandene Graphik des 'Monogrammisten d' ist ein Beispiel für diesen Ablasskult (s. Tafelteil Abb. 14).[43] Sowohl der volkssprachige Text als auch
das Motiv der Gregorsmesse sowie die Positionierung des Ablasstextes innerhalb
des Bildfelds weisen Parallelen zu der Retabelmalerei in Täby auf. Es ist anzunehmen, dass dem Maler eine derartige Graphik als Vorbild gedient hat.

---

42   WULF [Anm. 20], S. 17.
43   Das Blatt ist seitenverkehrt gedruckt. WILHELM LUDWIG SCHREIBER, Handbuch der Holz-
     und Metallschnitte des XV. Jahrhunderts 5, Leipzig 1928, S. 167f., Nr. 2650; GUNHILD ROTH,
     Die Gregoriusmesse und das Gebet 'Adoro te in cruce pendentem' im Einblattdruck. Legen-
     denstoff, bildliche Verarbeitung und Texttradition am Beispiel des Monogrammisten d. Mit
     Textabdrucken, in: Einblattdrucke des 15. und 16. Jahrhunderts. Probleme, Perspektiven,
     Fallstudien, hg. von VOLKER HONEMANN [u.a.], Tübingen 2000, S. 277–324, hier S. 285f.;
     Abb.   nach: *http://gregorsmesse.uni-muenster.de/ergebnisliste_einfach.php?einfach=2650*
     (12.12.2018).

ZUSAMMENFASSUNG

Der Grund für die Wahl des Mittelniederdeutschen in der christlichen Kunst hängt von unterschiedlichen Faktoren wie Zeitraum, Auftraggeber, Vorlagen und Adressaten ab.[44] Nicht immer können diese einzelnen Einflüsse auf das Werk rekonstruiert werden.

Die von CHRISTINE WULF geäußerte Annahme, dass bei den mittelniederdeutschen Inschriften im Fall des Göttinger Jakobusretabels eine "lehrhafte Bildtafel"[45], wie sie zahlreich im spätmittelalterlichen Kircheninnenraum anzutreffen waren und die der religiösen Unterweisung der Laien dienen sollten, als direkte Vorlage gedient habe, mag vielleicht für das explizite Beispiel zutreffen. Als verallgemeinernde Aussage zur Erklärung von volkssprachigen Idiomen ist dies jedoch nicht haltbar, da Retabel wie das Tallinner ein komplexes theologisches Programm nach den Wünschen der Auftraggeber zeigen und mit einem großen Prestigegewinn und hohen Kosten einhergingen. Es ist davon auszugehen, dass das Mittelniederdeutsche am Retabel vom Auftraggeber gewollt war. "Die Stiftung eines Retabels bot jedenfalls die Möglichkeit zu ostentativer Selbstdarstellung".[46]

Zwischen dem Auftraggeber und dem Künstler wurden Verträge geschlossen, wie das erhaltene Schriftstück für das Sakramentshaus für St. Lorenz in Nürnberg zeigt.[47] Die Materialien, die Maße, das Programm und die Anordnung der Figuren im Bildfeld wurden von Hans Imhoff als Auftraggeber und Adam Kraft als Vertragsnehmer festgehalten. So heißt es an einer Stelle zum Motiv des Ecce homo in der Passion Christi, dass Schrift dem Bild beigefügt werden sollte:

> Auff dem aufzug soll nachvolgend neben zu der rechten hant die geislung unnsers Herren sten mit zugehorenden possen der juden; neben demselbigen vorn, als Pylatus Gott dem volck untter dem fenster des gerichtshauß zaiget, sprechent: Ecce homo, mit einem getreng der juden, die do schrien: creutzig in, creutzig in.[48]

Es wird ausdrücklich der Text angegeben, der auf dem Kunstwerk erscheinen soll: *Ecce homo* zur Identifikation der Szene und *creutzig in, creutzig in*.

Eine entsprechende Umsetzung einer solchen Anweisung könnte die Malerei am Hochaltarretabel in der Nikolaikirche in Arboga (Schweden) darstellen. Ein Vertrag zu diesem Werk ist jedoch nicht erhalten. Im Bildfeld wird der gefesselte Christus durch Pilatus vor einer Menschenmenge präsentiert. Über dem Kopf Christi erscheinen in goldener Schrift die Worte *Ecce homo* und auf einem

---

44 WULF [Anm. 20], S. 9.
45 CHRISTINE WULF, Die Inschriften der Göttinger Altarretabel, in: Kunst und Frömmigkeit in Göttingen. Die Altarbilder des späten Mittelalters, hg. von THOMAS NOLL und CARSTEN-PETER WARNCKE, München 2012, S. 283–295, hier S. 288.
46 MICHAEL BAXANDALL, Die Kunst der Bildschnitzer. Tilman Riemenschneider, Veit Stoß und ihre Zeitgenossen, München 1984, S. 95.
47 KARL KROHN, Archivalisches zu Leben und Werk von Adam Kraft. In: Adam Kraft. Die Beiträge des Kolloquiums im Germanischen Nationalmuseum, hg. von FRANK MATTHIAS KAMMEL (Anzeiger des Germanischen Nationalmuseums 20), Nürnberg 2002, S. 45–55.
48 HANS HUTH, Künstler und Werkstatt der Spätgotik, 2., erw. Aufl., erw. Neudruck der Ausgabe Augsburg 1925, Darmstadt 1967, S. 121; KROHN [Anm. 47], S. 54.

Spruchband, das sich über den Köpfen der Zuschauer schlängelt, der Text *Crucifige crucifige quia reus est mortis.*[49]

Alle hier besprochenen Beispiele entstanden am Ende des 15. und zu Beginn des 16. Jahrhunderts. Bis auf das Retabel in Täby haben die Objekte nachweislich kaufmännische und hansestädtische Auftraggeber, deren Alltags- und Amtssprache das Mittelniederdeutsche war. Die Epitaphien und das Hochaltarretabel in Tallinn waren sowohl Teil der Jenseitsvorsorge ihrer Stifter als auch sichtbares Zeichen ihrer gesellschaftlichen Stellung. Die gemalte Gregorsmesse auf dem Retabel von Täby und der damit verbundene Ablasstext fordern den Gläubigen zu einer Gebetshandlung auf.

Der Bestand erhaltener mittelniederdeutscher Inschriften auf Tafelmalereien innerhalb der Lübecker Tafelmalerei des Spätmittelalters ist zwar gering, zeugt jedoch von einem Einfluss der sozialen Lebenswelt auf die kirchliche Kunst. Eine ausführliche Dokumentation und Auswertung mittelniederdeutscher Inschriften sowie der Text-Bild-Beziehungen an Lübecker Kunstwerken[50] ist bis heute ein Forschungsdesiderat.

Dr. Miriam J. Hoffmann, Kreismuseum Prinzeßhof, Kirchenstr. 20, D–25524 Itzehoe
E-Mail: m.hoffmann@steinburg.de

---

49 *http://medeltidbild.historiska.se/medeltidbild/visa/foremal.asp?objektid=930820A2* (12.12.2018).

50 Überblicke über den Bestand mittelalterlicher Kunstwerke in der Hansestadt Lübeck findet sich in folgender Literatur: HUGO RAHTGENS [u.a.], Die Bau- und Kunstdenkmäler der Freien und Hansestadt Lübeck, Lübeck 1906–1928; KRÜGER [Anm. 22]; ALBRECHT [Anm. 8]; ALBRECHT [Anm. 30].

'DER SCHAPHERDERS KALENDER' ALS EXEMPEL MITTELNIEDERDEUTSCHER WISSENSLITERATUR

von INGRID SCHRÖDER

Welche kalendarischen, astronomischen und medizinischen Wissensbestände zu Beginn des 16. Jahrhunderts in Form von verhältnismäßig leicht zugänglichen Druckwerken popularisiert wurden, zeigen die frühneuzeitlichen Kalender. An einen weiten Rezipientenkreis gerichtet, liefern sie nicht nur Informationen über ein verbreitetes Wissen selbst, sondern auch über zeitgenössische epistemologische Prinzipien und darauf basierende Ordnungsstrukturen des Wissens, d.h. über die Ordnung der Dinge im foucaultschen Sinne[1], und weiterhin über die semiotischen Repräsentationsformen und damit über die Ausprägungen der spätmittelalterlichen Experten-Laien-Kommunikation.

Im Folgenden sollen Formen der Wissensvermittlung mit den Methoden der historischen Textlinguistik unter Berücksichtigung multimodaler Aspekte am Beispiel des mittelniederdeutschen Drucks 'Der schapherders Kalender. Eyn sere schone vnde nutthe boek / myt velen fruchtbaren materien / so tho rugge dusses blades klarliken gefunden wert.' Rostock: Ludwig Dietz 1523. 8° (VD16 ZV 13793; BC 762) erörtert werden. Es sollen sowohl die angesprochenen Wissensgebiete, welche die Makrostruktur der Texte bestimmen (Kap. 3), als auch die Ordnungsstrukturen des Wissens, wie sie sich in der Mikrostruktur spiegeln (Kap. 4), verdeutlicht werden. Die Analyse ausgewählter Teiltexte, des Monatskalenders und des Computus sowie der Zwölfmonatsregeln, verdeutlicht die Präsentationsformen des Wissens in der Kombination von Sprachhandlungen, Zeichencodes und Modi (Kap. 5).

1. KALENDER IN DER SPRACHHISTORISCHEN FORSCHUNG

In der Forschung sind die mittelniederdeutschen Kalender bisher wenig beachtet worden und liegen nicht einmal ediert vor.[2] Eine Beschreibung des 'Schapherders

---

1   MICHEL FOUCAULT, Die Ordnung der Dinge. Eine Archäologie der Humanwissenschaften, Frankfurt a. M. 1971 (Original 1966: Les mots et les choses. Une archéologie des sciences humaines).

2   Vgl. die Bibliographien von ERNST ZINNER, Verzeichnis der astronomischen Handschriften des deutschen Kulturgebietes, München 1925; ders., Geschichte und Bibliographie der astronomischen Literatur in Deutschland zur Zeit der Renaissance, 2. Aufl., Stuttgart 1964. BORCHLING zählt neben den Drucken von 1519 und 1523 ca. 50 handschriftliche Kalender-

Kalender' von 1523 mit Textproben liefert bereits WIECHMANN[3] und macht darauf aufmerksam, dass es sich dabei um eine vermehrte Ausgabe des Lübecker Drucks von 1519[4] handelt, die zusätzlich als separaten Text die 'Kleine Physiognomie' enthält, für die er eine hochdeutsche Vorlage anführt.[5] Im Rahmen einer Edition Kölner mittelniederdeutscher Texte veröffentlicht MENNE[6] auch einen Ausschnitt aus beiden Kalenderdrucken zum Vergleich und zeigt, dass sowohl das um 1500 entstandene Kölner handschriftliche Kalendarium, das im Zentrum seiner Betrachtungen steht, wie auch die Lübecker Ausgabe von 1519 und die Rostocker Fassung von 1523 auf einer niederländischen Version des 'Schapherders Kalender' beruhen. Weitere Parallelen findet MENNE in lateinischen Missale-Monatsversen, in Kalenderversen eines Rostocker Gebetbuches von 1526 sowie in weiteren vernakularen Kalendarien und mittelniederdeutschen Arzneibüchern.[7]

schriften auf, die häufig im Kontext von Gebetbüchern überliefert sind (CONRAD BORCHLING, Mittelniederdeutsche Handschriften: Reisebericht, Bd. 1–4, Göttingen 1898–1913).

3 CARL MICHAEL WIECHMANN, Meklenburgs altniedersächsische Literatur. Ein bibliographisches Repertorium der seit der Erfindung der Buchdruckerkunst bis zum dreißigjährigen Kriege in Meklenburg gedruckten niedersächsischen oder plattdeutschen Bücher, Verordnungen und Flugschriften, Th. 1: Bis zum Jahre 1550, Schwerin 1864, S. 67–75.

4 Eyn nyge kalender. recht holdende. Vnde eyn nutte. kunstlick. gans ghenöchlick bock. Lübeck: Hans Arndes 1519. 4° (VD16 N 2132/2133; BC 626/627).

5 WIECHMANN [Anm. 3], S. 75, zitiert einen Augsburger Druck o. J. sowie das 1584 von Josias Rihel in Straßburg gedruckte 'Große Planetenbuch' (VD16 ZV 30985 weist lediglich eine Ausgabe von 1567 nach: VD16 ZV 30985, *http://gateway-bayern.de/VD16+ZV+30985* [12.12.2018]). Beim genannten Augsburger Druck handelt es sich der Beschreibung nach um die Ausgabe: In disem büechlin wirt erfunden von Complexion der Menschen, zu erlernen leybliche vnd menschliche natur jr sitten, Augspurg [1516] (VD16 C 4442, *http://gateway-bayern.de/VD16+C+4442* [12.12.2018]).

6 KARL MENNE, Mittelniederdeutsches aus Kölner Sammlungen, in: NdJb 52 (1926), S. 85–120.

7 Für die niederländischen Kalender führt MENNE als Vorlage den französischen 'Calendriers des bergers' an, der wiederum auf dem 1232 verfassten lateinischen 'Computus' von Johannes de Sacrobosco fußt. Weiterhin stellt MENNE die weitestgehende Übereinstimmung des Lübecker mit dem Rostocker Druck fest: "Beide Kalender stimmen, abgesehen von orthographischen Eigenwilligkeiten, ziemlich genau überein, nur ist Ro am Schlusse durch eine Physiognomik vermehrt (de Kleyne Phisonomie), die aus dem hd. ins nd. übersetzt ist. Im übrigen sind Lü und Ro eine im allgemeinen getreue, zumeist wörtlich genaue Übersetzung des Scaepherders-Kalenders, wenngleich die einzelnen Stücke nicht immer in derselben Reihenfolge wiedergegeben sind" (MENNE [Anm. 6], S. 88). Als weitere Zusätze im Rostocker Druck sieht MENNE die Erweiterung der Monatsverse auf Basis anderer Kalendarien und das Hinzufügen eines Silben-Cisiojanus (abgedruckt bei: KARL MICHAEL WIECHMANN-KADOW, Der im sechszehnten Jahrhundert in Mecklenburg gebräuchliche Cisiojanus, in: Jahrbücher des Vereins für Mecklenburgische Geschichte und Altertumskunde 23 [1858], S. 125–127) und vergleicht diese mit einer Version im Text eines Lübecker Gebetbuches von 1548. Die Monatsregeln der Hirtenkalender führt MENNE über die Vermittlung lateinischer Missale-Monatsverse bis auf Beda zurück (vgl. MENNE [Anm. 6], S. 112). Andere Monatsverse schließen sich laut MENNE an den Augsburger Druck Johann Blaubirers von 1481 an (vgl. MENNE [Anm. 6], S. 113; Blaubirers Druck ist digital zugänglich über: *http://gateway-bayern.de/BV035091065* [12.12.2018]) oder stimmen überein mit dem Gothaer mittelniederdeutschen Arzneibuch (Edition: Das Gothaer mittelniederdeutsche Arzneibuch und seine Sip-

Auch die Textsorte Kalender insgesamt ist sprachhistorisch kaum erforscht. Neben wenigen textanalytischen Untersuchungen, die einzelne Kalender in ihrer Struktur beschreiben und die Kommunikationssituation reflektieren, sind vor allem überlieferungsgeschichtliche Studien sowie Abhandlungen zur Wissensorganisation zu nennen, die im Rahmen der Fachprosa-Forschung entstanden sind. Dem Augsburger Kalenderdruck Johann Blaubirers von 1481, dem sog. 'Teutsch Kalender', widmet sich BRÉVART.[8] Seine Inhaltsübersicht zeigt deutliche Parallelen zwischen dem 'Teutsch Kalender' und den hier im Mittelpunkt stehenden mittelniederdeutschen Versionen, die BRÉVART nicht in seine Untersuchung einbezogen hat. Als Rezipientengruppe nimmt er Leser der oberen Mittelschicht (Handwerker, Kaufleute, Bader) und auch der Oberschicht an. Einen weiteren Kalender aus derselben Überlieferungsgruppe untersucht SEYFERTH[9] mit Blick auf die Struktur, Konnektoren, Informationsgliederung und thematische Weiterführung durch Pronomen und Artikel. Den Nürnberger 'Codex Schürstab', der überlieferungsgeschichtlich vielfach Beachtung gefunden hat,[10] charakterisiert RIHA als astromedizinischen Text und beschreibt sein inhaltliches Organisationsprinzip.[11] Auch hier zeigen sich deutliche Parallelen zu den mittelniederdeutschen Drucken. Hinzuweisen ist auch auf eine Edition und Analyse des handschriftlichen Passauer 'Kalendars' aus dem 15. Jahrhundert,[12] die ebenfalls einen thematischen Kernbestand der Kalenderinhalte hervorhebt. Der Text wird ausführlich kommentiert, wobei mittelalterliche Zeichensysteme, Raum- und Zeitordnungskonzepte sowie

---

pe, Bd. 1, hg. von SVEN NORRBOM, Hamburg 1921) oder mit dem Basler Kalender von Pamphilus Gengenbach (wohl Konrad Gallianus, Practica teütsch uff das .M:CCCCC. und .XXiiij. jar. gepracticiert durch den hochgelerten Conradum Gallianum Mathematicum und Licentiaten derhelgen [sic] geschryfft. Die herren disz iars Bitten gott vmb gnod, [Basel 1523], VD16 ZV 23332, digital zugänglich über: *http://dx.doi.org/10.3931/e-rara-242* [12.12.2018]).

8   FRANCIS B. BRÉVART, The German Volkskalender of the Fifteenth Century, in: Speculum 63/2 (1988), S. 312–342; vgl. dazu auch HELMUT GROSCHWITZ, Mondzeiten. Zur Genese und Praxis moderner Mondkalender (Regensburger Schriften zur Volkskunde 18), Münster [u.a.] 2008, S. 54–56.

9   SEBASTIAN SEYFERTH, "Du solt wissen das gesunde leüt nit süllen lassen noch kein tranck nemen [...]". Medizinisch-astrologische Wissenspräsentationsformen und deren Textsyntax in einem iatro-mathematischen Hausbuch von 1487, in: Amsterdamer Beiträge zur älteren Germanistik 61 (2006), S. 247–270.

10   Edition: Vom Einfluss der Gestirne auf die Gesundheit und den Charakter des Menschen, 2 Bde., hg. von GUNDOLF KEIL, FRIEDRICH LENHARDT und CHRISTOPH WEISSER, Luzern 1981–1983; überlieferungsgeschichtliche Untersuchung von BERNHARD SCHNELL, Ein Würzburger Fragment des 'Iatromathematischen Hausbuchs'. Ein Beitrag zu dessen Überlieferungsgeschichte, in: Würzburger medizinhistorische Mitteilungen 5 (1987), S. 123–141.

11   Vgl. ORTRUN RIHA, Wissensorganisation in medizinischen Sammelhandschriften. Klassifikationskriterien und Kombinationsprinzipien bei Texten ohne Werkcharakter (Wissensliteratur im Mittelalter 9), Wiesbaden 1992, S. 157f.

12   MARKUS MUELLER, Beherrschte Zeit. Lebensorientierung und Zukunftsgestaltung durch Kalenderprognostik zwischen Antike und Neuzeit. Mit einer Edition des Passauer Kalendars (UB/LMB 2° Ms. astron. 1), Kassel 2009; 'Kalendar' digital zugänglich über: *https://orka. bibliothek.uni-kassel.de/viewer/image/1300793634809/1/* (12.12.2018).

die Text-Bild-Beziehungen eine zentrale Rolle spielen. Dabei werden die Organisationsprinzipien des Wissens sowie "die Verwendung leseorientierter Zugriffsstrukturen und die geschickte Koordination verbaler und visueller Mittel"[13] in der Kombination von Sachtexten, Versen, Bildern, Diagrammen und Tabellen hervorgehoben, wodurch eine "mehrdimensionale Form der Wissensvermittlung und -überlieferung"[14] entstehe. Weitere Untersuchungen gehören der Fachprosa-Forschung an und sind Teiltexten des Kalenders[15], v.a. den Zwölfmonatsregeln[16] und den Aderlasstraktaten[17], gewidmet. In jüngerer Zeit hat der Schreibkalender das Interesse der Forschung auf sich gezogen, der seit dem 16. Jahrhundert verbreitet worden ist und ein eigenes Textgenre darstellt.[18]

Die bisherigen Forschungsergebnisse zu den Kalendern lassen sich in zwei wesentlichen Aussagen zusammenfassen: (1) Bei den Kalendern handelt es sich um Zusammenstellungen von Teiltexten unterschiedlicher Provenienz, wobei sich ein thematischer Kernbestand ausgebildet hat. (2) Die Wissensinhalte werden nach spezifischen Organisationsprinzipien dargeboten, wobei verbale und visuelle Mittel kombiniert sind.

2. HISTORISCHE TEXTLINGUISTIK
UND MULTIMODALE ANALYSE

Die Kalender erweisen sich vor allem dadurch als reizvoller Analysegegenstand, dass sie thematisch breit gefächert und hinsichtlich ihrer kommunikativen Funktion differenziert angelegt sind. Sie nutzen unterschiedliche Textmuster und sprachliche Mittel. Mit den Methoden der historischen Textlinguistik sollen im Folgenden unter Beiziehung multimodaler Aspekte die Ordnungsstrukturen des Wissens und seine verschiedenen Präsentations- und Vermittlungsformen erörtert werden.

---

13 MUELLER [Anm. 12], S. 349.
14 Ebd.
15 Zum Beispiel MARCUS CASTELBERG, Wissen und Weisheit. Untersuchungen zur spätmittelalterlichen 'Süddeutschen Tafelsammlung' (Washington, D.C., Library of Congress, Lessing J. Rosenwald Collection, ms. no. 4), Berlin/Boston 2013.
16 Vgl. LENKA VAŇKOVÁ, Adressatenbezug in Monatsregeln. Eine Studie anhand der Handschriften der ehemaligen Fürstenbergischen Bibliothek auf der Burg Křivoklát, in: Brünner Beiträge zur Germanistik und Nordistik 26/1–2 (2012), S. 51–65; KARIN HÄFNER, Studien zu den mittelniederdeutschen Zwölfmonatsregeln (Würzburger medizinhistorische Forschungen 3), Pattensen 1976; RIHA [Anm. 11], S. 140–156.
17 Vgl. GERRIT BAUER, Das 'Haager Aderlaßbüchlein'. Studien zum ärztlichen Vademecum des Spätmittelalters, Würzburg 1978; GERHARD EIS und WOLFRAM SCHMITT, Das Asanger Aderlaß- und Rezeptbüchlein (1516–1531) (Veröffentlichungen der Internationalen Gesellschaft für Geschichte der Pharmazie 31), Stuttgart 1967.
18 Vgl. HARALD TERSCH, Schreibkalender und Schreibkultur. Zur Rezeptionsgeschichte eines frühen Massenmediums (Schriften der Vereinigung Österreichischer Bibliothekarinnen und Bibliothekare [VÖB] 3), Graz 2008; KLAUS-DIETER HERBST, Der Schreibkalender der Frühen Neuzeit – eine noch wenig genutzte Quelle für die Astronomiegeschichtsschreibung, in: Sitzungsberichte der Leibniz-Sozietät 103 (2009), S. 31–48.

Das Konzept der Multimodalität ist der Tatsache geschuldet, dass sich eine funktionale Analyse von Texten nicht darin erschöpfen darf, die (semantischen oder grammatischen) Strukturen zu untersuchen. Die Analyse hat darüber hinaus das Zusammenspiel von Zeichensystemen und Medien zu berücksichtigen, die in einem Kommunikationsakt miteinander kombiniert sind und die gemeinsam Bedeutung erzeugen.[19]

Für die frühen Drucke des 16. Jahrhunderts folgt daraus, dass sie als textuelle und visuelle Produkte zu analysieren sind, wobei neben dem Text mit seinen thematischen, funktionalen und strukturellen Merkmalen das Layout, die Bilder und das Zeicheninventar eine Rolle spielen.[20] Zur Beschreibung der verschiedenen Präsentationsformen des Wissens sind nicht nur die Wissensgebiete selbst von Bedeutung, sondern darüber hinaus auch die sich in den Texten niederschlagenden Wissensordnungen mit ihren epistemologischen Voraussetzungen. Es stellt sich die Frage, auf welche Weise spezifische Wirklichkeitstopographien[21] mit ihren unterschiedlichen Wissensbeständen und -strukturen zum Ausdruck gebracht werden.

---

19 Multimodalität umfasst die unterschiedlichen Komponenten eines Kommunikats wie Bild, Schrift, Layout, gesprochene Sprache, Filmszenen usw. (vgl. GUNTHER KRESS, Multimodality: A Social Semiotic Approach to Contemporary Communication, London/New York 2010, S. 79; vgl. auch JAN GEORG SCHNEIDER und HARTMUT STÖCKL, Medientheorie und Multimodalität. Zur Einführung, in: Medientheorien und Multimodalität: ein TV-Werbespot – Sieben methodische Beschreibungsansätze, hg. von dens., Köln 2011, S. 27f.). In der multimodalen Analyse sind nicht nur die Text-Bild-Beziehungen von Interesse, sondern auch die Anordnung von Textteilen oder typographische Besonderheiten. "Multimodale Textanalyse [...] bemüht sich um die intra- und intermodalen Beziehungen der beteiligten Zeichenmodalitäten mit Blick auf Semantik, Form und Funktion" (SCHNEIDER/STÖCKL, S. 32). Zielt ein eng gefasster Begriff der Multimodalität vor allem auf die Wahrnehmung eines Kommunikats mit verschiedenen Sinnesorganen, wie es beispielsweise bei Produkten in den neuen Medien der Fall sein kann, wenn Schrift und Ton, Bild und Film kombiniert werden, so muss der Analysegegenstand für historische Kommunikate, wie die frühen Drucke des 15. und 16. Jahrhunderts sie darstellen, eingeschränkt werden. Hier spielt ein offenerer Begriff von Multimodalität eine Rolle, nämlich dass multimodale Zeichenprodukte auch auf eine Sinnesmodalität beschränkt sein können (NINA-MARIA KLUG und HARTMUT STÖCKL, Sprache im multimodalen Kontext, in: Handbuch Sprache und Wissen, hg. von EKKEHARD FELDER und ANDREAS GARDT [Handbücher Sprachwissen 1], Berlin/Boston 2015, S. 242–264, hier S. 244), wobei ein multikodaler Aspekt eine Rolle spielt, nämlich die Nutzung verschiedener Codes zur Kommunikation (vgl. NINA JANICH und KARIN BIRKNER, Text und Gespräch, in: ebd., S. 195–220, hier S. 197).

20 Vgl. dazu SCHNEIDER/STÖCKL [Anm. 19], für die eine Textanalyse darin besteht, "die inhärenten Potentiale und Defizite der einzelnen Zeichensysteme zu beschreiben und zu zeigen, wie Schwächen des einen durch Stärken eines anderen in den Strukturen des Gesamttextes kompensiert werden" (S. 33). Zu beschreiben ist eine "multimodale Textur" (S. 33), in der die verschiedenen Modi montiert sind und sich funktional-semantisch ergänzen.

21 THOMAS LUCKMANN, Lebenswelt und Gesellschaft. Grundstrukturen und geschichtliche Wandlungen (UTB für Wissenschaft 1011), Paderborn 1980, S. 117.

Folgende Aspekte sind im Einzelnen zu berücksichtigen:

1. Die aufgerufenen Wissensgebiete, die sich in der Makrostruktur des Textes mit der inhaltlichen Gliederung niederschlagen.
2. Die Ordnungsstrukturen des Wissens, welche die thematische Mikrostruktur einzelner Teiltexte prägen.
3. Die Präsentationsformen des Wissens mit dem Zusammenspiel verschiedener Sprachhandlungen, Zeichencodes und Modi.[22]

3. WISSENSGEBIETE: MAKROSTRUKTUR

Hinsichtlich der Makrostruktur konnte bereits festgestellt werden, dass der 'Schapherders Kalender' insgesamt aus mehreren Quellen unterschiedlicher Traditionen zusammengestellt wurde und sich somit als Kompilat erweist. Kombiniert werden Wissensbestände verschiedener 'Artes', v.a. der Astronomie und der Arithmetik aus der Reihe der 'Artes liberales' sowie der Landwirtschaft und der Medizin aus der Reihe der 'Artes mechanicae'.

Insgesamt werden im Register 33 Teiltexte aufgeführt,[23] die im Text selbst in der Regel mit einem satzförmigen Titel versehen sind und damit einen eigenständigen Charakter bewahren, z.B. *Hyr na volgen vele schoner lere vn*de *vnderwisinge wo men des mynschen water beseen vnde erkennen schal* (Bl. lxxxi[r]). Zuweilen wird auch darauf verwiesen, aus welcher Quelle der Text ursprünglich stammt, z.B. *Hyr na volget de natur vnde regirynge vnde egenschop der vij. planeten / van*

---

22 Ein weiterer relevanter Analysepunkt wäre die gesonderte Betrachtung der Strukturmarker und der paratextuellen Elemente, die in diesem Zusammenhang nicht weiter verfolgt werden kann.

23 Das Register unterteilt den Kalender in: 1. Vorrede, 2. Kalender mit Goldener Zahl, Neumond, Sonnenstand im Tierkreis, Cisiojanus, Verhaltensregeln in den Monaten, Prognostik für Neugeborene, Länge der Tage und Nächte, 3. Zwei Scheiben mit Sonntagsbuchstaben und Goldener Zahl, 4. Tafel mit dem Mondstand im Tierkreis, 5. Tafel mit Sonntagsbuchstaben, Goldener Zahl, Wochen und Tagen zwischen Weihnachten und Fastnacht, 6. Tafel mit Sonntagsbuchstaben, Goldener Zahl, Wochen und Tagen zwischen Fastnacht und Weihnachten, 7. Tafel zur Berechnung des Osterfestes, 8. Von der Natur, dem Regiment und der Eigenschaft der sieben Planeten, 9. Vom Lauf der Sonne durch die zwölf Sternzeichen, Regiment eines Planeten bei Neumond, Wetterprognose, 10. Wie der Mensch seinen Planeten findet, 11. Von den Kometen, 12. Von den zwölf Sternzeichen, 13. Von den zwölf Sternzeichen, ihrer Kraft und Natur, 14. Von den Wohnungen der zwölf Zeichen, 15. Von den Himmelschören, 16. Vom Lauf der Welt, der Planeten und ihren Climaten und von den Sphären, 17. Von den vier Temperamenten, 18. Von den Anzeichen der Krankheit, Gesundheit und Neigung zur Krankheit, 19. Von den Zeichen der Krankheit, 20. Von den Zeichen der Neigung zur Krankheit, 21. Verhaltensmaßregeln für den Frühling, 22. Verhaltensmaßregeln für den Sommer, 23. Verhaltensmaßregeln für den Herbst, 24. Verhaltensmaßregeln für den Winter, 25. Vom Aderlass, 26. Aderlasstage, 27. Vom Schröpfen und Klistieren, 28. Vom Baden, 29. Harnschau, 30. Vom Gebrauch der Arznei, 31. Von den verworfenen Tagen, 32. Von den vier Winden, 33. Physiognomie.

*erem geschike vnd ghestalt / myt den fyguren / gantz schone vnde kunstlick vth
ghesettet / vth deme boeke der astronomien* (Bl. xxvij^v).

Dennoch wurde der Kalender als Einheit konzipiert, so dass ihm insgesamt
Werkcharakter zukommt und er als Textsorte angesprochen werden kann. Die
Teiltexte eint als Erstes der gemeinsame Buchtitel, in dem bereits auf die Vielfalt
des Inhalts verwiesen wird (*myt velen fruchtbaren materien*). Zweitens wird ein
Register mit einer Einleitung vorangestellt, in der auch auf das breite thematische
Spektrum aufmerksam gemacht wird (*Dar ynne men vyndet / den nyghen maen /
des sondaghes bockstaff/ den gulden tall / vnde wo vele weken men hefft / twys-
schen Wynachten vnd Vastelauent*, Bl. i^v–ii^r). Drittens wird der Gesamttext durch
eine Vorrede eingeleitet (*De vorrede van dussem nygen Schapherders Kalender*,
Bl. iij^r–iiij^v), die allerdings allgemein gehalten ist und keinen direkten Bezug auf
das Folgende nimmt.[24] Viertens wird der Gesamttext des 'Schapherders Kalender'
explizit von der am Ende stehenden Physiognomie abgesetzt (*Hyr endet sick der
schapherders kalender. vnde volget hyr na de klene Phisonomie*, Bl. lxxxix^v). Ein
weiteres Argument lässt sich fünftens aus der Überlieferung des Kalenders ablei-
ten, denn der 'Schapherders Kalender' ist – abgesehen von einigen Erweiterungen
– in großen Teilen textidentisch mit dem Lübecker Kalender von 1519[25] und steht
in der Tradition des niederländischen 'scaepherders calengier'.[26]

---

24 Eine weitere Einleitung gilt dem kalendarischen Teil im engeren Sinne, auf die später noch
    einzugehen ist.
25 Unterschiede ergeben sich aus Textergänzungen im 'Schapherders Kalender'. So ist dem
    'Schapherders Kalender' z.B. ein Cisiojanus beigegeben, der dem Lübecker Kalenderdruck
    fehlt, sowie eine Aufstellung über Sonntagsbuchstaben und Goldene Zahl und Anzahl der
    Wochen und Tage zwischen Weihnachten und Fastnacht zwischen 1520 und 1595 (Bl. xxv^v–
    xxvj^v). Auch eine Tafel mit empfohlenen Aktivitäten in den einzelnen Tierkreiszeichen
    (Bl. xli^v–xlii^r) fehlt im 'Nygen kalender'.
26 Entgegen der von MENNE geäußerten Ansicht, dass es sich beim 'Schapherders Kalender' um
    eine (bloße) Übersetzung der niederländischen Version handelt (vgl. Anm. 7), zeigt ein Ver-
    gleich des mittelniederdeutschen und des mittelniederländischen Textes Erweiterungen und
    Abweichungen. Für die Überprüfung des niederländischen Drucks wurde die Ausgabe von
    1513 (Edition: Der Scaepherders kalengier. Een Vlaams volksboek naar het unieke exemplaar
    van de Antwerpse druk door Willem Vorsterman van 1513, bezorgd en ingeleid door WILLY
    LOUIS BRAEKMAN [Vroege volksboeken uit de Nederlanden 5], Brügge 1985) benutzt. Der
    Vergleich zeigt eine deutliche Erweiterung der Monatsverse um jeweils zwei weitere gereim-
    te Strophen, um eine Prosa-Prophylaxe und um eine Prosa-Prognostik. Die Tageslisten der
    Monate unterscheiden sich vom niederländischen Kalender durch einen abweichenden Fest-
    tagskalender und – wie bereits MENNE festgestellt hat – durch die Aufnahme des Cisiojanus,
    der auch im Lübecker Kalender fehlt. Die Auflistungen der Sonntagsbuchstaben und der Gol-
    denen Zahl für die Jahre 1515 bis 1595 sind ebenfalls erst Hinzufügungen des Rostocker
    Drucks. Die vergleichbaren Texte zu Sonntagsbuchstaben und Goldener Zahl sind nicht mit
    dem niederländischen Kalender identisch. Auch in den Abschnitten zu den Planeten und zu
    den Tierkreiszeichen sind im Rostocker Druck weitere Merkverse hinzugesetzt, und der Text
    wurde teilweise verändert. Zu den Planetentexten wurde noch eine Wetterprognostik gestellt.
    Ergänzungen sind auch die Abschnitte über die Kometen und eine Prognostik zu Tätigkeiten,
    wenn ein bestimmter Planet regiert, sowie der Text zu den Himmelschören. Der Aderlasstrak-
    tat hat einen abweichenden und stark erweiterten Text, der Abschnitt zum Schröpfen, Baden
    und Klistieren ist neu, ebenso der gesamte Harntraktat. Auch die Verworfenen Tage fehlen im

Die verschiedenen Themenbereiche[27] lassen sich drei Wissensgebieten zuordnen: 1. der Kalenderlehre im engeren Sinne mit Kalenderjahr und Zeitrechnung;
2. der Astronomie/Astrologie mit Planeten, Kometen, Sternzeichen, Himmelschören und Sphären; 3. der Humoralpathologie/Medizin mit Temperamentenlehre,
Diagnostik, Prophylaxe und Therapie. Zu diesem Themenfeld gehört auch ein
Windtraktat. Hinzu kommt als gesonderter Text 4. die Physiognomie. Damit wird
der Kalender zum multithematischen Handbuch, das Wissen einerseits für die
Bewältigung alltäglicher Probleme bereitstellt, wozu letztlich auch die Festtagsbe-
rechnung gehört, wie auch spezielles Fachwissen aus dem Bereich der Astronomie, das als Hintergrundwissen für die Kalenderberechnung gelten kann.

Ein Zusammenhang zwischen dem kalendarischen, dem astronomischen und
dem medizinischen Wissen wird durch eine spezifische Wirklichkeitstopographie
mit der Verbindung von Makrokosmos und Mikrokosmos, d.h. der Verbindung
der Sterne mit dem menschlichen Körper, und mit der Elementenlehre gestiftet,[28]
wodurch sich der Kalender letztlich als kosmologisches Hausbuch erweist. Dass
die kosmischen Zusammenhänge die semiotische Struktur des Kalenders bedingen, lässt sich auch an den Ordnungsstrukturen und an den Präsentationsformen
des Wissens ablesen.

4. ORDNUNGSSTRUKTUREN DES WISSENS: MIKROSTRUKTUR

Fragt man nach der Anordnung des Wissens innerhalb der Teiltexte und damit der
einzelnen Wissensgebiete, so lassen sich mehrere Prinzipien ausmachen, die auch
in medizinischen Schriften vorherrschen.[29] Als Ordnungsstrukturen des Wissens

---

niederländischen Druck. Nicht übernommen wurden eine Vorrede des Übersetzers sowie eine
Mondphasentabelle. – Die Übersetzungsthese begegnet aktuell auch noch in: *https://
www.kb.nl/themas/boekgeschiedenis/populair-drukwerk/tijd-gebonden/1609-schaapherders*
(12.12.2018).

27 Vgl. Anm. 23.
28 Vgl. ULRIKE MÖRSCHEL, Makrokosmos/Mikrokosmos, in: LMA 6 (1993), Sp. 157–159;
    BERND-ULRICH HERGEMÖLLER, Elemente, in: LMA 3 (1986), Sp. 1800–1802.
29 Vgl. GUNDOLF KEIL, Organisationsformen medizinischen Wissens, in: Wissensorganisieren-
    de und wissensvermittelnde Literatur im Mittelalter, hg. von NORBERT RICHARD WOLF (Wis-
    sensliteratur im Mittelalter 1), Wiesbaden 1987, S. 221–245, der als zentrale Klassifikations-
    kriterien folgende Gliederungsschemata differenziert: das topographische 'a capite ad cal-
    cem'-Prinzip, das kategoriale, hierarchisierende Gliederungsprinzip und das Farbschema,
    eingebunden ins empedoklische Viererschema. Als Zahlenschemata werden neben dem Vie-
    rerschema (Elemente, Qualitäten, Humores, Temperamente, Colores, Jahreszeiten, Lebensal-
    ter) auch das Dreierschema (Hauptorgane, Pneumata), das Sechserschema (sex res non natu-
    rales), das Siebenerschema (Planeten, Wochentage), das Zwölferschema (Zodiakus), das
    Zehnerschema (Dekalogvorbild), die 28er-Folge (Mond) sowie die Zahlenspekulation ge-
    nannt. Daneben werden chronologische (prozessual), ökologische (Ordnung der Lebewesen
    nach Lebensräumen), taxonomische und hierarchische Modelle beigezogen sowie die
    (halb)alphabetische Gliederung. Vgl. dazu auch RIHA [Anm. 11], S. 128–164, die den "Ge-
    lenkparameter 'Zeit'" auch als Gliederungsprinzip für die Kalendertexte beschreibt.

lassen sich für die einzelnen Wissensgebiete[30] unterscheiden: eine chronologische, in der die Wissensbestände in temporaler Folge angeordnet sind, eine kategoriale kosmologische, bei der vor allem Planeten, Sternzeichen und Sphären als Ordnungskategorien dienen, eine empedoklische nach der Elementenlehre, bei der neben den Elementen und ihren Qualitäten die Temperamente ausschlaggebend sind, eine topologische mit Anordnung der Informationen nach einem räumlichen Schema, eine zeichenbezogene, bei der Informationen beispielsweise bestimmten Farben und Formen zugeordnet werden, eine computistische, die sich aus den Ergebnissen abstrakter Berechnungen ergibt, und schließlich eine numerische Anordnung durch einfache Aufzählung.

Strukturprinzip / Wissensgebiet	chrono-logisch	kosmo-logisch	empe-doklisch (Elemente)	topo-logisch	zeichen-bezogen	compu-tistisch	nume-risch
Zwölfmonatsregeln	X	X					
Monatskalender	X						
Computus	X	X				X	
Planetenregiment		X	X				
Planeten	X	X					
Kometen							X
Sternzeichen	X	X	X				
Himmelschöre		X	X	X			
Temperamente		X	X				
Krankheitszeichen	X	X	X				
Jahreszeitenregiment	X						
Aderlass	X			X	X		
Harnschau					X		
Verworfene Tage	X						
Winde			X	X			

Tabelle 1: Ordnungsstrukturen des Wissens

30 Teiltexte mit sehr geringem Umfang sind hier nicht berücksichtigt.

Tabelle 1 zeigt, dass die Strukturierung nach chronologischen Gesichtspunkten in den meisten Teiltexten eine wesentliche Rolle spielt, was im Falle des Kalenders nicht sehr überrascht. Daneben sind aber auch weitere Prinzipien gültig, wobei sich das kategorial kosmologische und das empedoklische Ordnungsschema nach der Elementenlehre ebenfalls als zentrale Ordnungsfaktoren herausstellen, die auch in Kombination miteinander angewandt werden. So gilt für die Zwölfmonatsregeln, die Hinweise für eine gesunde Lebensführung im jeweiligen Monat beinhalten, vordergründig ein chronologisches Prinzip, das der Informationsstrukturierung zugrunde liegt, da die einzelnen Monate nacheinander abgehandelt werden. Auf den zweiten Blick basiert diese Struktur aber auf einer kategorial kosmologischen, wie es aus der Definition des Jahres hervorgeht:

> WVltu düssen jegenwardigen kalender wol vorstan So mostu wethen / dat yd eyn gantz yar ys van der tijdt dat de Sonne de .xij. teken des hemmels vmme geyt / er se wedder kumpt to der suluen stede effte puncte / dar se ersten aff gynck (Bl. iiij^v).

Diese kosmologische Strukturierung bestimmt auch die Kalenderverse, wenn darauf hingewiesen wird, in welchem Sternzeichen die Sonne steht, z.B. *Jn Januario wyl my vorstan // Kumpt de Sonne yn Aquario gegan* (Bl. vi^r). Eine ähnliche Verbindung von chronologischer und kosmologischer Ordnung lässt sich beim Planetentraktat erkennen, der kategorial nach den Sternen aufgebaut ist, denen dann die Wochentage und Stunden zugeordnet werden. Beim Computus, der Informationen zur Zeitberechnung gibt, kommt ein abstraktes mathematisches oder computistisches Prinzip in der Kalenderrechnung hinzu. Beispielsweise sind Tabellen, die anzeigen, in welchem Sternzeichen der Mond an einem bestimmten Tag steht, abstrakt als Kreuztabellen gestaltet (Bl. xxiiij^r). Der Wochentagsbuchstabe für den fraglichen Tag ist einem Feld zugeordnet, das mit der Goldenen Zahl, die das Jahr im Mondzyklus identifiziert, und mit dem Sternzeichen korrespondiert.

Für den Sternzeichentraktat und die Krankheitszeichenlehre werden ebenfalls chronologische und kosmologische Ordnungskategorien genutzt, zusätzlich aber auch das empedoklische Elemente-Schema, da Temperamente und Qualitäten einbezogen werden,[31] z.B. zum Sternzeichen Stier:

> Wen de Mane yn dem Steer ys / de dar ghewalt hefft ouer den myddach effte des deyls der werlt dat dar heth Suden. vnde ys eyn stedich teken / vnde lyket syck der erden / vnde Melancolike natur / wente yd ys kolt vnde droghe (Bl. xliiij^r).

Eine ähnliche Verbindung von kosmologischer und empedoklischer Ordnung lässt sich beim Planetenregiment und bei der Temperamentenlehre (Bl. lxvij^r–lxx^v) erkennen. Bei beiden werden Angaben zu Planeten, Sternzeichen, Temperamenten und Qualitäten verbunden. Beim Traktat über die Himmelschöre stellen Planeten

---

31 Den vier Elementen Feuer, Wasser, Erde, Luft werden die vier Qualitäten heiß, kalt, trocken, feucht zugeordnet. Diese Grundqualitäten kommen auch den vier Körpersäften Blut, gelbe Galle, schwarze Galle und Schleim zu, deren Mischungsverhältnis wiederum für die Temperamente in den Ausprägungen Sanguiniker, Choleriker, Melancholiker und Phlegmatiker ausschlaggebend ist; vgl. ROBIN L. STOREY, Humoralpathologie, in: LMA 5 (1997), Sp. 211–213.

und Elemente Teile der kosmologischen Ordnung dar. Eine topologische Anordnung bietet auf den ersten Blick der Windtraktat. Aber auch hier bestimmt ein humoralpathologisches Prinzip die Angabe der elementaren Qualitäten und Krankheiten, die ein Wind auslösen kann. Der erste Aderlasstraktat (Bl. lxxiiii^r–lxxvi^r) ist hingegen traditionell topologisch nach dem Schema *a capite ad calcem*[32] (vom Scheitel bis zur Sohle) strukturiert.

Wissensgebiet	makrostrukturell	mikrostrukturell
Zwölfmonatsregeln	12 Monate	12 Sternzeichen
Monatskalender	12 Monate	28–31 Monatstage, 7 Wochentage, 27 (siderische) Mondtage
Computus		7 Sonntagsbuchstaben, 19 Goldene Zahlen, 12 Sternzeichen, 3 Bewertungen
Planetenregiment	7 Planeten	4 Qualitäten, 12 Sternzeichen, 3 Bewertungen, 4 Temperamente
Planeten	7 Planeten	7 Wochentage, 12 Tagesstunden, 12 Nachtstunden
Sternzeichen	12 Sternzeichen	3 Bewertungen, 4 Qualitäten, 4 Himmelsrichtungen, 7 Planeten, 4 Temperamente
Häuser der Sternzeichen	12 Sternzeichen	3 Häuser
Himmelschöre	11 Himmel	7 Planeten, 4 Elemente
Sphären	9 Sphären	2 Weltteile, 4 Elemente, 7 Planeten, 4 Himmelsrichtungen, 12 Sternzeichen, 360° des Zodiac, 60' pro Grad, 6 große Zirkel, 4 kleine Zirkel, 2 Pole, 7 Climaten
Temperamente	4 Temperamente	4 Qualitäten, 7 Planeten, 12 Sternzeichen
Krankheitszeichen		4 Jahreszeiten, 12 Sternzeichen, 12 Monate, 4 Elemente, 4 Qualitäten, 4 Temperamente
Jahreszeiten-regiment	4 Jahreszeiten	
Aderlass	36 Lass-Adern	
Aderlasstage		6 Lass-Tage, 28 (synodische) Mondtage, 4 Jahreszeiten, 4 Qualitäten, 4 Temperamente, 12 Sternzeichen
Winde	4 Winde	4 Qualitäten

Tabelle 2: Zahlenschemata

---

32   Zum Gliederungsschema vgl. KEIL [Anm. 29].

Auch Zahlenschemata (Tabelle 2) spielen als ordnungsstiftende Elemente eine
Rolle, da sie integrale Bestandteile der bereits erläuterten chronologischen, kosmologischen und empedoklischen Kategorien sind.

Für die chronologischen Ordnungen (Zwölfmonatsregeln, Monatskalender,
Computus, Jahreszeitenregiment) sind die Zahl der Stunden, Tage und Monate
relevant, für die kosmologischen Ordnungen (Planetenregiment, Planeten, Sternzeichen, Häuser der Sternzeichen, Himmelschöre, Sphären, Winde) die Zahl der
Planeten und Sternzeichen und für die Elemente-Ordnungen (Temperamente) die
Viererzahl für Elemente, Qualitäten und Temperamente. So wird für die Ordnungsstrukturen des Wissens wie auf makrostruktureller Ebene auch auf mikro-
struktureller Ebene deutlich, dass die spezifische Wirklichkeitstopographie mit
der Verwobenheit von Makrokosmos und Mikrokosmos ausschlaggebend ist.
Letztlich ist auch hier das kosmologische Prinzip Basis für die stoffliche Anordnung.

5. PRÄSENTATIONSFORMEN DES WISSENS:
SPRACHHANDLUNGEN, ZEICHENCODES UND MODI

Abschließend soll ein Blick auf die Präsentationsformen des Wissens geworfen
werden. Als Beispiele fungieren die Zwölfmonatsregeln sowie Monatskalender
und Computus.

5.1. Zwölfmonatsregeln

Die Zwölfmonatsregeln enthalten für jeden Monat zwei Abbildungen, die unmittelbar unterhalb der Monatsbezeichnung, die lateinisch und deutsch wiedergegeben wird, nebeneinander loziert sind.

Der linke Holzschnitt zeigt das jeweilige Sternzeichen, hier für den Januar
den Wassermann, der rechte ein für den Monat typisches Verhalten, nämlich Es-
sen und Trinken (Abb. 1). Der Inhalt der Bilder korrespondiert in der Regel mit
dem Inhalt des letzten der folgenden Monatstexte, in dem ebenfalls das Sternzeichen genannt und ein monatstypisches Verhalten beschrieben wird.[33]

Die fünf abwechselnd in Vers- und Prosaform gestalteten Abschnitte werden
entweder durch ein Blattornament zu Beginn oder durch eine typographisch her-
vorgehobene erste Zeile kenntlich gemacht. Differenzen in Form und Thema und
zugleich inhaltliche Wiederholungen im Detail verweisen auf die unterschiedliche
Provenienz der Teiltexte.

---

33 Im April ist das Schneiden der Weinstöcke bebildert, das jedoch nicht im Text thematisiert
    wird. Im niederländischen Kalender wird es hingegen in der Monatsstrophe als zeittypische
    Handlung genannt. Neben der illustrativen Funktion kommt den Abbildungen in anderen
    Teiltexten des Kalenders auch eine präzisierende Funktion zu, beispielsweise bei der Wieder-
    gabe von Sternzeichen- oder Aderlassmännchen.

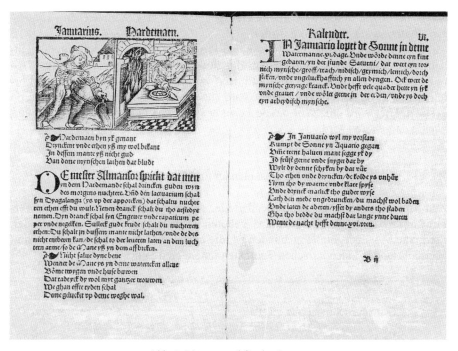

Abb. 1: Monatsregel für den Januar
(Herzog August Bibliothek Wolfenbüttel: 36 Astron., Bl. v^v–vi^r)[34]

Die Abschnitte folgen in allen Monaten jeweils einheitlichen Formulierungsmustern, so in der ersten Strophe die Vorstellung des Monats in der 1. Person Singular (*Hardemaen byn yk genant*), im ersten Prosa-Abschnitt der Verweis auf eine medizinische Autorität, hier 'Almansor',[35] der eine Reihe von Empfehlungen zur Prophylaxe einleitet, die mit dem Modalverb *schölen* verbalisiert werden (z.B. *dat men yn dem Hardemande schal drincken guden wyn des morgens nuchtere*). Auch die folgende Strophe beinhaltet Verhaltensempfehlungen in Form von Imperativen (*Nicht salue dyne bene*) und explizit performativen Formeln (*Dat rade yck dy*). Der zweite Prosa-Abschnitt mit einer Geburtstagsprognose beginnt mit einer Information zum Monatssternzeichen (*IN Januario lopet de Sonne jn deme Watermanne .xi. dage*), die in der letzten Strophe variiert (*Jn Januario wyl my vorstan // Kumpt de Sonne yn Aquario gegan*) und mit weiteren Verhaltensempfehlungen verbunden wird. Der thematische Zusammenhang wird jeweils durch Wiederaufnahmen in der Nennung des Monatsnamens (*Hardemaen, Hardemande,*

---

34 Alle Abbildungen des Kalenders mit freundlicher Genehmigung der Herzog August Bibliothek Wolfenbüttel.

35 Titel eines medizinischen Werkes von Rhazes, das dieser dem Samaniden-Herrscher Abū Saliḥ al-Manṣūr b. Isḥāq widmete und das später unter dem Titel 'Liber ad Almansorem' an der Schule von Toledo ins Lateinische übersetzt wurde; vgl. HEINRICH SCHIPPERGES, Rhazes, in: LMA 7 (1995), Sp. 780–782.

Januario) sowie durch wiederholte Bezugnahme auf das Sternzeichen (*waterteken, Watermanne, Aquario*) gestiftet.

Monatscharakteristik, Prophylaxe und Prognose sind die wiederkehrenden inhaltlichen Bausteine, als sprachliche Handlungen stehen Empfehlungen und Voraussagen im Vordergrund. Bild und Text korrespondieren miteinander und erleichtern die Memorierbarkeit. Diese wird auch durch die Strophen- und Versform gestützt. Hier wird eine sehr basale Form des Wissens präsentiert, die leicht eingängig dargeboten wird.

5.2. Monatskalender und Computus

Zum Computus gehören alle Kalenderteile, die zum Berechnen bestimmter Termine, insbesondere des Osterdatums, gehören. Daneben listet der Monatskalender, der in die Monatsregeln eingebunden ist, die einzelnen Tage auf und gehört damit ebenfalls zu den kalendarischen Teiltexten im engeren Sinne.

Abb. 2: Monatskalender für den Januar
(Herzog August Bibliothek Wolfenbüttel: 36 Astron., Bl. vi^v)

Auf der linken Seite ist der Januarkalender abgebildet (Bl. vi^v), rechts das erste Februar-Blatt mit den Monatsregeln in der bereits vorgestellten Struktur (Bl. vii^r). Typographisch hervorgehoben ist auch im Kalenderblatt die erste Zeile mit der

Nennung des Monatsnamens: *Hardemaen hefft xxxi. dage. de dach hefft viij. stunden / de nacht. xvi.*

Der Monatskalender ist in fünf Spalten angeordnet, in der Seitenmitte ein Monatsemblem mit dem Wassermann, das den ersten Tag des Sternzeichens markiert, hier den 16. Januar (*Marcellus pawest*), wie es auch im vorausgehenden Prosatext angegeben ist. Die erste Spalte links enthält die Goldene Zahl (*numerus aureus*). Sie kennzeichnet das jeweilige Jahr im 19-jährigen Mondzyklus (ausgehend vom Jahr 1 v. Chr.).[36] Anhand der Goldenen Zahl ist es möglich, den Neumondtermin im Monat zu erkennen. Dafür muss man die Goldene Zahl des aktuellen Jahres ermitteln und kann dann in der Liste nachsehen, an welchem Tag diese Zahl eingetragen ist. An diesem Tag wird Neumond sein. Im Jahr 1523 war die Goldene Zahl die 4, der Januarvollmond fiel also auf den Marcellus-Tag, den 16. Januar.

In der zweiten Spalte stehen die Tagesbuchstaben[37], die das ganze Jahr in ihrer Siebener-Wochenfolge durchlaufen. Sie beginnen am 1. Januar mit *A*, mit *g* endet ein Wochenturnus. Der Buchstabe, auf dessen Tag der erste Sonntag im Jahr fällt, ist der sogenannte Sonntagsbuchstabe. Im Jahr 1523 war dies *d*, d.h. der 4. Januar war ein Sonntag. Auf diese Weise ist der jeweilige Wochentag im gesamten Kalendarium leicht auffindbar. Welche Goldene Zahl und welcher Sonntagsbuchstabe für ein bestimmtes Jahr gelten, ist aus speziellen Teilen des Computus zu entnehmen, die später zu beschreiben sind.

In der dritten Spalte findet man den Cisiojanus.[38] Dabei handelt es sich um Merkverse für die größeren Heiligentage im Monat, die in ursprünglich lateinischen Hexametern für den Januar mit *Cisio Janus* beginnen und hier den Heiligentag am 1. Januar, *Circumcisio Christi*, sowie den Monat, *Ianuarius*, anzeigen. Im Mittelniederdeutschen lautet der Merkvers:

Ny yars dach [1. Januar] *dar na Dre ko nyng* [6. Januar] *qwe men myt der vart Fe lix* [14. Januar] *mer* [Marcellus, 16. Januar] *ton* [Anthonius, 17. Januar] *pris ca* [18. Januar] *fab* [Fabianus und Sebastianus, 20. Januar], *ang* [Agneta, 21. Januar], *vyn cent* [22. Januar] *ok Pa wel do he be kert wart* [25. Januar].

Die vierte Spalte bietet die Heiligentage im Monatsverlauf. Die fünfte Spalte schließlich beinhaltet ein Alphabet mit 27 Buchstaben, das sich im gesamten Jahreslauf stetig wiederholt. Es bezeichnet die Länge des Mondmonats, die Spanne, in der der Mond den Tierkreis einmal durchläuft und wieder am selben Punkt am Himmel steht.[39] Im Monatskalender werden kalendarische Wissensbestände ent-

---

36 Nach dem 19-jährigen Verlauf des Mondzyklus treten die Mondphasen wieder an denselben Monatsdaten ein, so dass dann wieder dieselbe Zahl Gültigkeit hat. Vgl. HERMANN GROTEFEND, Taschenbuch der Zeitrechnung des deutschen Mittelalters und der Neuzeit, 12. Aufl., Hannover 1982, S. 2.

37 Vgl. ebd., S. 4.

38 Vgl. ebd., S. 20.

39 Sogenannter siderischer Monat mit 27 Tagen, 7 Stunden und 43 Minuten im Gegensatz zum synodischen Monat von Vollmond zu Vollmond mit 29 Tagen, 12 Stunden und 44 Minuten; vgl. HANS-ULRICH KELLER, Kompendium der Astronomie. Einführung in die Wissenschaft vom Universum, 5. Aufl., Stuttgart 2016, S. 113f.

weder explizit dargeboten, wie bei den Heiligentagen mit Nennung des jeweiligen Heiligen, oder implizit, wenn durch Buchstabenfolgen oder Zahlenangaben die gewünschte Information unter Hinzuziehung weiterer Daten erschlossen werden kann. Dies eröffnet die Möglichkeit, den immerwährenden Kalender für das jeweilige Jahr zu individualisieren. Formal ist eine listenförmige, asyntaktische Anordnung mit einer Zeile pro Tag typisch.

Als mnemotechnisches Instrument für den Heiligenkalender wird der Cisiojanus im Kalenderblatt vertikalisiert wiedergegeben. Dessen Angaben werden auf diese Weise mit den zu merkenden Tagen auf eine Ebene gebracht, so dass eine korrespondierende Struktur entsteht. Alles, was auf einer Zeile steht, gehört zu dem jeweiligen Tag, d.h. die Horizontale markiert den Tag als kalendarische Einheit, die Vertikale markiert den Zeitverlauf, auch im Cisiojanus. Kohäsion und Bedeutung werden im Kalenderblatt vor allem durch die Position und alphabetische Folge der Zeichen generiert. Bedeutung ist damit in weiten Teilen nicht absolut, sondern relativ und muss erst über weitere Textelemente gestiftet werden.

Die Informationen, die man zur Benutzung der Kalenderblätter benötigt, werden im Anschluss an die Zwölfmonatsregeln in Form von zwei Abbildungen wiedergegeben, die mit einer Anleitung versehen sind (Abb. 3).

Bereits die Überschrift weist auf die Funktion der Abbildungen hin: *Hyr na volgen twe schyuen jn der ersten vyndet men den sondages bockstaff / vnde yn der anderen den gulden tall.* Anhand der abgebildeten Scheiben ist es möglich, Sonntagsbuchstaben und Goldene Zahl abzuzählen bzw. zu berechnen. Die Texte weisen die typischen Merkmale von Instruktionen auf: Sie beginnen mit *Wult du wethen* bzw. *Wultu ewichliken vynden* und schließen den Konditionalsatz jeweils mit der Anweisung *so telle by deme cruce an* [...] bzw. *so do ghelik wo mit dem*me *sondaghes bockstaff.* Die Sonntagsbuchstaben werden in einer runden Scheibe mit Abbildung der Sonne, die Goldene Zahl ebenfalls in einer runden Scheibe mit Abbildung des Mondes präsentiert. So sind auch hier wieder die Gestirne über den einzelnen Textabschnitt hinaus kohärenzstiftend.

Ein letztes Beispiel aus dem Computus gilt der Berechnung des Osterfestes als eines beweglichen Feiertags (Abb. 4). In der ersten Zeile stehen die Sonntagsbuchstaben (*A* bis *G*), in der linken Spalte die Goldenen Zahlen (*i* bis *xix*). In den Tabellenfeldern sind die zugehörigen Daten des Osterfestes eingetragen. Kennt man Goldene Zahl und Sonntagsbuchstaben des jeweiligen Jahres, kann man leicht das Osterdatum feststellen. Für 1523 beispielsweise mit der Goldenen Zahl 4 und dem Sonntagsbuchstaben 'D' ergibt sich der 5. April.

Die Tabelle wird als Ordnungsform genutzt, um durch Kombination von Zeichen die gewünschte Information zu erhalten. Beigegeben ist auch hier eine Anleitung, die mit einem einleitenden Konditionalgefüge wiederum ein typisches Merkmal instruktiver Texte aufweist: *WUltu ewichliken den paschedach wethen vnde vynden / ßo söck yn dysser vorgangen tafel* (Bl. xxvij^r). Ergänzt wird die Instruktion durch ein Beispiel: *Exemplum. Wultu wethen yn wat mante vnde vpp wat daghe dat de pasche dach quam / yn deme yare* [...] (Bl. xxvij^v).

Kalender.

¶ Hyr na volgen twe schyuen jn der ersten
vyndet men den sondages bockstaff/vnde
yn der anderen den gulden tall.

Wult du wethen alle
tyt den sondages boeckstaff/
so telle by deme cruce an/dar
de bockstaff c.steyt/ dar segge
i.vnde dar b.steit segge ij.vn
dar a.steit iij.vnde so vorda.t
wente du kumpst op den tal
den men des yaers schrifft.
Onde wenner dat dar küpt
eyn auerslachtich yaer/ so
vyndest du ij.boeckstaue eyn
vnder deme anderen/ denne
waret de ouertste boeckstaue
wente vpp sunte Matthias
dach/ vnde de ander boeckstaue de dar bynnen yn der
schyuen steyt / de waret dar
na vordan dat gäße yar vth.

Wultu ewichliken vyn
den den gulde tal/so do ghelik wo mit deme sondaghes
bockstaff/vñ telle by dem cru
tze an/tho der rechten hanth
henaf/vñ segge. i.ij.iij.iiij.rc
so langhe bet du kumpst vp
dat sulue yar dat du begerest
to weten/vñ wat tall du dene vyndest dar ys .de gülden
tall des suluen yaers. Werck
an/do men dyt bock drukede
schreff men iiij.nu thelle van
dem crutze an in der schyuen
dar dat i.steit so lange bet du
de iiij.vyndesth/vnde dar ys
de gülden tall van deme suluen yare.

Abb. 3: Anleitungen zur Ermittlung des Sonntagsbuchstabens und der Goldenen Zahl
(Herzog August Bibliothek Wolfenbüttel: 36 Astron., Bl. xxiij^v)

Kalender.   xxviij.

De gül den tal.	A	B	C	D	E	F	G
	Aprl	aprll	aprll	aprll	aprll	aprll	aprll
i	ix	x	xi	xij	vi	vij	viij
	Merte	merte	merte	merte	merte	merte	aprl.
	xxvi	xxvij	xxviij	xxix	xxx	xxxi	i
ij	Aprll	aprll	aprll	aprll	aprll	aprll	aprll
	xvi	xvij	xviij	xix	xx	xxij	xv
iij	Aprll	aprll	aprll	aprll	aprll	aprll	aprll
	ix	iij	iiij	v	vi	vij	vuj
iiij	Merte	merte	merte	merte	merte	merte	merte
	xxvi	xxvij	xxviij	xxix	xxxij	xxxiiij	xxv
v	Aprll	aprll	aprll	aprll	aprll	aprll	aprll
	xvi	xvij	xi	xij	xiij	xiiij	xv
vi	Aprll	aprll	aprll	aprll	aprll	aprll	aprll
	ij	iij	iiij	v	vi	xxxi	i
vij	Aprll	aprll	aprll	aprll	aprll	aprll	aprll
	xxviij	xxviiij	xxv	xix	xx	xxi	xxij
viij	Aprll	aprll	aprll	aprll	aprll	aprll	aprll
	ix	x	xi	xij	xiij	xiiij	vuj
ix	Aprll	aprll	aprll	aprll	aprll	aprll	i
	ij	iij	xxviij	xxix	xxx	xxxi	aprll
x	Aprll	aprll	aprll	aprll	aprll	aprll	aprll
	xvi	xvij	xviij	xx	xx	xxi	xx
xi	Aprll	aprll	aprll	aprll	aprll	aprll	viij
	ix	x	xi	v	vi	vij	merte
xij	Merte	merte	merte	merte	merte	merte	xxv
	xxvi	xxvij	xxviij	xxix	xxx	xxxi	aprll
xiij	Aprll	aprll	aprll	aprll	aprll	aprll	xv
	xvi	xvij	xviij	xix	xiij	xiiij	aprll
xiiij	Aprll	aprll	aprll	aprll	aprll	aprll	vuj
	ij	iij	iiij	v	vi	vij	merte
xv	Merte	merte	merte	merte	merte	merte	xxv
	xxvi	xxvij	xxviij	xxij	xxiiij	xxiiij	aprll
xvi	Aprll	aprll	aprll	aprll	aprll	aprll	xv
	xvi	x	xi	xij	xiij	xiiij	merte
xvij	Aprll	aprll	aprll	merte	merte	aprll	i
	ij	iij	iiij	v	xxx	xxxi	aprll
xviij	Aprll	aprll	aprll	aprll	aprll	aprll	xxij
xix	xxiiij	xxiiij	xviij	xix	xx	xxi	

Abb. 4: Tabelle zur Berechnung des Osterfestes
(Herzog August Bibliothek Wolfenbüttel: 36 Astron., Bl. xxvij^r)

Kennzeichnend für den Computus ist vor allem das Zusammenspiel mehrerer Modi der Wissenspräsentation: Listen, Abbildungen und Tabellen werden miteinander kombiniert und müssen vom Rezipienten aufeinander bezogen werden, um die gewünschte spezifische Information zu erhalten. Genutzt wird vorwiegend ein numerisches und alphabetisches Zeicheninventar, das erst durch Kombination verschiedener Daten in der Anwendung individualisiert wird und damit eine eindeutige Verweisfunktion erfüllt. Um die Bezugnahmen zu ermöglichen, werden den genannten primär informativen Textanteilen in Listen, Graphiken und Tabellen verbale Anleitungen als instruktive Textabschnitte beigegeben. Die notwendige Kohärenz wird vor allem durch Wiederaufnahmen der Zeichen für die Mond- und Wochentage, für Goldene Zahl und Sonntagsbuchstaben sowie der Bezeichnungen für die Monate und an anderer Stelle auch für die Sternzeichen erreicht.

6. DER KALENDER ALS MULTIMODALES KOMMUNIKAT

Kennzeichnend für den Kalender ist die enge Bezogenheit von Wissensgebieten und Ordnungsstrukturen auf Basis einer spezifischen Wirklichkeitstopographie. Die Wissensgebiete bedingen die Funktionen der Teiltexte, während die Ordnungsstrukturen die Präsentationsformen steuern, die zudem funktionsabhängig eingesetzt werden. Dies zeigt die folgende Abbildung:

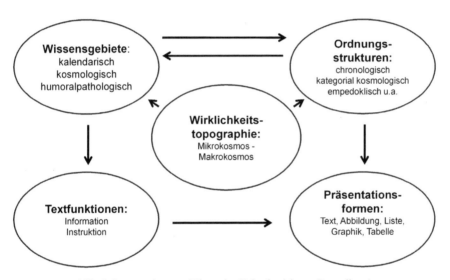

Abb. 5: Präsentation von Wissen im Kalender (eigene Darstellung)

Wissensbestände unterschiedlicher Art, Herkunft und Form werden miteinander kombiniert und präsentiert. Die Wissensgebiete betreffen vor allem kalendarische, kosmologische und humoralpathologische Stoffe, die einer gemeinsamen Wirklichkeitstopographie, die auf der Vorstellung der Verwobenheit von Makrokosmos und Mikrokosmos beruhen, folgen und somit epistemologisch in enger Verflechtung miteinander stehen. Das Wissen ist nach den gängigen mittelalterlichen Kategoriensystemen geordnet: Es sind vor allem chronologische und kategoriale kosmologische Strukturen sowie die natürlichen Elemente (nach Empedokles), welche zur Wissensorganisation genutzt werden.

Durch den spezifischen kalendarischen und computistischen Inhalt des Kalenders ist die Präsentationsform bedingt. Neben der verbalen Textgestalt, die sowohl in Prosa oder auch in leicht memorierbarer Versform gestaltet ist, stehen

Abbildungen, die einerseits die Texte illustrieren und damit die Memorierbarkeit erhöhen, an anderer Stelle aber auch präzisieren. Memorierbarkeit wird auch durch Merkverse wie den Cisiojanus sichergestellt. Listen, graphische Elemente und Tabellen stellen auf ökonomische Weise Informationen bereit, die im Nachschlageverfahren zur Ermittlung gewünschter Daten und damit zur Generierung neuer Information benötigt werden. Die beigegebenen instruktiven Texte sichern dieses Verfahren ab. Das Zusammenspiel unterschiedlicher semiotischer Ressourcen erweist sich als ein zentrales Merkmal der historischen Textsorte Kalender.

Prof. Dr. Ingrid Schröder, Universität Hamburg, Institut für Germanistik, Niederdeutsche Sprache und Literatur, Überseering 35, D–22297 Hamburg
E-Mail: ingrid.schroeder@uni-hamburg.de

STADT ALS TEXT-RAUM

Ein Korpus für die Untersuchung der Stadtsprachgeschichte Greifswalds[1]

von MATTHIAS SCHULZ und PETER HINKELMANNS

1. SPRACHE UND RAUM

Die Kategorie *Raum* ist für sprachwissenschaftliche Analysen geschriebener wie gesprochener Sprache von hoher Relevanz. So wird das Verhältnis von Sprache und Raum natürlich in der dialektologischen Sprachraumforschung in einer langen Forschungstradition untersucht[2] und gegenwärtig sehr lebendig mit neuen Methoden und Fragestellungen fortgeführt[3]; aber auch in jüngeren Forschungsbereichen wie etwa der *urban linguistics*[4], der Interaktionslinguistik[5], der Sprachkontaktlinguistik[6] oder der Raumlinguistik selbst[7] stehen raumbezogene Fragestellungen mit unterschiedlichem Fokus im Mittelpunkt des Interesses. Hinter den sprachwissenschaftlich untersuchten Räumen ganz unterschiedlichen Ausmaßes (nicht nur Sprachlandschaften oder Städte, sondern auch kleinere Einheiten wie

---

1   MATTHIAS SCHULZ hat die Abschnitte 1–5.1 sowie 7, PETER HINKELMANNS hat die Abschnitte 5.2 und 6 formuliert. Die Autoren verantworten den Text gemeinsam; für Diskussionen und kritische Lektüre danken wir LUKAS KÜTT, für umsichtige Formatierungsarbeiten LUISA MACHAROWSKY.

2   Vgl. HEINRICH LÖFFLER, Gegenstandskonstitution in der Dialektologie: Sprache und ihre Differenzierungen, in: Dialektologie, hg. von GEROLD UNGEHEUER und HERBERT ERNST WIEGAND (Handbücher zur Sprach- und Kommunikationswissenschaft 1,1), Berlin/New York 1982, S. 441–463 (insbes. die Abschnitte 3.1.4 'Dialekt als raumbildender Faktor' und 3.1.5 'Dialekt als Symptom und Bestandteil einer kulturräumlichen, geographischen und politischen Raumbildung'.

3   Vgl. das Projekt 'Regionalsprache.de' (REDE) des Forschungszentrums Deutscher Sprachatlas: *https://www.regionalsprache.de* (12.12.2018).

4   Vgl. BEATRIX BUSSE / INGO H. WARNKE, Sprache im urbanen Raum, in: Handbuch Sprache und Wissen, hg. von EKKEHARD FELDER und ANDREAS GARDT (Handbücher Sprachwissen 1), Berlin/Boston 2014, S. 519–538; CHRISTINE DOMKE, Die Texte der Stadt, in: Place-Making in urbanen Diskursen, hg. von INGO H. WARNKE und BEATRIX BUSSE (Diskursmuster 7), Berlin/München/Boston 2014; sowie die Aktivitäten des 'Urban Space Research Network': *http://www.usrn.de* (23.3.2017; nicht mehr zugänglich).

5   Vgl. HEIKO HAUSENDORF / REINHOLD SCHMITT, Interaktionsarchitektur und Sozialtopografie. Umrisse einer raumlinguistischen Programmatik. Arbeitspapiere des UFSP Sprache und Raum (SpuR) 1, Zürich 2013 (*http://www.spur.uzh.ch/research.html* [12.12.2018]); Interaktionsarchitektur, Sozialtopografie und Interaktionsraum, hg. von HEIKO HAUSENDORF, WOLFGANG KESSELHEIM und REINHOLD SCHMITT (Studien zur deutschen Sprache 72), Tübingen 2016.

6   Vgl. CLAUDIA MARIA RIEHL, Sprachkontaktforschung. Eine Einführung, Tübingen 2004.

7   Vgl. HEINZ VATER, Einführung in die Raum-Linguistik, Köln 1991, 3., überarb. Aufl. Hürth 1996; RAPHAEL BERTHELE, Ort und Weg. Die sprachliche Raumreferenz in Varietäten des Deutschen, Rätoromanischen und Französischen, Berlin 2006 (insbes. Kapitel 2: 'Zur Theorie der Raumlinguistik').

z.B. Stadtviertel, Kirchen, Flughäfen oder Bahnschalter) können dabei Raumvor-
stellungen stehen, die von einer alltagsnahen Semantik[8] bis hin zu terminologi-
sierten handlungsorientierten Raum-Konzepten[9] reichen.

Für die historische Linguistik ist die Erforschung von Räumen ebenfalls
schon seit langem über die historische Dialektologie hinaus von hohem Interesse.
Jüngere Entwicklungen zeigen, dass auch in diesem Zusammenhang die Übertragung von zunächst gegenwartssprachlich orientierten Fragestellungen auf Gegenstände der Sprachgeschichtsforschung von besonderem Gewinn sein kann.[10] In
sprachhistorischer Perspektive geht es wie für gegenwartssprachliche Fragestellungen nicht nur um ein dimensionales Verständnis von Raum, sondern um eine
aktionale Perspektive. Sprachliche Räume sind in dieser Sichtweise Handlungs-
Räume.[11]

Während sprachliche Räume in der Gegenwart z.B. durchschritten oder durch
Fotografien und Tonaufnahmen erfasst und konserviert werden können, müssen
historische sprachliche Räume durch die Erhebung der Überlieferung ihrer textuellen Zeugnisse rekonstruiert werden. Auch hier ist natürlich an ganze Regionen
und Sprachlandschaften[12] und an einzelne Ortspunkte[13] zu denken, aber auch an

---

8   Vgl. Duden. Deutsches Universalwörterbuch, 7. Aufl. Mannheim/Zürich 2011, S. 1416
    ('Raum'): "geografisch oder politisch unter einem bestimmten Aspekt als Einheit verstande-
    nes Gebiet".

9   Vgl. CHRISTINE DOMKE, Die Betextung des öffentlichen Raumes. Eine Studie zur Spezifik
    von Meso-Kommunikation am Beispiel von Bahnhöfen, Innenstädten und Flughäfen (Wis-
    senschaft und Kunst 26), Heidelberg 2014; das Forschungsprojekt 'Sprache und Raum' der
    Universität Zürich und des IDS Mannheim (*http://www.spur.uzh.ch/de.html* [12.12.2018];
    http://www1.ids-mannheim.de/prag/interaktion/multimodal/tp2.html [12.12.2018]) sowie die
    in den Anm. 4 und 5 genannten Publikationen.

10 Vgl. den Bericht über die Tagung 'Historische Sprachkontaktforschung' der Gesellschaft für
    germanistische Sprachgeschichtsforschung: URSULA GÖTZ, Historische Sprachkontaktfor-
    schung, in: Zeitschrift für germanistische Linguistik 44/3 (2016), S. 503–508 (zur Übertra-
    gung gegenwartssprachlicher Fragestellungen auf die Sprachgeschichte besonders S. 508).

11 Zu diesem Ansatz der Sozialgeographie vgl. BENNO WERLEN, Sozialgeographie, Bern/Stutt-
    gart/Wien 2008; zur Rezeption handlungsbezogener Raumkonstruktionen in der gegenwarts-
    bezogenen und sprachhistorisch ausgerichteten Sprachwissenschaft vgl. INGO WARNKE, Die
    Stadt als Kommunikationsraum und Linguistische Landschaft, in: Stadt als Erfahrungsraum
    der Politik, hg. von WILHELM HOFMANN (Studien zur visuellen Politik 7), Münster 2011,
    S. 343–363; BUSSE/WARNKE [Anm. 4], S. 519–538; ALFRED LAMELI, Zur Konzeptualisie-
    rung des Sprachraums als Handlungsraum, in: Deutsche Dialekte. Konzepte, Probleme,
    Handlungsfelder, hg. von MICHAEL ELMENTALER, MARKUS HUNDT und JÜRGEN ERICH
    SCHMIDT (Zeitschrift für Dialektologie und Linguistik. Beihefte 158), Stuttgart 2015, S. 59–
    83.

12 Vgl. ROBERT PETERS, Westfälische Sprachgeschichte von 1300 bis 1500, in: Rheinisch-
    Westfälische Sprachgeschichte, hg. von JÜRGEN MACHA, ELMAR NEUSS und ROBERT PETERS,
    unter Mitarbeit von STEPHAN ELSPASS (Niederdeutsche Studien 46), Köln/Weimar/Wien
    2000, S. 101–119 [Wiederabdruck in: ROBERT PETERS, Mittelniederdeutsche Studien. Ge-
    sammelte Schriften 1974 bis 2003, hg. von ROBERT LANGHANKE, Bielefeld 2012, S. 395–
    420]; ROBERT PETERS, Westfälische Sprachgeschichte von 1500 bis 1625, in: ebd., S. 165–
    179 [Wiederabdruck in: PETERS, Mittelniederdeutsche Studien, S. 421–440].

13 Vgl. weiter unten zur Stadtsprachenforschung.

kleinere Orte wie etwa Skriptorien, Kanzleien, Offizinen oder Bibliotheken als Stätten der Textproduktion, -reproduktion, -rezeption und -sammlung.[14] In überlieferungsgeschichtlicher Perspektive handelt es sich bei solchen sprachlichen Räumen um zu rekonstruierende Text-Räume.

2. STÄDTE ALS TEXT-RÄUME

Städte sind als sprachliche Handlungs-Räume für die Sprachgeschichte des Deutschen seit dem Spätmittelalter von besonderer Relevanz. Durch Faktoren wie Schulen, Schreibstätten, einen Bevölkerungsanteil mit Lese- und Schreibfähigkeiten, aber natürlich auch durch Mobilität und Zuzug sind Städte Areale sprachlicher Vielfalt und damit zugleich sprachlichen Innovationspotentials. Das 'Sozialgebilde' Stadt kann historisch wie gegenwartssprachlich als ein "Ereignisfeld intensiver und vielfältiger Sprachentwicklungen"[15] angesehen werden. Bei solchen Sprachentwicklungen kann es sich sprachhistorisch beispielsweise um Veränderungen auf den unterschiedlichen Ebenen des sprachlichen Diasystems, um die Ausbildung und Etablierung (neuer) sprachlicher Varietäten, um die Entwicklung und Nutzung von Textsortenkonventionen bei Fachtexten, um den Domänenzuwachs für den schriftlichen Gebrauch der Volkssprachen in der Urkunden- oder Inschriftenschriftlichkeit und schließlich auch um den Wechsel urbaner Leitsprachen im Rahmen historischer städtischer Mehrsprachigkeit handeln.[16] Zeitgenös-

---

14 Vgl. CLAUDINE MOULIN, Würzburger Althochdeutsch. Studien zur Bibeltextglossierung, Bamberg 1999; CLAUDINE MOULIN / MICHEL PAULY, Die Rechnungsbücher der Stadt Luxemburg. Unter Mitarbeit von ANDREAS GNIFFKE, DANIÈLE KASS, FAUSTO RAVIDA und NIKOLAUS RUGE, Bd. 1–9, Lüneburg 2007–2016; AKIHIKO FUJII, Günther Zainers druckersprachliche Leistung. Untersuchungen zur Augsburger Druckersprache im 15. Jahrhundert (Studia Augustana 15), Berlin 2006; MARTIN BEHR, Buchdruck und Sprachwandel. Schreibsprachliche und textstrukturelle Varianz in der 'Melusine' des Thüring von Ringoltingen (1473/74–1692/93) (Lingua Historica Germanica. Studien und Quellen zur Geschichte der deutschen Sprache und Literatur 6), Berlin/Boston 2014; MATTHIAS SCHULZ, Kirchenbibliotheken als sprachgeschichtliche Quelle, in: Deutsch im Norden. Varietäten des norddeutschen Raumes, hg. von MARKUS HUNDT und ALEXANDER LASCH (Jahrbuch für Germanistische Sprachgeschichte 6), Berlin 2015, S. 276–297.

15 DIETER MÖHN, Die Stadt in der neueren deutschen Sprachgeschichte I: Hamburg, in: Sprachgeschichte. Ein Handbuch zur Geschichte der deutschen Sprache und ihrer Erforschung. Teilbd. 3.2, hg. von WERNER BESCH [u.a.] (Handbücher zur Sprach- und Kommunikationswissenschaft, 2.3), Berlin/New York 2003, S. 2297–2312, hier S. 2297.

16 Zu Forschungen zur Mehrsprachigkeit in der Frühen Neuzeit vgl. AREND MIHM, Oberschichtliche Mehrsprachigkeit und 'Language Shift' in den mitteleuropäischen Städten des 16. Jahrhunderts, in: Zeitschrift für Dialektologie und Linguistik 68 (2001), S. 257–287; ders., Mehrsprachigkeit und Sprachdynamik im Mittelalter und in der frühen Neuzeit, in: Sprache in der Stadt. Akten der 25. Tagung des Internationalen Arbeitskreises Historische Stadtsprachenforschung, Luxemburg, 11.–13. Oktober 2007, hg. von CLAUDINE MOULIN, FAUSTO RAVIDA und NIKOLAUS RUGE (Germanistische Bibliothek 36), Heidelberg 2010, S. 11–54; Mehrsprachigkeit in der frühen Neuzeit. Die Reichsstädte Augsburg und Nürnberg vom 15. bis ins frühe 19. Jahrhundert, hg. von HELMUT GLÜCK, MARK HÄBERLEIN und KONRAD SCHRÖDER

sische Sprachteilhaber des Spätmittelalters und der Frühen Neuzeit haben Städte
bereits als binnendifferenzierte und abgrenzbare Einheiten sprachlicher Vielfalt
wahrnehmen können, wie an metasprachlichen Quellen abzulesen ist. So hat etwa
der Rostocker Professor Nathan Chytraeus (1543–1598) seine Stadt als sprachlichen Ort mit mehrschichtig untergliederten Sprachformen[17] erleben können. Auch
die sprachlichen Unterschiede zwischen den Städten und dem sie umgebenden
Land wurden in Texten der Frühen Neuzeit thematisiert.[18]

Historische Städte sind in dieser Sichtweise mit ihrer Vielzahl von möglichen
Einzelorten der Textproduktion, der Textaufbewahrung und der Textrezeption in
überlieferungsgeschichtlicher Perspektive zu rekonstruierende Text-Räume. Die
Vorstellung des Text-Raumes einer Stadt referiert hier auf die Summe von Texten, die zu einem bestimmten historischen Zeitpunkt in einer Stadt materiell präsent sind und die damit den schriftlichen Raum konstituieren. Materiell präsent
sind Texte in einer Stadt, wenn sie dort geschrieben, abgeschrieben, gedruckt oder
anderweitig (z.B. geritzt, gemeißelt, gemalt) produziert werden. Materiell präsent
sind Texte in einer Stadt aber auch, wenn sie zu einem bestimmten Zeitpunkt in
diese Stadt gelangen, in ihr aufbewahrt und potentiell rezipiert (also gesehen, gelesen, vorgelesen oder auch vervielfältigt) werden können.

3. STADTSPRACHENFORSCHUNG

Die sprachhistorische Untersuchung von Städten hat sich in den vergangenen
Jahrzehnten zu einem etablierten Gegenstand der Sprachgeschichtsforschung entwickelt. Sie verfügt mit dem Internationalen Arbeitskreis Historische Stadtsprachenforschung über eine eigene Plattform[19]. Die Vernetzung der Forschungsakti-
vitäten wird durch jährliche Tagungen seit 1983 und seit einigen Jahren auch
durch Publikationen der jeweiligen Ergebnisse deutlich. Zwei aktuelle Bibliographien dokumentieren die internationalen Forschungstätigkeiten zu historischen
deutschsprachigen Stadtsprachen[20]. Als übergeordnetes Ziel von Stadtsprachenun-

(Fremdsprachen in Geschichte und Gegenwart 10), Wiesbaden 2013; AREND MIHM, Mehrsprachigkeit im mittelalterlichen Köln, in: Mittelalterliche Stadtsprachen, hg. von MARIA SE-
LIG und SUSANNE EHRICH (Forum Mittelalter-Studien 11), Regensburg 2016, S. 19–43.

17 Vgl. MIHM, Oberschichtliche Mehrsprachigkeit [Anm. 16], S. 264.

18 ROBERT PETERS, Zu einigen Grundfragen der niederdeutschen Sprachgeschichte, in: PBB 127
    (2005), S. 21–32, hier S. 25 (mit Hinweis auf B. BISCHOFF).

19 Internationaler Arbeitskreis Historische Stadtsprachenforschung: *https://tu-dresden.de/die_*
    tu_dresden/fakultaeten/fakultaet_sprach_literatur_und_kulturwissenschaften/germanistik/gls/
    iak_hssf (12.12.2018).

20 RAINER HÜNECKE, Bibliographie des Internationalen Arbeitskreises Historische Stadtspra-
    chenforschung: *https://tu-dresden.de/gsw/slk/germanistik/gls/iak_hssf/ressourcen/dateien/*
    einfuehrung?lang=de (12.12.2018); ROBERT PETERS / NORBERT NAGEL, Fortlaufende Biblio-
    grafie der niederdeutschen [...] Regional- und Ortssprachen vom Spätmittelalter bis 1800:
    *https://www.uni-muenster.de/imperia/md/content/germanistik/lehrende/lehrende/peters_r/2_*
    nagel_peters_regional-_und_ortssprachenbibliographie_2012_ff_stand_15022018.pdf
    (12.12.2018). Auch der Internationale Arbeitskreis Kanzleisprachenforschung befasst sich mit

tersuchungen kann zwar gelten, "die sprachliche Situation und die kommunikativen Netzwerke einer historischen Stadt [...] zu rekonstruieren"[21]; die Durchsicht der Bibliographien macht allerdings deutlich, dass die hier angesprochenen Fragestellungen historischer Städte als sprachliche Handlungs-Räume und zu rekonstruierende historische Text-Räume unterschiedlich gewichtet werden. Bis in jüngste Arbeiten der Stadtsprachenforschung hinein ist eine starke Fokussierung auf bestimmte Textsortenbereiche (juridische Texte), Textproduzenten (Akteure städtischer Kanzleien), Überlieferungstypen (handschriftlich verfertigte Urkunden, Erlasse, Akten u. dgl.) und Schreibstätten (städtische Kanzleien) erkennbar, wohingegen andere Textproduzenten (z.B. Geistliche oder Kaufleute), andere Textsorten (z.B. Predigten), andere Texttypen (Drucke, Inschriften) und auch andere Stätten der Schriftlichkeit deutlich seltener Berücksichtigung finden.[22] Auch die Ebenen des sprachlichen Diasystems werden in der Stadtsprachenforschung bislang mit deutlichen Schwerpunkten untersucht: Variablenlinguistische Analysen (Graphematik, Phonologie) sowie flexionsmorphologische und syntaktische Analysen sind häufiger zu bemerken, Untersuchungen zur Wortbildungsmorphologie in Texten der Stadt sind hingegen deutlich unterrepräsentiert.[23] Das gilt auch für die übergreifende Untersuchung der textuellen Ebene selbst. Eine Erhebung und Analyse historischer Diskurse in der Stadt wird zwar gefordert[24], aber nur sehr selten tatsächlich eingelöst[25]. Das in der Forschung beschriebene innerstädtische volkssprachige Varietätenspektrum[26] findet in den monographischen Untersuchungen

---

Stadtsprachenforschung (*http://www.ruhr-uni-bochum.de/iak* [12.12.2018]). Es liegt zudem ein aktuelles Handbuch zur Kanzleisprachenforschung vor, das stadtsprachgeschichtlich relevante Themen erörtert (ALBRECHT GREULE / JÖRG MEIER / ARNE ZIEGLER, Kanzleisprachenforschung: Ein internationales Handbuch, Berlin/Boston 2012).

21 GREULE/MEIER/ZIEGLER [Anm. 20], S. 31f.

22 Vgl. zu der folgenden Argumentation MATTHIAS SCHULZ, Stadtsprachen in historischen Bibliotheksbeständen. Stadtsprachliche Varietäten und Schreibsprachenwechsel in Greifswald im Spiegel der Bibliothek des Geistlichen Ministeriums, in: Regiolekt, Funktiolekt, Idiolekt. Die Stadt und ihre Sprachen, hg. von ANNA KARIN, SILVIA ULIVI und CLAUDIA WICH-REIF (Sprache in kulturellen Kontexten 1), Göttingen 2015, S. 173–192, hier S. 173–175.

23 Zum Verhältnis von Stadtsprachenforschung und Wortbildung vgl. MATTHIAS SCHULZ, Eine annotierte digitale Plattform für die Untersuchung der Stadtsprachgeschichte Greifswalds. Neue Methoden zur Erforschung des Niederdeutschen? in: NdJb 140 (2017), S. 59–78.

24 GREULE/MEIER/ZIEGLER [Anm. 20], S. 32; RAINER HÜNECKE / KARLHEINZ JAKOB, Die Entfaltung der deutschsprachigen Schriftlichkeit in der Stadt des Spätmittelalters und in der frühen Neuzeit. Ein Projektentwurf, in: Sprache in der Stadt. Akten der 25. Tagung des Internationalen Arbeitskreises Historische Stadtsprachenforschung, Luxemburg, 11.–13. Oktober 2007, hg. von CLAUDINE MOULIN, FAUSTO RAVIDA und NIKOLAUS RUGE (Germanistische Bibliothek 36), Heidelberg 2010, S. 281–296.

25 Im Kontext historisch-textlinguistischer Fragestellungen vgl. IRIS HILLE, Der Teufelspakt in frühneuzeitlichen Verhörprotokollen (Studia Linguistica Germanica 100), Berlin/New York 2009.

26 Vgl. MIHM, Oberschichtliche Mehrsprachigkeit [Anm. 16]; ROBERT PETERS, Stadt und Fraterhaus. Zur Schreibsprache münsterischer Urkunden und Predigten aus der Mitte und vom Ende des 15. Jahrhunderts, in: Niederdeutsches Wort 46 (2006), S. 147–195; MIHM, Mehrsprachigkeit im mittelalterlichen Köln [Anm. 16].

zu einzelnen Städten selten tatsächliche Beachtung. Der Gegenstand 'Stadtsprache' wird schließlich in der germanistischen Stadtsprachenforschung nicht selten
mit der Untersuchung deutschsprachiger Texte ohne Berücksichtigung gleichzei-
tiger lateinischer Stadtschriftlichkeit und ohne Berücksichtigung von Gebrauch,
Stellenwert und Funktionen anderer europäischer Volkssprachen in der Stadt auf
Monolingualität beschränkt.[27] Texte, die von außen in eine Stadt gelangen und die
selbst zu relevanten Texten innerhalb der Stadt und innerhalb städtischer Kom-
munikationssituationen werden können (etwa Antwortbriefe, in die Stadt mitge-
brachte Handschriften oder Drucke, gezielte Ankäufe durch Einzelpersonen oder
Institutionen), werden in den Untersuchungen in der Regel nicht als Teil der
Stadtsprache berücksichtigt.

4. STADTSPRACHENUNTERSUCHUNGEN FÜR DEN 'NORDEN'

Der im Titel des Tagungsbandes genannte 'Norden' ist als Raumkategorie für
sprachwissenschaftliche Zugriffe nicht weit verbreitet. Er soll hier auf den historischen niederdeutschen Sprachraum bezogen und in Hinblick auf das Thema des
Beitrags vor allem auf den nordöstlichen Raum des Mittelniederdeutschen, das
Ostelbische, eingegrenzt werden.
    Grammatiken, Wörterbücher und Sprachatlanten bilden die Grundlage sprach-
historischer Untersuchungen. Betrachtet man zunächst solche grundlegenden
Hilfsmittel der sprachhistorisch-raumbezogenen Arbeit, dann wird rasch deutlich,
dass die Sprachstufe 'Mittelniederdeutsch' im Vergleich zu anderen Sprachstufen
des Deutschen als schlechter erschlossen gelten muss. Bei der mittelniederdeutschen Grammatik von AGATHE LASCH aus dem Jahr 1914[28] handelt es sich um die
einzige Grammatik der älteren Sprachstufen des Deutschen, die bislang nicht in
einer Neubearbeitung vorliegt. Andere Grammatiken der Reihe 'Sammlungen
kurzer Grammatiken der germanischen Dialekte' (Althochdeutsch: WILHELM
BRAUNE, 1886; Altsächsisch: JOHANN HENDRIK GALLÉE, 1891; Mittelhoch-
deutsch: HERMANN PAUL, 1881) liegen hingegen in aktuellen Überarbeitungen
und Neubearbeitungen vor.[29] Für das Frühneuhochdeutsche ist 1994 in dieser

---

27 Anders etwa ROBERT PETERS, De Spraoke kümp ganz in Verfall. Bemerkungen zur Sprach-
    geschichte Münsters, in: NdJb 118 (1995), S. 141–164; ROBERT PETERS, Sprachliche Ver-
    hältnisse in Soest von den Anfängen bis in die erste Hälfte des 14. Jahrhunderts, in: Soest.
    Geschichte der Stadt 1, hg. von WILFRIED EHBRECHT, Soest 2010, S. 625–661.
28 AGATHE LASCH, Mittelniederdeutsche Grammatik (Sammlung kurzer Grammatiken germani-
    scher Dialekte: A, Hauptreihe 9), Halle/Saale 1914, 2., unveränd. Aufl., Tübingen 1974.
29 WILHELM BRAUNE, Althochdeutsche Grammatik, I. Laut- und Formenlehre, 15. Aufl. bear-
    beitet von INGO REIFFENSTEIN (Sammlung kurzer Grammatiken germanischer Dialekte. A:
    Hauptreihe 5/1), Berlin/New York 2004; JOHAN HENDRIK GALLÉE, Altsächsische Gramma-
    tik. Mit Berichtigungen und Literaturnachträgen, nach WENDELIN FÖRSTERS letzter Ausgabe
    in Auswahl bearbeitet und mit Einleitung und Glossar versehen von HEINRICH TIEFENBACH,
    Register von JOHANNES LOCHNER (Sammlung kurzer Grammatiken germanischer Dialekte.
    A: Hauptreihe 6), 3. Aufl., Tübingen 1994; HERMANN PAUL, Mittelhochdeutsche Grammatik,

Reihe erstmals eine Sprachstufengrammatik erschienen.[30] Abgeschlossene Wörterbücher zum Mittelniederdeutschen liegen nur aus dem 19. Jahrhundert vor;[31] das 1923 von AGATHE LASCH und CONRAD BORCHLING begonnene Mittelniederdeutsche Handwörterbuch wird noch bearbeitet.[32] Übergreifende Sprachatlanten sind noch nicht abgeschlossen. Der das sogenannte 'Altland' betreffende Sprachatlas (ASnA) ist erschienen,[33] der speziell für das Ostelbische relevante Atlas ostmittelniederdeutscher Schreibsprachen wird noch erarbeitet.[34]

Die geschilderte Forschungssituation wird sich in den kommenden Jahren durch das in Hamburg und Münster bearbeitete Projekt 'Referenzkorpus Mittelniederdeutsch/Niederrheinisch (1200–1650)' (ReN)[35] erheblich verbessern. Dieses Projekt will als Teil des Verbundprojekts 'Korpus historischer Texte des Deutschen' die historische Sprachentwicklung des Mittelniederdeutschen "in ihrer diatopischen und diachronischen Untergliederung anhand des Textsortenspektrums"[36] erschließen.

Es ist bereits erkennbar, dass das Projekt sprachwissenschaftliche Annotationen erstellen und sprachwissenschaftliche Analysen überhaupt erst ermöglichen wird, die den Kenntnisstand des Mittelniederdeutschen auf den Ebenen der Morphologie und der Syntax, aber auch für andere Ebenen des sprachlichen Diasystems erheblich erweitern werden. Auf die Stadtsprachenforschung wird sich das allerdings nur begrenzt auswirken können, denn der auf den gesamten Sprachraum des Mittelniederdeutschen gerichtete Fokus des Projekts führt in Anbetracht der räumlichen Ausdehnung dieses Sprachgebiets und der zeitlichen Erstreckung über fünf Jahrhunderte zwangsläufig dazu, dass die Berücksichtigung kleinerer räumlicher Einheiten wie etwa einzelner Regionen oder sogar einzelner Städte nicht im Vordergrund stehen kann.[37]

neu bearbeitet von THOMAS KLEIN [u.a.] (Sammlung kurzer Grammatiken germanischer Dialekte. A: Hauptreihe 2), 25. Aufl., Tübingen 2007.

30 Frühneuhochdeutsche Grammatik, hg. von ROBERT P. EBERT [u.a.] (Sammlung kurzer Grammatiken germanischer Dialekte. A: Hauptreihe 12), Tübingen 1994.

31 KARL SCHILLER / AUGUST LÜBBEN, Mittelniederdeutsches Wörterbuch. 6 Bde., Bremen 1875–1881; AUGUST LÜBBEN, Mittelniederdeutsches Handwörterbuch, nach dem Tode des Verfassers vollendet von CHRISTOPH WALTHER, Norden/Leipzig 1888, Nachdruck Darmstadt 1965.

32 Mittelniederdeutsches Handwörterbuch, begründet von AGATHE LASCH und CONRAD BORCHLING, hg. von DIETER MÖHN, 1ff., Neumünster 1956ff.

33 ROBERT PETERS, Atlas spätmittelalterlicher Schreibsprachen des niederdeutschen Altlandes und angrenzender Gebiete (ASnA), in Zusammenarbeit mit CHRISTIAN FISCHER und NORBERT NAGEL, Bd. 1–3, Berlin/Boston 2017.

34 Vgl. *https://www.germanistik.uni-rostock.de/lehrende/professorinnen-und-professoren/prof-dr-andreas-bieberstedt/forschungsuebersicht/* (12.12.2018).

35 Vgl. *https://vs1.corpora.uni-hamburg.de/ren/* (12.12.2018).

36 *https://vs1.corpora.uni-hamburg.de/ren/* (12.12.2018); vgl. ROBERT PETERS / NORBERT NAGEL, Das digitale 'Referenzkorpus Mittelniederdeutsch Niederrheinisch (ReN)', in: Paradigmen der Sprachgeschichtsschreibung, hg. von VILMOS ÁGEL und ANDREAS GARDT (Jahrbuch der Gesellschaft für Germanistische Sprachgeschichte 14), Berlin/Boston 2014, S. 165–175.

37 Das Referenzkorpus modelliert den Sprachraum als Raum mit 180 Texteinheiten, die auf neun Teil-Räume und acht Zeitschnitte verteilt sind. Einzelne Teil-Räume wie etwa der ostel-

Die monographischen stadtsprachgeschichtlichen Arbeiten zeigen für den niederdeutschen Raum und darin insbesondere für das Ostelbische ein differenziertes Bild. Das Ostelbische muss dabei – mit Ausnahme von Lübeck – im Vergleich zu anderen Sprachlandschaften des Mittelniederdeutschen als deutlich schlechter erforscht beschrieben werden.[38] Die Publikationen behandeln unter anderem den Kanzleischreibusus, Einzelbeispiele kaufmännischen Schreibens oder einzelne Texte wie die Erbebücher. Die Texte selbst sind dabei nicht oder nur in Auszügen verfügbar. Insgesamt muss damit festgestellt werden, dass die Städte des niederdeutsch-ostelbischen Bereichs als historische Text-Räume bislang nur sehr punktuell und in begrenzter thematischer Auswahl in den Blick kommen. Viele der bereits genannten Fragestellungen für Städte als Text-Räume lassen sich für Städte im ostelbischen Sprachraum nicht beantworten. Selbst die angesprochenen Schwerpunktsetzungen der Stadtsprachenforschung sind für Städte dieses Raumes bisher unzureichend erforscht. Für eine ganze Reihe von relevanten Städten des ostelbischen Raumes (wie etwa Stralsund, Stettin, Kolberg oder Elbing) liegen keine neueren stadtsprachgeschichtlichen Publikationen vor.

Die übergreifende Erforschung des Ortspunktes Greifswald stellt ebenfalls eine noch zu schließende Forschungslücke dar. Zur historischen Sprachsituation Greifswalds liegen nur wenige sprachhistorische Aufsätze[39] und eine Anthologie mit anderem Schwerpunkt[40] vor. Im Rahmen der Vorbereitung des nachfolgend skizzierten Forschungsprojekts stehen überlieferungsbezogene sprachhistorische

bische Raum werden daher im Referenzkorpus insgesamt wohl lediglich mit 15–20 Teiltexten (mit durchschnittlich etwa 20.000 Token) über den Gesamtzeitraum von fünf Jahrhunderten berücksichtigt. Es ist offensichtlich, dass die Text-Räume einzelner Städte vor diesem Hintergrund nur marginal erschlossen werden können. Das spricht in keiner Weise gegen die wichtige Arbeit des Referenzkorpus, es zeigt aber, dass Projekte, die große Räume in den Blick nehmen, zwar übergreifende Befunde zu diesen, aber kaum differenzierende Befunde zu kleineren Teil-Räumen oder gar einzelnen Städten als Text-Räumen liefern können.

38   Die bereits genannte Stadtsprachen-Bibliographie von PETERS/NAGEL [Anm. 20] verzeichnet lediglich zu Texten aus den Ortspunkten Lübeck, Rostock und Danzig eine größere Anzahl von Aufsätzen – die enger gefasste Bibliographie von HÜNECKE [Anm. 20] listet keine weiteren Titel auf. Für viele weitere Ortspunkte gibt es sehr wenige und zum Teil nur sehr alte Arbeiten, überwiegend Aufsätze.

39   CHRISTA BAUFELD, Zum Sprachgestus in Greifswalder Amtsprotokollen des 17./18. Jahrhunderts, in: Beiträge zur Sprachwirkung Martin Luthers im 17./18. Jahrhundert, hg. von MANFRED LEMMER (Martin-Luther-Universität Halle-Wittenberg Wissenschaftliche Beiträge 5 Teil II), Halle (Saale) 1988, S. 76–94; INGRID SCHRÖDER, Städtische Kommunikation zwischen Mündlichkeit und Schriftlichkeit. Greifswald im 15. Jahrhundert, in: NdJb 124 (2001), S. 101–133; dies., Niederdeutsche Gelegenheitsdichtungen in den Vitae Pomeranorum, in: Vulpis Adolatio. Festschrift für Hubertus Menke zum 60. Geburtstag, hg. von ROBERT PETERS, HORST P. PÜTZ und ULRICH WEBER (Germanistische Bibliothek 11), Heidelberg 2001, S. 751–769; dies., Niederdeutsche Gelegenheitsgedichte in den Vitae Pomeranorum. Textedition, in: Die Konstanz des Wandels im Niederdeutschen. Politische und historische Aspekte einer Sprache, hg. von BIRTE ARENDT und ENRICO LIPPMANN (Schriftenreihe Philologia, sprachwissenschaftliche Forschungsergebnisse 76), Hamburg 2005, S. 3–103.

40   HANS-FRIEDRICH ROSENFELD, 500 Jahre Plattdeutsch in Greifswald, Rostock 1956.

Darstellungen zu Einzelaspekten.[41] Dabei wird die sprachhistorische Relevanz dieses Ortspunktes unter anderem mit der Fülle der textproduzierenden Personen und Institutionen (städtische Kanzlei, vorreformatorische Klosterschriftlichkeit, Schriftlichkeit der zweitältesten Universität im Ostseeraum, städtische Offizin, Inschriften, Schriftlichkeit des landesherrlichen Hofgerichts im 17. Jahrhundert) und der guten Überlieferungslage (reiche Bestände allein in Greifswald z.B. im Stadtarchiv, Universitätsarchiv, Landesarchiv und in den vor- und nachreformatorischen Beständen der Bibliothek des Geistlichen Ministeriums) begründet.[42]

5. STADTSPRACHGESCHICHTE GREIFSWALDS: DAS PROJEKT 'GREIFSWALD DIGITAL'

Die Erforschung der Stadtsprache Greifswalds vom 14. bis zum 17. Jahrhundert ist Gegenstand eines Forschungsprojektes, das im Folgenden in seinen Grundüberlegungen skizziert werden soll. Das Projekt hat die sprachwissenschaftliche Erschließung des Text-Raums des Ortspunkts Greifswald zum Ziel. Dafür soll eine digital verfügbare Plattform entwickelt werden, in der zunächst die vorhandene volkssprachig-deutsche (mittelniederdeutsche wie frühneuhochdeutsche) Schriftlichkeit in begründeter Auswahl digitalisiert, transkribiert, lemmatisiert und linguistisch annotiert vorliegt und abgefragt sowie ausgewertet werden kann. Für Erweiterungen in Bezug auf städtische Texte anderer Sprachen (z.B. lateinische und schwedische Texte) sollen Kooperationen mit Vertretern anderer philologischer Fächer geschlossen werden. Eine Auswertungspublikation, die zentrale Ergebnisse der auf den Text-Raum der Stadt bezogenen Analysen für die Sprachgeschichtsschreibung und für die mittelniederdeutsche wie frühneuhochdeutsche Grammatikographie erschließt, ist geplant.

5.1 Korpusstrukturen und Korpuserstellung

Am Beginn des Arbeitsprozesses für dieses Projekt steht der Aufbau eines Korpus und damit die Festlegung von Korpusstrukturen und von Kriterien für die Textauswahl. Diese geht von den traditionell in der Stadtsprachenforschung als Schwerpunkt berücksichtigten Textgruppen wie etwa den städtischen Urkunden aus und bezieht sie in erheblichem Umfang ein; im Sinne der skizzierten Vorstellung einer Stadt als Text-Raum muss die Textauswahl zugleich aber auch deutlich darüber hinausgehen. Für die dem Korpus zugrundeliegende Rekonstruktion des Text-Raums der Stadt ist zunächst jeweils für definierte Zeitschnitte nach den konkreten Bedingungen der Produktion, der Aufbewahrung und der Rezeption

---

41 Zur Begründung vgl. SCHULZ [Anm. 14], S. 276–297; ders. [Anm. 22], S. 173–192; ders. [Anm. 23].

42 Zur Begründung vgl. ders. [Anm. 14], S. 276–297; ders. [Anm. 22], S. 173–192.

von Texten in der Stadt zu fragen. Überlieferungsbezogen spielen dabei unter anderem die folgenden Aspekte eine Rolle:

- Welche Personengruppen in der Stadt produzieren Texte?
- Welche Zentren der Textproduktion gibt es in der Stadt (z.B. ein klösterliches Skriptorium, eine städtische Kanzlei, eine Offizin)?
- Welche Zentren der Textaufbewahrung gibt es in der Stadt (z.B. eine Registratur, eine Bibliothek)?
- Auf welchen Materialien werden Texte in der Stadt produziert (z.B. auf Pergament und Papier, auf Stein, Holz, Gewebe)?
- Und schließlich auch: Von welchen Personengruppen und Institutionen außerhalb der Stadt gelangen Texte in größerem Umfang in die Stadt (z.B. von weltlichen und geistlichen Herrschern, von administrativen Stellen anderer Städte, von Kaufleuten, von Gelehrten)?

Die genannten Fragen, die weit über lokalhistorische oder sprachlich-heimatkundliche Interessen hinausgehen, sind keineswegs trivial. Die Reflexion über mögliche Antworten stellt vielmehr eine wichtige Voraussetzung für die überlieferungsgeschichtliche Konturierung eines Korpus dar, das eine Stadt in historisch-synchronen Zeitschnitten als Text-Raum versteht und modellieren will.

Mit Bezug auf das Ziel sprachhistorischer Auswertungen werden dazu weitere Fragen relevant:

- In welchen Sprachen werden die in der Stadt präsenten Texte verfasst?
- Welche Textformen und Textsorten sind durch die Einzeltexte in dieser Stadt präsent – und in welcher Sprache sind sie das?
- Mit welchen Themen beschäftigen sich die Texte in dieser Stadt? Wie beziehen sie sich aufeinander?
- Welche historischen Diskurse werden für den Text-Raum der Stadt in einzelnen Zeitschnitten sichtbar?

Vorläufige Antworten auf die genannten Fragen erfordern die Auswertung stadtgeschichtlicher Forschungsergebnisse, vor allem aber die intensive Sichtung von Bibliotheks- und Archivbeständen. Solche Sichtungen wurden in Greifswald bislang im Stadtarchiv, im Landesarchiv, im Universitätsarchiv, in der Universitätsbibliothek und in der Bibliothek des Geistlichen Ministeriums vorgenommen. Zusätzlich wurden Archivalien des Kirchenarchivs St. Marien eingesehen[43] und übergreifende bestandsgeschichtliche Verzeichnisse wie z.B. VD16, VD17 und USTC[44] ausgewertet. Weitere Sichtungen, etwa im Staatsarchiv in Stettin, sind in Vorbereitung. Die auf diese Weise erhobenen Befunde gehen in die Entwicklung

---

43   Ich danke Dr. Ulrike Streckenbach, Dr. Bernd Magedanz und Dr. Felix Schönrock, die mir die erste Einsichtnahme ermöglicht haben.
44   *https://www.bsb-muenchen.de/kompetenzzentren-und-landesweite-dienste/kompetenzzentren/ vd-16/; http://www.vd17.de; http://www.ustc.ac.uk* (12.12.2018).

der Korpusstruktur und ihrer Rasterungen ein und führen zur Erarbeitung einer auch korpuslinguistisch begründeten Quellenauswahl.

Das Korpus[45] soll volkssprachige Texte und Teil-Texte vom 14. bis zum 17. Jahrhundert umfassen, die begründet als Fragmente von jeweils historisch-synchron gedachten Text-Räumen der Stadt verstanden werden können. Die Korpusgliederung verortet Texte daher nach der Zeit der Entstehung, dem Ort der Entstehung und den Bereichen der Textproduktion, wie im Folgenden ausgeführt wird. Die einzelnen Bereiche sollen dabei vor dem Hintergrund der Materialität der Texte institutionelle und funktionale Gegebenheiten der Schriftlichkeit berücksichtigen.

In Bezug auf die Materialität der Texte werden in der Korpusstruktur Handschriften, Inschriften und Drucke unterschieden. In Bezug auf die Bereiche der Textproduktion wird unterschieden, ob ein Text der Schriftlichkeit einer bestimmten Einrichtung oder Organisationsform (z.B. Institutionen wie Rat, Klöster und Kirchen, Universität, Hofgericht), weiteren Zentren oder Bereichen der Schriftlichkeit (etwa der Offizin) oder eher dem Bereich privaten Schreibens zugeordnet werden kann.

Die zeitlichen Rasterungen erfolgen in Schnitten von je 50 Jahren. Mit dieser Festlegung wird eine Vergleichbarkeit mit den Korpusstrukturen und den Befunden der Referenzkorpora ermöglicht.[46]

Die räumliche Rasterung trennt die Stadt von anderen Ortspunkten. Für die Schriftlichkeit in der Stadt selbst werden solche handschriftlichen, gedruckten oder inschriftlichen Texte ausgewählt, die von Akteuren der Schriftlichkeit[47] verfasst wurden, die vorzugsweise in der Stadt lebten oder dort (innerhalb oder außerhalb von Institutionen) eine spezifische Funktion innehatten. Solche Texte wurden in der Regel in der Stadt selbst produziert. Bereits eingesehen und ausgewählt sind beispielsweise für den Bereich handschriftlicher Texte:

— Urkunden, Verträge, Verordnungen und Erlasse der Stadt, Berichte der Ratsleute,
— Konzilsprotokolle, Prozessakten, Prokuraturregister und Urkunden der Universität,
— Texte der vorreformatorischen Klosterschriftlichkeit, Rechnungsbücher der kirchlichen Verwaltung,
— Briefe und Protokolle des herzoglichen Hofgerichts,
— Briefe von Bürgern, Texte von Bürgergruppen wie der Schonenfahrer-Compagnie,
— von Notaren aufgesetzte Obligationen, Testamente und Briefe.

---

45 Zu den Strukturen des Korpus und zur Füllung mit einzelnen Texten vgl. auch SCHULZ [Anm. 22].
46 Zur methodischen Notwendigkeit einer solchen Übereinstimmung vgl. ausführlicher ebd.
47 Als Akteure der Schriftlichkeit werden Personen und Personengruppen verstanden, die in unterschiedlichen Aufgabenbereichen und Rollen (= Funktionen) Texte produzierten (etwa als Vertreter einer Institution oder in einer spezifischen beruflichen oder privaten Funktion).

Als Drucke wurden Texte der Greifswalder Offizinen ausgewählt, also je nach Zeitraum u.a. solche der Drucker Ferber, Doischer, Witte oder Jäger. Für den Bereich der Inschriften-Schriftlichkeit wurden für das Korpus Inschriften herangezogen, die in Greifswald angebracht oder aufgestellt wurden oder sich auf Objekten befinden, die in der Stadt in Gebrauch waren.

Einen dem Umfang nach kleineren Teil des Korpus nehmen Texte der von außen in die Stadt gelangten Schriftlichkeit ein. In diesem Bereich werden solche handschriftlichen oder gedruckten Texte ausgewählt, die von Akteuren der Schriftlichkeit verfasst wurden, die sich nicht dauerhaft in der Stadt aufhielten oder die anderswo (innerhalb oder außerhalb von Institutionen) eine spezifische Funktion innehatten. Solche Texte wurden in der Regel außerhalb der Stadt produziert. Sie werden in das Korpus aufgenommen, wenn sie nachweislich in die Stadt gelangten und von Personen oder Personengruppen in der Stadt rezipiert werden konnten. Bereits eingesehen und ausgewählt sind dabei für den Bereich handschriftlicher Texte beispielsweise

– Herzogsurkunden,
– nicht in Greifswald geschriebene oder kopierte Texte im Bestand der städtischen vorreformatorischen Klöster,
– Akten, Briefe und Urkunden, die an die Greifswalder Universität gerichtet wurden oder diese betrafen,
– Briefe von auswärtigen Schuldnern an die Provisoren der Kirchen.

Als auswärtige, in die Stadt gelangte Drucke wurden Texte ausgewählt, die für die Stadt Greifswald gedruckt wurden oder die zu bestimmbaren Zeitpunkten in Greifswald verfügbar waren.

Auch wenn die Textauswahl noch nicht abgeschlossen ist, macht die kursorische Aufzählung bereits deutlich, dass die Festlegungen der Korpusstruktur den Text-Raum der Stadt mit einer Fülle unterschiedlicher Texte und Texttypen modellieren können. Zusätzlich zu den genannten Bereichen sollen in eigenen Schichten auch Texte historischer städtischer Diskurse (z.B. die Nachnutzung des Dominikanerklosters, die Bestellung des Universitätsbuchdruckers) in Ausschnitten berücksichtigt werden.

Die Rasterungen der Korpusstruktur sind modular angelegt, damit spezifische Teilbereiche für gezielte Fragen exklusiv ausgewertet werden können. So sollen sich etwa bei einem engeren Verständnis des Gegenstandes Stadtsprache, das sich primär auf städtische Urkundentexte bezieht, genau solche Korpusbereiche auswählen und auswerten lassen. Zur bereits angesprochenen Vergleichbarkeit der Befunde insbesondere mit denjenigen der Referenzkorpora sollen die einzelnen ausgewerteten Texte sekundär auch den vom Referenzkorpus ReN angesetzten 'Feldern der Schriftlichkeit' zugeordnet werden.

Die einzelnen Rasterungen der Korpusstruktur werden je nach Überlieferungslage jeweils 10.000 bzw. 15.000 Token pro Zeitschnitt umfassen, Teiltexte sollen einen Umfang von maximal 2000 Token aufweisen und kleinere Texte werden als Ganztexte aufgenommen. Es werden nur sicher datierte beziehungs-

weise von der Forschungsliteratur mit großer Sicherheit datierbare Texte ausgewählt.[48] Insgesamt ist vor diesem Hintergrund mit einer Korpusgröße im unteren
bis mittleren sechsstelligen Bereich an Token zu rechnen.

Die Texte des auf diese Weise erstellten Korpus sollen transkribiert und lemmatisiert und mit Bezug auf die einzelnen Ebenen des sprachlichen Diasystems
umfangreich annotiert werden, damit unter anderem Fragen wie die folgenden
untersucht und beantwortet werden können:

- Welche morphologischen, lexikalischen und syntaktischen Formen kommen
  in den Texten in dieser Stadt vor? Wie sind sie verteilt?
- Wie unterscheiden sich die morphologischen, lexikalischen und syntaktischen
  Formen in einzelnen Zeitschnitten voneinander?
- Welche graphematischen Formen kommen in den Texten in dieser Stadt vor?
- Wie unterscheiden sich die graphematischen Formen in einzelnen Zeitschnit-
  ten voneinander?
- Wodurch unterscheiden sich auf den unterschiedlichen Ebenen des Dia-
  systems Texte, die in der Stadt produziert wurden, von solchen, die in die
  Stadt gelangten?
- Welche Lexeme, Metaphern und Argumentationen sind in städtischen Diskur-
  sen erkennbar?
- Wie unterscheiden sich die Text-Räume einzelner Zeitschnitte voneinander?

Die Möglichkeit der Beantwortung solcher Fragen setzt einen erheblichen Tran-
skriptionsaufwand, den ambitionierten Einsatz computerlinguistischer Methoden
und Verfahren und schließlich umfangreiche manuelle Annotationsarbeiten voraus. Aktuelle Forschungsprojekte im Rahmen von Dissertationen befördern dabei
die Planungen, indem sie Teile des Text-Raums der Stadt für unterschiedliche
Ebenen des Sprachsystems in Fallstudien erheben und erschließen.

5.2 Korpuserschließung und Korpusbereitstellung

Die geplanten sprachwissenschaftlichen Arbeitsschritte stehen im Kontext eines
hierarchisch aufgebauten Datenmodells, das es ermöglicht, unterschiedlichste Annotationsschichten, aber auch verschiedene Objekttypen zu verwalten. Ein Objekt
kann zum Beispiel eine Handschrift sein. Zu dieser Handschrift können eine mate-
rialitätsbasierte Beschreibung, eine Wiedergabe der Provenienzgeschichte und
andere Metainformationen treten. Die Handschrift selbst besteht aus Seiten, die
die einzelnen Texte tragen. Auch auf dieser Ebene können Annotationen erfolgen,
beispielsweise zur Verknüpfung mit einer Textvorlage oder zur Benennung von
Autoren und Schreibern. Sprachwissenschaftliche Annotations-Kategorien auf

---

48 Der Datierung liegt der Zeitpunkt der materiellen Textproduktion zugrunde. Bei Abschriften
    (z.B. von Urkunden, Statuten u. dgl.) gilt daher das Datum der Abschrift, nicht dasjenige der
    Vorlage.

dieser Ebene sind etwa Zuordnungen zu Textsorten oder zu Feldern der Schriftlichkeit. Die unterste Ebene des Modells wird durch Token, also durch segmen-
tierbare Einheiten im Text selbst, gebildet. Mit den Annotationen zu Token und
Tokenverbänden sind zunächst sprachwissenschaftliche Kategorisierungen wie
die Lemmatisierung, die Wortartzuweisung, die Morphemsegmentierung, die
grammatische Bestimmung und die Markierung von Satzgrenzen gemeint. Daneben spielen auch auf dieser Ebene Verknüpfungen mit Orten oder Personen eine
Rolle. Die Datenschicht ist getrennt von der Präsentation, sodass die beiden Platt-
formbestandteile unabhängig voneinander erweitert und benutzt werden können.

Der geplante und zurzeit an Beispieltexten erprobte Arbeitsprozess der
Textaufbereitung lässt sich in fünf Schritte einteilen. Wir orientieren uns auch
dabei an den etablierten Methoden der Referenzkorpora, stehen im Gespräch mit
den Verantwortlichen und sind dankbar, im Sinne der Nachnutzung von den
Werkzeugen und Erfahrungen profitieren zu können. Das eröffnet uns zugleich
Raum, weitere Annotationsschichten anbringen zu können.

Jeder von uns ausgewählte Text soll digitalisiert werden. Dazu haben wir in
der Erprobungsphase bereits Kontakt zu den textaufbewahrenden Bibliotheken
und Archiven in Greifswald aufgenommen. Auch wenn wir Textabschnitte oder
Teiltexte auswählen, so erscheint es uns doch als unabdingbar, die jeweiligen
Überlieferungskontexte zu beachten, da ein Text nur in Zusammenhang mit seiner
Überlieferungssituation das volle Aussagepotential behalten kann. Dies bedeutet,
dass wir grundsätzlich nur vollständige archivalische Einheiten digitalisieren wollen, selbst wenn nur ein Text aus einem umfangreichen Band in das Korpus aufgenommen werden soll.

Unser Transkriptionsziel ist die zeichen- und zeilengetreue Wiedergabe der
Texte, also die Darstellung funktional unterscheidbarer Zeichen. Wir folgen dabei
den Regeln der Referenzkorpusprojekte, um die Vergleichbarkeit sicherzustellen.
Zur Vorbereitung auf die spätere Verarbeitung werden bei der Transkription bereits die Grenzen satzwertiger Einheiten mit finitem Verb markiert und in Einzel-
fällen wie der Trennung eines Wortes am Zeilenende auch eine manuelle Tokenisierung vorgenommen. Bei Drucken ist es möglich, Texterkennungssoftware ein-
zusetzen und die Ergebnisse dann zu überprüfen. Jede Transkription durchläuft
ein Korrekturverfahren, bevor sie in das Korpus übernommen wird. Bei absehbar
schwer zu transkribierenden Texten kann die Erkennungsrate durch Double-
Keying, also das Erstellen und den Vergleich zweier Transkriptionen gewährleis-
tet werden.

Transkription und Annotationen werden mit Stand-Off-Markup aufeinander
bezogen.[49] Ausgangspunkt ist die tokenisierte TEI-Edition[50] der Texte. Entsprechend der TEI-Richtlinien wird dabei pro archivalischer Einheit ein TEI-Element
angelegt, das sämtliche Texte und Metadaten zu dieser Einheit und den Einzeltex-

---

49 Vgl. Tafelteil Abb. 15: Schematische Darstellung des Datenmodells.
50 Von TEI (Text Encoding Initiative), einem internationalen Fachgremium, werden Richtlinien
    zur Kodierung philologischer Daten veröffentlicht. Aktueller Stand ist die Revision 5, in der
    die Regeln als XML-Schema umgesetzt sind (*http://www.tei-c.org/* [12.12.2018]).

ten enthält. Der transkribierte Text wird auf Zeilenebene mit den Imagedigitalisaten verknüpft. Während der Transkription wird bereits die spätere automatische Tokenisierung an Leerstellen vorbereitet. So werden etwa am Zeilenende getrennte Worteinheiten zu einem Token zusammengefasst.

Der tokenisierte Text, bei dem jedes Token einen UUID (Universally Unique Identifier) erhält, ermöglicht es, Annotationen auch in anderen Arbeitsumgebungen zu erstellen. Für die beiden Annotationsumgebungen werden die Einzeltexte in ihren jeweils finalen Textfassungen exportiert. Zum Einsatz kommen GATE (General Architecture for Text Engineering) für qualitative Annotationen[51] und CorA (Corpus Annotator), das an der Universität Bochum für die Referenzkorpusprojekte des Deutschen entwickelt wird, für quantitative Annotationen.[52] Metadatenklassen werden über eine OWL-Ontologie[53] verwaltet und aus der Transkription und den Annotationen heraus referenziert. Normdaten, etwa der GND[54] zu Personen und Orten oder GOLD[55] zu linguistischen Entitäten, werden an Klassen der OWL-Ontologie geknüpft.

Die Publikation des Korpus und der Annotationen erfolgen über eine eigene eXist db-App,[56] die eine klassische quellenorientierte Editionssicht bietet, und über ANNIS, das umfangreiche Abfragen zu den Korpusannotationen ermöglicht.[57] Die Textpräsentation soll die digitalisierten Images, den Überlieferungskontext und die Transkription umfassen und zugleich die Möglichkeit von Normalisierungen bieten, also z.B. die Auflösung von Abbreviaturen. Als Analysemöglichkeiten sind Visualisierungen von Ergebnissen der Annotationen wie etwa Zusammenstellungen zu Wort- oder Satzstrukturen geplant. Die Untersuchung graphematischer Varietäten, der Morphologie und der Syntax soll textübergreifend möglich werden. Daneben sind weitere etablierte linguistische Darstellungen geplant, etwa Keyword in Context-Übersichten zu Zeichenfolgen und sogar zu

51 GATE ist eine Java-basierte Korpusannotationssoftware, die neben der manuellen Annotation auch die Annotation über automatische Pipelines bietet (*https://gate.ac.uk/* [12.12.2018]).

52 CorA ist ein Annotationswerkzeug, das automatische Annotationen mit manueller Korrektur auf Wortebene für historische Sprachkorpora unter einer Weboberfläche ermöglicht (*https://www.linguistics.ruhr-uni-bochum.de/comphist/resources/cora* [12.12.2018]).

53 OWL (Web Ontology Language) ist ein XML-Schema für die Anlage formalisierter Ontologien (*https://www.w3.org/TR/owl-xmlsyntax/* [12.12.2018]).

54 Die GND (Gemeinsame Normdatei) ist eine von der Deutschen Nationalbibliothek verwaltete Normdatenbank für Personen, Körperschaften, Orte und weiteres (*https://www.dnb.de/DE/Standardisierung/GND/gnd_node.html* [12.12.2018]).

55 Vgl. Department of Linguistics (The LINGUIST List), Indiana University (2010). General Ontology for Linguistic Description GOLD. Bloomington, IN (*http://linguistics-ontology.org/* [12.12.2018]).

56 eXist db bietet neben einer eigenen XML-Datenbank einen AJAX-Server und weitere Bestandteile, die die Entwicklung einer Web-Publikations- und Auswertungsumgebung ermöglichen (*http://exist-db.org/* [12.12.2018]). Vgl. auch Tafelteil Abb. 16: Prototyp der Textansicht.

57 ANNIS ist eine webbasierte Such- und Visualisierungsumgebung für Sprachkorpora. Vgl. THOMAS KRAUSE / AMIR ZELDES, ANNIS3. A new architecture for generic corpus query and visualization, in: Digital Scholarship in the Humanities 31 (2016), S. 118–139.

lemmatisierten Wörtern oder Wordclouds zur Wortschatzanalyse. Es ist zudem vorgesehen, eigene Teilkorpora aus dem Gesamtkorpus bilden zu können, um so zum Beispiel gezielt sprachliche Phänomene bestimmter Textsorten oder einzelner Kanzleien zu untersuchen.

Generelle Erschwernisse bei historischen Korpora sind die Nichtexistenz einer Orthographie- und Zeichensetzungsnorm.[58] Sie führen immer noch dazu, dass automatisches Tagging bei ihnen nicht der Regelfall ist. So hat etwa MATHILDE HENNIG diesen Umstand angeführt, um zu begründen, dass alle Annotationen des Kasseler Junktionskorpus manuell vorgenommen worden sind.[59] Für die Referenzkorpora zur Sprachgeschichte des Deutschen ist mit CorA eine Arbeitsumgebung entwickelt worden, die das Normalisieren, Lemmatisieren und POS-Taggen eines Textes unterstützt.[60]

Das Projekt will über die speziell auf den Text-Raum Greifswald bezogene Aufbereitung und Annotation in Anlehnung an das Referenzkorpus weitere Annotationen und Datenanalysemöglichkeiten bereitstellen. Zum einen sollen einzelne Projekte, etwa Dissertationsvorhaben, die Daten des Korpus nutzen und in eigenen Zuschnitten vertieft erforschen können, zum anderen soll auch die Bearbeitung mit über die Sprachwissenschaft hinausreichenden Fragestellungen anderer Fächer möglich sein. In beiden Fällen ist es wünschenswert, die Ergebnisse solcher Forschungen als punktuelle Vertiefungen in die Darstellung der Plattform einzubringen und diese damit zu erweitern.

Das Vorhaben entsteht in einer weiten Landschaft unterschiedlichster Forschungsprojekte, mit denen eine enge Vernetzung angestrebt wird. Genannt werden können die Portale, in denen Greifswalder Quellen bereits Eingang gefunden haben, zum Beispiel die mit dem System Goobi betriebene Digitale Bibliothek Mecklenburg-Vorpommern oder die Onlinepräsentation des 77. Bandes der Deutschen Inschriften zur Stadt Greifswald. Durch die Beachtung bestehender Grundsätze der Quellenaufbereitung, etwa in den Referenzkorpora, wollen wir zukünftige digitale Verbindungen ermöglichen. Schließlich bleibt noch der große Bereich *Open linked Data*, der durch die Bezüge auf Normdaten hergestellt wird. Realisieren wollen wir diese Vernetzungen mit Schnittstellen und Austauschformaten wie METS (Metadata Encoding and Transmission Standard) oder TEI-XML.

---

58   Vgl. auch die Darstellung in MARCEL BOLLMANN [u.a.], CorA. A web-based annotation tool for historical and other non-standard language data, in: Proceedings of the 8th Workshop on Language Technology for Cultural Heritage, Social Sciences, and Humanities (LaTeCH), hg. von KALLIOPI ZERVANOU [u.a.], Göteborg 2014, S. 86–90, hier S. 86.

59   Vgl. MATHILDE HENNIG, The Kassel Corpus of Clause Linking, in: New methods in historical corpora. Vol. 3, hg. von PAUL BENNETT [u.a.] (Corpuslinguistics and Interdisciplinary Perspectives on Language 3), Tübingen 2013, S. 207–219.

60   Einen Überblick über die Funktionsweise bieten BOLLMANN [u.a.] [Anm. 58].

6. DISKURSE IM TEXT-RAUM DER STADT

Das Korpusprojekt wird von zwei aktuell entstehenden Dissertationen flankiert: LUKAS KÜTT analysiert Strukturen und Funktionen der Wort- und Lexembildung im Text-Raum der Stadt, PETER HINKELMANNS erprobt Methoden der Diskurslinguistik an einem historischen Diskurs in der Stadt. Über dieses Projekt, in dem in Anlehnung an den heterogen genutzten Diskursbegriff in der Linguistik[61] und die Fragestellungen der historischen Stadtsprachenforschung[62] der Varietätenraum in der Stadt der frühen Neuzeit anhand textübergreifender Strukturen im Mittelpunkt steht, soll im Folgenden berichtet werden.

Im Jahr 1564 musste der Rat der Stadt Greifswald der dortigen Universität das säkularisierte Dominikanerkloster zur Nutzung überlassen.[63] Herzog Barnim IX. hatte das Kloster der Stadt zur Einrichtung eines Armenhauses übergeben,[64] jedoch kam die Stadt dieser Verordnung nach Ansicht der Universität nicht in ausreichender Weise nach.[65] In der Folge richtete die Universität auf dem Gelände des Klosters eine bereits seit Mitte des 16. Jahrhunderts geplante *Oeconomie* – eine Mensa für arme Studierende und einen Wirtschaftsbetrieb der Universität – ein, die später auch um Zimmer für bedürftige Studierende und andere universitäre Einrichtungen wie eine Druckerei erweitert wurde. In die Finanzierung dieser Einrichtung sollten nach dem Vorbild der vorreformatorischen geistlichen Stif-

---

61   Vgl. THOMAS NIEHR, Einführung in die linguistische Diskursanalyse, Darmstadt 2014; Place-Making in urbanen Diskursen, hg. von INGO H. WARNKE und BEATRIX BUSSE (Diskursmuster – Discourse Patterns 7), Berlin 2014; JÜRGEN SPITZMÜLLER / INGO H. WARNKE, Diskurslinguistik. Eine Einführung in Theorien und Methoden der transtextuellen Sprachanalyse, Berlin/Boston 2011.

62   Vgl. Tagungsbände des Arbeitskreises Historische Stadtsprachenforschung: Stadtsprache(n), Variation und Wandel. Beiträge der 30. Tagung des Internationalen Arbeitskreises Historische Stadtsprachenforschung, Regensburg, 3.–5. Oktober 2012, hg. von CHRISTOPHER KOLBECK, REINHARD KRAPP und PAUL ROESSLER (Germanistische Bibliothek 47), Heidelberg 2013; Sprache in der Stadt. Akten der 25. Tagung des Internationalen Arbeitskreises Historische Stadtsprachenforschung, Luxemburg, 11.–13. Oktober 2007, hg. von CLAUDINE MOULIN, FAUSTO RAVIDA und NIKOLAUS RUGE (Germanistische Bibliothek 36), Heidelberg 2010.

63   Vgl. das herzogliche Schreiben vom 02.09.1664. Universitätsarchiv Greifswald, Altes Rektorat Hbg. 134, fol. 65^r–68^r, abgedruckt auch in AUGUSTIN VON BALTHASAR, Historische Nachricht von denen Akademischen Gebäuden und Häusern. Bey Gelegenheit des im Jahr MDCCL den 28ten April einfallenden hohen Geburtstages Sr. königl. Majestät öffentlich eingeweiheten Collegii Academici zusammen getragen und im Druck gegeben von Augustino von Balthasar, Greifswald 1750, S. 72–74. Eine zeitgenössische Abschrift findet sich in der Dokumentation der Universität für die Landesherrschaft mit dem Hinweis, dass es *wegen abtretung defelben an die Academi viel Streit gefezt* (Landesarchiv Greifswald, Rep. 40 VI 78, S. 400).

64   Darauf weisen Bürgermeister und Rat in ihrem Schreiben vom 06.11.1563 die regierenden Herzöge hin (Universitätsarchiv Greifswald, Altes Rektorat Hbg. 134, fol. 7^r–10^v).

65   Vgl. die Einschätzung der Universität aus einem Entwurf für ein am 27.11.1563 an die Herzöge abgeschicktes Schreiben: *Eins aber ist am tage, das vber vorigen schaden so furder Visitation am Closter geschehen, in negsten sechs iaren, das ienige was verabscheidet ist. nicht ist exequiert sondern die gebew iemmerlich desoliert eingebrochen* (Universitätsarchiv Greifswald, Altes Rektorat Hbg. 134, fol. 16^r).

tungen auch die anderen pommerschen Städte und der Adel eingebunden werden.[66]

Der im letzten Drittel des 16. Jahrhunderts angesiedelte Diskurs um die Nutzung des Dominikanerklosters ist durch die Universität archiviert und das Material auf mehrere Akten aufgeteilt worden.[67] Neben der Kommunikation zwischen dem Rat der Stadt Greifswald, dem Rektorat der Universität und der herzoglichen Verwaltung sind zahlreiche weitere Beiträge wie der Briefverkehr der Universität mit pommerschen Städten, dem Adel und interne Aktennotizen überliefert. Weiteren zeitgenössischen Widerhall hat die Einrichtung der *Oeconomie* unter anderem in Rechnungsbüchern der Universität und landesherrlichen Akten gefunden.[68]

Die Diskurslinguistik hat sich bislang in erster Linie mit gegenwartsbezogenen und gesellschaftlichen Diskursen befasst. So nennen JÜRGEN SPITZMÜLLER und INGO WARNKE als Themenbeispiele den 'Menschenrechtsdiskurs', den 'Gentrifizierungsdiskurs' und den 'Kolonialismusdiskurs'.[69] Dies ist sicherlich auch begründet durch den wesentlich höheren Aufwand bei der Quellenerschließung für historische Diskurse. Es stellt also eine reizvolle Aufgabe dar, die Tragfähigkeit der diskurslinguistischen Methoden abseits der bisher beschrittenen Wege mit historischen Sprachkorpora zu erproben. Legt man die Diskurskriterien ANDREAS GARDTS an die Auseinandersetzung um das Schwarze Kloster der Dominikaner, so werden alle vier Kriterien erfüllt: Die vielfältigen Texte eint ein gemeinsames Thema (Kriterium A). Am Diskurs sind gesellschaftliche Gruppen wie die Landesherrschaft, die Städte Pommerns oder die Universität Greifswald beteiligt (B). Aus den Texten geht hervor, in welcher Beziehung die Diskursteilnehmer zum Diskursgegenstand stehen (C). Der Diskurs hat die gesellschaftliche Wirklichkeit geprägt und war leitend für das aus ihm folgende Handeln (D).

Kann nun also dieser Diskurs mit den gegenwartsbezogenen Methoden der Diskurslinguistik, wie sie etwa DIMEAN[70] vorstellt, untersucht werden? Ziel der

---

66 Trotz der guten Überlieferungssituation hat die Forschung bislang nur wenig Notiz von diesem Diskurs genommen. Übersichten bieten DIRK ALVERMANN, Reformatorischer Neubeginn und akademischer Aufbruch. Die Greifswalder hohe Schule auf dem Weg zur pommerschen Landesuniversität, in: Verfassung und Verwaltung Pommerns in der Neuzeit. Vorträge des 19. Demminer Kolloquiums zum 75. Geburtstag von Joachim Wächter am 12. Mai 2001, hg. von JOACHIM WÄCHTER, HENNING RISCHER und MARTIN SCHOEBEL (Inventare, Findbücher und kleine Schriften des Landesarchivs Greifswald 2), Bremen 2004, S. 42–49; und DORIS BULACH, "Famosi et laudati opidi Gripeswald pro erectione novi studii ..." Die Bedeutung von Klöstern und kirchlichem Vermögen für die Ausstattung der Universität Greifswald, in: Bausteine zur Greifswalder Universitätsgeschichte. Vorträge anlässlich des Jubiläums „550 Jahre Universität Greifswald", hg. von DIRK ALVERMANN, KARL-HEINZ SPIESS und BORIS SPIX (Beiträge zur Geschichte der Universität Greifswald 8), Stuttgart 2008, S. 45–65, hier S. 57. Eine ältere Darstellung findet sich bei VON BALTHASAR [Anm. 63], S. 18f.
67 Universitätsarchiv Greifswald, Altes Rektorat Hbg. 134–139.
68 Beispielsweise: Procuraturregister im Universitätsarchiv Greifswald.
69 Vgl. SPITZMÜLLER/WARNKE [Anm. 61], S. 122.
70 Vgl. SPITZMÜLLER/WARNKE [Anm. 61], S. 200: "Im Kern ist DIMEAN ein Synthesemodell für 'mixed methodologies' als Voraussetzung einer empirischen Sprachwissenschaft der transtextuellen Ebene"; SVEN STAFFELDT, Knabe, Röslein, Vergewaltigung. Wo bleibt nur

Arbeit ist zunächst die Rekonstruktion des Diskurses, also die Aufbereitung und Annotation der in das Korpus aufgenommenen Diskursbeiträge. Danach steht die Erprobung von diskurslinguistischen Verfahren an diesem Material, etwa die Herausarbeitung von Argumentationsstrukturen. Schließlich ist zu evaluieren, welche Verfahren sich für ein historisches Sprachkorpus eignen und wo Grenzen der Methodenanwendbarkeit aufgetreten sind.

Lexikostatistische Auswertungen, etwa die n-gram-Analyse, können Indizien liefern für spätere qualitative Annotationen.[71] Gerade bei historischen Korpora können diese Verfahren aber nicht von einer großen Tokenmenge profitieren. So umfasst das Untersuchungskorpus des Diskurses um die Einrichtung der *Oeconomie* zurzeit lediglich 10.879 Token. Eine tri-gram-Analyse des Korpus ergibt zwar 10.694 tri-grams, jedoch treten die wenigsten davon mit einer Frequenz > 1 auf, eine Beachtung von Mittelwerten oder Standardabweichungen erübrigt sich. Zu einer Besserung könnte die Normalisierung der Wortformen beitragen, die bislang noch nicht vorgenommen werden konnte.

Für die Schlagwortanalyse bietet sich die Visualisierung der Frequenzen der auftretenden Token mit einer Word Cloud an, idealerweise um hochfrequente Funktionswörter bereinigt. Die frequentesten Wortformen *e.f.g.* – Abkürzung für *eure fürstlichen Gnaden* –, *armen* bzw. *rhat* und *vniverfitet* bezeichnen die drei Hauptakteure des Korpus. Andere Wortformen wie *clofter*, *gebew* oder *oeconomo* kennzeichnen den Diskurs.

Genauere Ergebnisse kann eine qualitative lexikalische Annotation liefern. Zu stellende Fragen sind etwa:

- Mit welchen lexikalischen Einheiten werden die Akteure des Diskurses bezeichnet?
- Wie werden Forderungen für weitere Schritte versprachlicht?
- Wie wird der gesamte Prozess bezeichnet?

Wenig überraschende Befunde liefern die Bezeichnungen für die Armen, den Stadtrat und die Universität. Interessanter sind die Bezeichnungen, die von den verschiedenen Parteien für die Studierenden gewählt werden, die in das Kloster einziehen sollen. *Studenten* und *guter Leute Kinder* werden in Schreiben der Universität und des Stadtrats gleichermaßen genutzt. Die Stadt nennt die im Kloster unterzubringenden Studierenden allerdings auch *Junge Gesellen* und *die Jugend*.

Welche Intention dahinter steht, deckt eine Einsicht der Textstellen auf, in denen die Lexeme Verwendung finden. Das Lexem *Jugend* wird durch den Rat in einem Schreiben an die Herzöge verwendet, in dem er begründet, warum er das

---

der Diskurs? in: Zeitschrift für Semiotik 35 (2014), S. 517–552, hier S. 537 kritisiert allerdings nachvollziehbar: "[…] – die einzelnen Analyse-Ebenen des durchaus nützlichen Modells DIMEAN enthalten letztlich für sich wieder ganz klassische Analyseinstrumente, die nicht speziell auf Diskursanalysen oder andere theoretische Heimaten zugeschnitten sind, sondern ganz allgemein den Charakter einer Sammlung deskriptiver (sozio-)linguistischer Analysewerkzeuge tragen".

71 Vgl. NIEHR [Anm. 61], S. 72.

Kloster nicht als geeigneten Standort für die *Oeconomie* sieht: Die *jungen Gesellen* finden keine Ruhe im Kloster, es stinkt dort wegen der Nähe zu den Gerbergruben und all dies verführt die *Jugend* zu mehr *wiltheit*. Die kurze Betrachtung der Fremdbezeichnungen der Diskursakteure ist also schon in eine Untersuchung der textübergreifenden argumentativen Strukturen gemündet.

"Die Annotation von Argumenten erfordert die Bildung von Gruppen aus dem analysierten Sprachmaterial."[72] Universität und Stadt versuchen gezielt, die Argumente der Gegenpartei zu widerlegen. Wirft die Stadt der Universität etwa vor, dass die Gerbergruben zu nah seien, um die *Oeconomie* im Kloster einzurichten,[73] antwortet die Universität darauf mit der Behauptung, *das das Gerberhaus dem kloster szo gernhe nahend nicht ligt, das die studenten wegen boses geruchs ahn Jrem studiren oder gesuntheit dadurch konten gehindert werden* (Universitätsarchiv Greifswald, Altes Rektorat Hbg. 134, fol. 15ᵛ). Eine der Aufgaben dieser Arbeit wird die Annotation und Analyse solcher Argumentnetze sein.

7. FAZIT

Hinter der stadtsprachgeschichtlichen Modellierung eines Text-Raums und der sprachwissenschaftlichen Erschließung seiner Texte steht ein großes Arbeitsprogramm. Es wird dadurch gerechtfertigt, dass damit sprachhistorische Erkenntnisse gewonnen werden können, die in ihrer Relevanz weit über den gewählten Ortspunkt und seine Sprachgeschichte hinausreichen. Die Auswertung von Räumen unterschiedlicher Größe und vor allem die bislang in der Forschung noch nicht gegebene Beziehbarkeit der Daten aufeinander (zum Beispiel ganze Sprachräume versus einzelne Städte) ergibt einen deutlichen Mehrwert für unterschiedliche Aspekte raumbezogener sprachhistorischer Fragestellungen und insbesondere auch für die Sprachgeschichtsforschung selbst.

Stadtsprachbezogene Projekte stehen für sich, sie stellen aber auch sinnvolle und notwendige Ergänzungen zu den Referenzkorpora dar. Es ist darüber hinaus zu hoffen, dass unsere Überlegungen für Greifswald den Anstoß für weitere Projekte zur Stadtsprache einzelner Städte liefern können, die dann auf die Greifswalder Daten und auf die Daten der Referenzkorpusprojekte beziehbar sind.

Für die Fragen der Bereitstellung und Nutzung konnten bereits Kooperationen mit den beteiligten Bibliotheken und Archiven erreicht werden, für die Frage der Vergleichbarkeit der Datenauswertungen besteht enger Kontakt mit den etablierten Referenzkorpusprojekten. In der datentechnischen Realisierung kooperieren

---

72 SYLVIA BENDEL LARCHER, Linguistische Diskursanalyse. Ein Lehr- und Arbeitsbuch, Tübingen 2015, S. 171 fasst ein solches Arbeitsprogramm in vier Schritte: "1. Identifizieren der Argumentationen. 2. Gruppieren der Argumentationen zu formalen oder inhaltlichen Mustern. 3. Auszählen der Häufigkeiten inkl. ihrer Verteilung in verschiedenen Gruppen. 4. Bestimmen der erhobenen Geltungsansprüche und Forderungen".

73 *vnnd Jst menniglich bewust das an dem ort die gerber, gruben vnnd ander stinckende arbeit mehr gelegen, das auch der Jugendt vngelegenn sein* (Universitätsarchiv Greifswald, Altes Rektorat Hbg. 134, fol. 7ʳ).

wir mit dem Würzburger Digitalisierungszentrum Kallimachos. Für die Zukunft sind schließlich auch Kooperationen mit Vertretern anderer Philologien angestrebt, die uns helfen, die germanistische Fokussierung der Stadtsprachenforschung zu überwinden, um die Bezüge zu weiteren Sprachen in der Stadt deutlicher herausstellen zu können. Für Greifswald sind das natürlich lateinische, in der Frühen Neuzeit dann aber (in geringem Umfang) auch schwedische Texte, die je nach Schriftlichkeitsfeldern differenzierbar im mehrsprachigen Text-Raum der Stadt präsent sind und Anteil an städtischen Textwelten und Diskursen haben. In einem zweiten Schritt möchten wir daher Latinisten und auch Nordisten für den Aufbau paralleler Korpora in den beschriebenen Strukturen gewinnen.

Sollte das gelingen, dann könnte für den Schrift-Raum Greifswald tatsächlich das von PETER VON POLENZ und ULRICH KNOOP genannte Ziel der Sprachgeschichtsforschung, nämlich eine "auswählende und in [...] Zusammenhängen erklärende Synthese"[74] der "Organisation der [sprachlichen] Verständigung und des Verstehens"[75] in einer Stadt anhand historischer Texte und ihrer Analyse erreicht werden.

Prof. Dr. Matthias Schulz, Julius-Maximilians-Universität Würzburg, Institut für Deutsche Philologie, Professur für Deutsche Sprachwissenschaft, Am Hubland, D–97074 Würzburg
E-Mail: matth.schulz@uni-wuerzburg.de
Peter Hinkelmanns, Paris Lodron Universität Salzburg, Interdisziplinäres Zentrum für Mittelalter und Frühneuzeit, Mittelhochdeutsche Begriffsdatenbank, Erzabt-Klotz-Straße 1, A–5020 Salzburg
E-Mail: peter.hinkelmanns@sbg.ac.at

74 PETER VON POLENZ, Deutsche Sprachgeschichte vom Spätmittelalter bis zur Gegenwart, 2., überarb. und erg. Aufl., Berlin/New York 2000, S. 9.
75 ULRICH KNOOP, Ist der Sprachwandel ein historisches Phänomen? Überlegungen zu den Gegenständen der Sprachgeschichtsschreibung, in: Sprachgeschichte des Neuhochdeutschen. Gegenstände – Methoden – Theorien, hg. von ANDREAS GARDT, KLAUS J. MATTHEIER und OSKAR REICHMANN (Reihe Germanistische Linguistik 156), Tübingen 1995, S. 19–38, hier S. 24.

REGISTER

Personen- und Ortsnamen, Werktitel,
Handschriften und Archivalien, Inkunabeln und frühe Drucke

TAFELTEIL

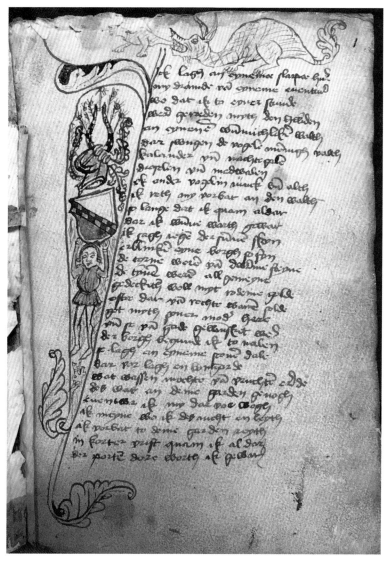

Abb. 1: Stockholm, Kungliga Biblioteket, Cod. Holm. Vu 82
'Des Kranichhalses neun Grade', S. 1

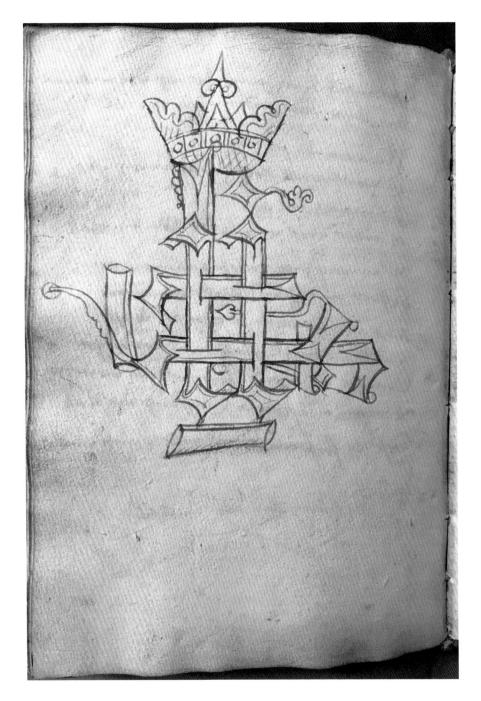

Abb. 2: Stockholm, Kungliga Biblioteket, Cod. Holm. Vu 82
Monogramm, S. 68

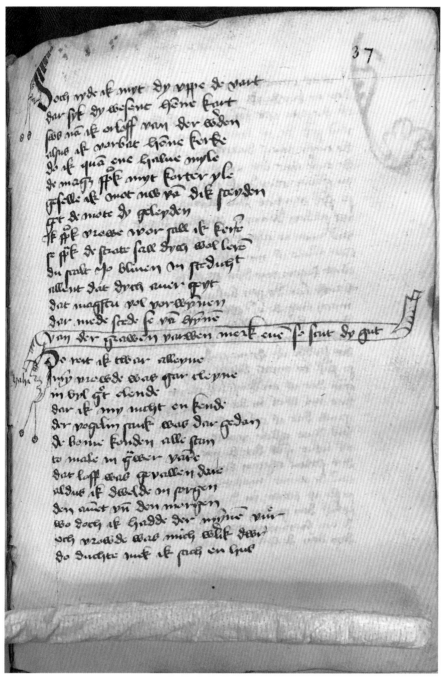

Abb. 3: Stockholm, Kungliga Biblioteket, Cod. Holm. Vu 82
'Minnerede Farbentracht', S. 37

Abb. 4: New York, Pierpont Morgan Library, MS M. 498, fol. 4ᵛ
Neapolitan manuscript of c. 1380, frontispiece to Book I of Birgitta's 'Revelationes'

Abb. 5: New York, Pierpont Morgan Library, MS M. 498, fol. 343ᵛ
Neapolitan manuscript of c. 1380, frontispiece to Book VIII of Birgitta's 'Revelationes'

Abb. 6: Berlin, Staatliche Museen zu Berlin, Kupferstichkabinett, Inv.: 221-1, 1-3
reproduced by kind permission of the Kupferstichkabinett
Tripartite woodcut of Birgitta handing out copies of the Birgittine Rule
to nuns and monks of the Order (Augsburg, c. 1480)

Abb. 7: Sunte Birgitten Openbaringe, Lübeck, Mohnkopf 1496, fol. 9ᵛ
reproduced by kind permission of the Niedersächsische Staats- und
Universitätsbibliothek Göttingen, 8° H.E. Sanct. 176/33 Inc

Abb. 8: Sunte Birgitten Openbaringe, Lübeck, Mohnkopf 1496, fol. 178ᵛ
reproduced by kind permission of the Niedersächsische Staats- und
Universitätsbibliothek Göttingen, 8° H.E. Sanct. 176/33 Inc

Abb. 9: Museum für Kunst und Kulturgeschichte Schloss Gottorf, Jegher-Epitaph
Werkgruppe sog. Meister des Jegher-Epitaphs, um 1510

Abb. 10: Bergen (Norwegen), Universitätsmuseum, Epitaph
Werkgruppe sog. Meister des Jegher-Epitaphs, um 1510

Abb. 11: Tallinn (Estland), St. Nikolai, Hochaltarretabel
Szene aus der Legende des hl. Victor, Maler Hermen Rode, 1478–81

Abb. 12: Tallinn (Estland), St. Nikolai, Hochaltarretabel
Szene aus der Legende des hl. Victor, Maler Hermen Rode, 1478–81

Abb. 13: Täby (Schweden), Retabel eines Rostocker Malers mit Gregorsmesse, um 1450/60

Abb. 14: Kleine Gregorsmesse des Monogrammisten d, Metallschnitt
niederrheinisch nach 1470, Schreiber 2650; Text in Spiegelschrift

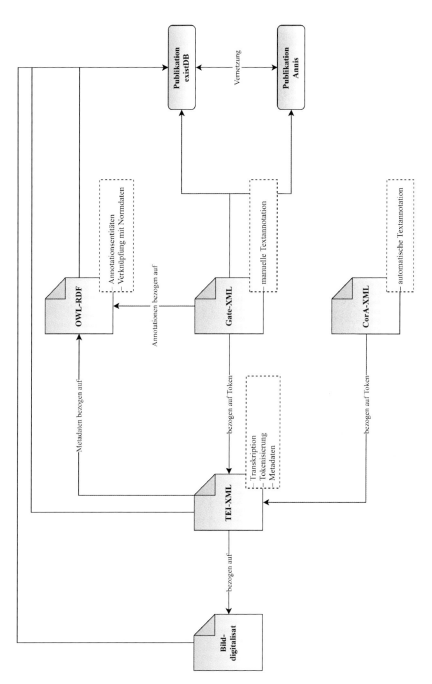

Abb. 15: Schematische Darstellung des Datenmodells

↻ 30r

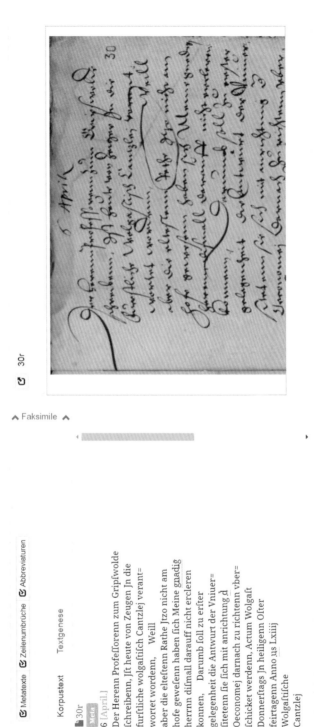

∧ Faksimile ∧

↻ Metatexte ⊗ Zeilenumbrüche ⊗ Abbreviaturen

Korpustext   Textgenese

📖 30r
Meta
6 [April]

Der Herenn Profefforenn zum Gripfwolde
fchreibenn, Jft heute von Zeugen Jn die
furftliche wolgaftifch Cantzlej verant=
wortet wordenn,   Weill
aber die elteftenn Rathe Jtzo nicht am
hofe gewefenn haben fich Meine gnadig
herrnn difmall darauff nicht ercleren
konnen,   Darumb foll zu erfter
gelegenheit die Antwurt der Vniuer=
fitetenn fie fich mit anrichtung d̃
Oeconomej darnach zu richtenn vber=
fchicket werdenn, Actum Wolgaft
Donnerftags Jn heiligenn Ofter
feirtagenn Anno u̇s Lxiiij
Wolgaftifche
Cantzlej

Abb. 16: Prototyp der Textansicht